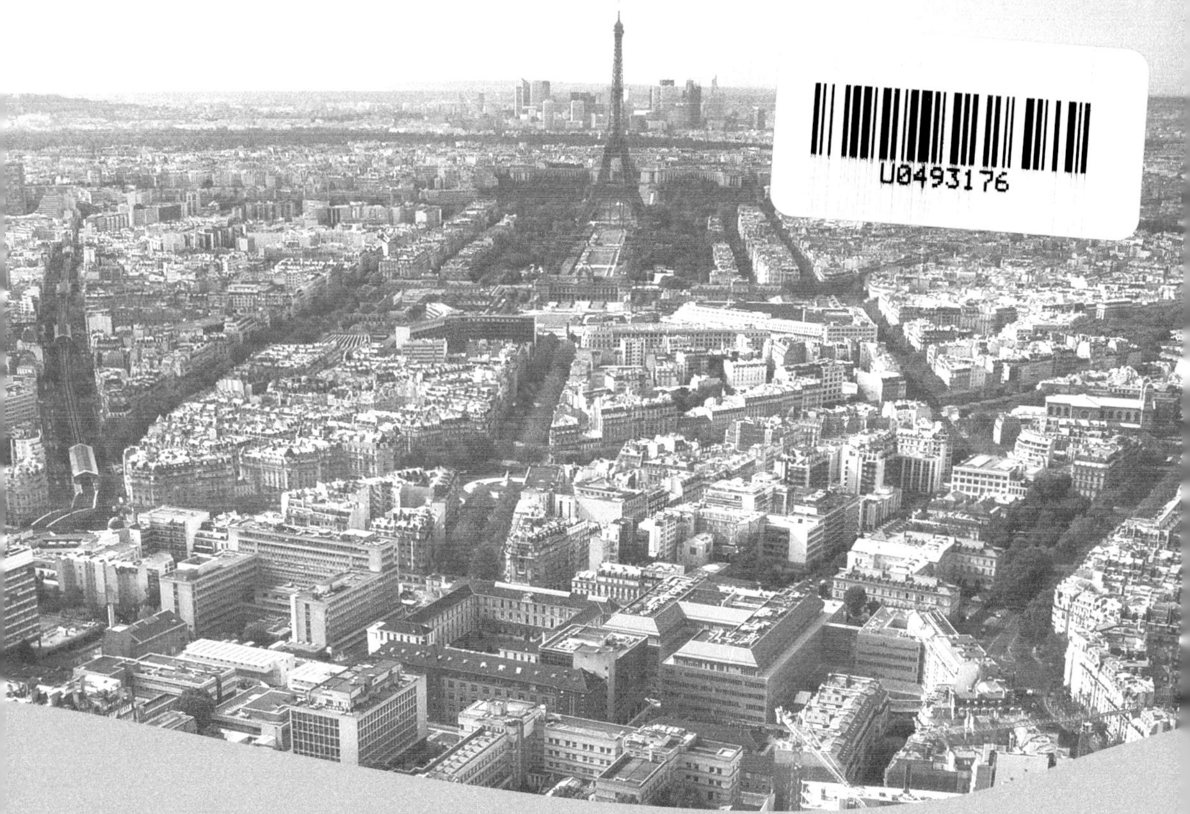

法商话语与外语教学研究论文集（2020）

刘红艳　刘明宇◎主编

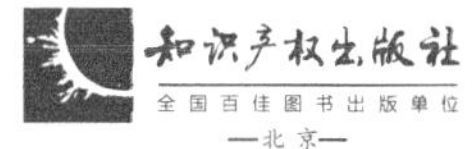

图书在版编目（CIP）数据

法商话语与外语教学研究论文集. 2020/刘红艳，刘明宇主编. —北京：知识产权出版社，2020.1

ISBN 978-7-5130-6613-6

Ⅰ.①法… Ⅱ.①刘…②刘… Ⅲ.①外语教学—教学研究—高等学校—文集②外语—翻译—教学研究—高等学校—文集 Ⅳ.①H09-53②H059-53

中国版本图书馆 CIP 数据核字（2019）第 257423 号

内容提要

本书立足课程建设改革，融合语言学、翻译学、文化文学研究、教学研究、法学、管理学等学科，探索培养适应市场需要的英语、法律、商务高层次复合型人才的有效途径和方法。其中的商务英语和法商英语课程建设及法商翻译相关研究充分体现了"工商"特色，旨在大力推进特色"金课"建设，契合经济全球化和高度信息化对培养高素质、复合型专业人才的需求，对外国语言文学学科建设和优化特色学科人才培养质量具有与时俱进的现实意义。

责任编辑：安耀东　　　　**责任印制**：孙婷婷

法商话语与外语教学研究论文集（2020）

FASHANG HUAYU YU WAIYU JIAOXUE YANJIU LUNWENJI (2020)

刘红艳　刘明宇　主编

出版发行：	知识产权出版社有限责任公司	网　　址：	http://www.ipph.cn
电　　话：	010-82004826		http://www.laichushu.com
社　　址：	北京市海淀区气象路 50 号院	邮　　编：	100081
责编电话：	010-82000860 转 8534	责编邮箱：	anyaodong@cnipr.com
发行电话：	010-82000860 转 8101	发行传真：	010-82000893
印　　刷：	北京九州迅驰传媒文化有限公司	经　　销：	各大网上书店、新华书店及相关专业书店
开　　本：	720mm×1000mm　1/16	印　　张：	21.5
版　　次：	2020 年 1 月第 1 版	印　　次：	2020 年 1 月第 1 次印刷
字　　数：	345 千字	定　　价：	86.00 元

ISBN 978-7-5130-6613-6

目　录

教育教学、课程教育研究

法商英语及商务英语课程建设之思考

翻译及语言学研究

文化和文学研究

教育教学、课程教育研究

非英语专业研究生英语教材所存问题分析与思考

赵　聃*

摘　要　研究生阶段公共英语学习对学生的专业研究和毕业后的工作需求有着重要的作用，然而作为教学四要素之一的教材，却存在很多问题。本文首先界定教材，通过梳理当下学者对教材的研究，试图分析市面上教材存在的问题，希望通过对这些问题的分析找出一些解决方向。

关键词　研究生英语教学；英语教材；问题分析

1992 年国家教育部颁布了《非英语专业研究生英语（第一外语）教学大纲（试行稿）》（以下简称《大纲》），其中对硕士研究生英语教学目标描述为："培养学生具有较熟练的阅读能力，一定的写、译能力和基本的听、说能力，能够以英语为工具进行本专业的学习和研究"[1]，并且以此为依据进行相应英语教材的编写和使用。

该《大纲》在 20 世纪极大地促进了我国研究生英语教学的规范发展和教学质量的稳步提高。然而由于研究生扩招，教育规模不断扩大，更重要的是，随着时代的变化、学生入学时英语水平的提高、需求的不同，研究生英语教学中出现了越来越多的问题，其中一个就是教材问题。

本文将会首先定义教材，梳理当下学者对教材的研究，并且尝试分析现存研究生英语教材的问题。

* 赵聃，北京工商大学外国语学院讲师，主要研究方向为英语文学、研究生英语教育等。

1　教材是什么

首先，对教材予以定义。根据《中国大百科全书·教育》[2]，教材是指：①根据一定学科的任务，编选和组织具有一定范围和深度的知识和技能的体系。这就是我们所说的教科书。②教师指导学生学习的一切教学材料。包括教科书、讲义、讲授提纲、参考书刊、辅导材料以及教学辅助材料。教科书、讲义和讲授提纲是教材整体中的主体部分。这里是教材概念的狭义和广义之分。

其次，教材的功能。教学的过程包含四要素，分别是教师、学生、教学条件和教材。教师要依据教材进行教学，学生要通过教材学习知识和技能。这就是顾明远[3]所定义的："教材是教师和学生据以进行教学活动的材料，是教学的主要媒体。"可以说，英语教材是中国学生语言输入的主要来源。

因此教材既是衔接教师和学生之间的桥梁，又是学科知识和课程内容具体呈现的形式。它的目标在于，既可以反映培养目标中所要求的学习内容，又能够通过教材实现目标要求。因而，英语教材编写和使用会直接影响英语教育水平的提高。

2　学者的研究

正因为教材的重要，所以有不少学者对现存研究生英语教材的现状和发展进行了梳理。研究内容主要包括教材开发、审定选用、评估、应用现状等方面。虽然对于教材探讨的学术研究仍比较少，但也能够发现一些问题。

就研究方式而言，现有的研究多为宏观探讨。比如，李霄翔等[4]探讨了体验哲学与英语教学在认知层面上的相关性，并对新一代大学英语教材的研究与开发提出建议。司显柱[5]对教材审定与选用制度研究状况进行了回顾分析，并从研究目标、研究问题、研究假设、研究思路、研究方法等角度对如何推进与深化此类研究提出一些思考。陈晓莉[6]讨论了研究生教材的出版规律和特点，并从教材建设规划、定位、分类等方面说明如何可持续地进行研究生教材建设。王美龄[7]在分析研究生教材市场状况的基础上，讨论了研究生教材出版的难点及其解决方式，涉及编写方式、作者选择、编辑要求、选题重点等。柳华妮[8]列举评析了我国英语教育百余年来五个发展阶段的代表性教材，分析了历史对未来教材发展的启示。

从具体的微观探讨来说，黄建滨等[9]对1999—2008年这跨世纪的十年里国内24家出版社出版的共计45种非英语专业研究生英语教材进行了调查分析，并在此基础上探讨当时研究生英语教材编写中存在的问题，提出改进教材编写的建议。

3　现存教材的问题

尽管教材对于教学的重要性不言而喻，但是在教学过程的四要素中，教材却处于非常尴尬的地位。最大的问题就是市面上的教材品类繁多，但却老旧，跟不上时代变化。下面将总结以上学者研究的内容，并以北京工商大学研究生英语课程中所使用的由外研社出版的《高等学校研究生英语》系列教材为例，分析现存教材中的问题。

3.1　指导性教学大纲的问题

正如引言所述，现有的研究生英语教学大纲是在1992年由国家教育部颁布的，至今已近三十年，已经严重和时代脱节。在大纲指导之下的现有教材也没有能够体现出新时代的特征，更无法实施创新教育的理念。所以《国家中长期教育改革和发展规划纲要（2010—2020年）》指出需要“大力推进研究生培养机制改革，实施研究生教育创新计划”。

3.2　未能够照顾学生的水平

现在的学生英语水平已经是越来越高。加上高考和研究生入学考试英语的难度也在逐渐增加，所以研究生阶段的学生水平已经不再是三十年前颁布研究生英语教学大纲时的水平了。虽然一部分学生的听力口语水平还略低，但是整体水平已经大幅提高。在这种情况之下，和本科通用英语类似的教材也已经不能适应教学要求。

3.3　未能够照顾学生的实际需求

研究生阶段仍需学习英语，除了因其现阶段还是必修课之外，还因为研究生有着自己的目标和需求。主要体现在两个方面，一是专业课中学术研究对英语的要求，二是未来社会工作的需要。在十九大后社会开放程度进一步增强的背景下，这些需求日益迫切。然而就现有教材来看，一，市面上研究生英语教材基本还是和本科英语教材基本相似甚至完全一致，缺少真实的语篇，没有专业的分类，更没有专业的内容，即呈现出了学术英语和通用英语的混杂。二，尽管不少教材有配套的听力口语教科书，但是由于课堂时间较短、安排上课的班级规模较大等各方面原因，听力教材往往不能实际投入使用中。而且听力教材内容和需求也存在一定的脱节的问题。

3.4 未能够有英语语言文化文学的体现

现阶段各大高校的研究生英语课程大多仅有公共课，很少开设选修课。但是其实本科阶段的通用英语学习后，在研究生阶段本应该加深对于英语语言和文化的体验，包括可以了解和学习不同的历史时期、民俗文化等，以及这些背后语言的变迁，从而提升学生的综合素质。这就需要有一些教材，包括文化知识类教材、语言技能类教材、情景交流类教材、经典文学类教材等。

4 结束语

如前文所述，教材在研究生英语教学中起着非常重要的作用，但是现有各个研究生英语教学所使用的教材却存在不少问题。因此研究生阶段所选用的教材，首先，要符合整个时代的发展趋势；其次，根据英语教学的目的以及学生的水平和需求，应修订研究生英语教学大纲、开发多样化的研究生英语教材。

参考文献

[1] 非英语专业研究生英语教学大纲编写组．非英语专业研究生英语教学大纲［M］．重庆：重庆大学出版社，1992：2.

[2] 中国大百科全书出版社编辑部．中国大百科全书·教育［M］．北京：中国大百科

全书出版社，1985：133.

[3] 顾明远. 试论 21 世纪研究生的知识结构和能力结构 [J]. 学位与研究生教育，1998（3）：10－13.

[4] 李霄翔，陈峥嵘，鲍敏，等. 体验哲学与英语教材研发 [J]. 外语与外语教学，2009（2）：30－34.

[5] 司显柱. 关于大学英语教材审定与选用制度研究的思考 [J]. 外语教学，2009（3）：47－49.

[6] 陈晓莉. 以发展的视角看研究生教材出版 [J]. 中国科教创新导刊，2010（10）：169.

[7] 王美龄. 谈研究生教材的出版 [J]. 出版参考，2011（4）：11－12.

[8] 柳华妮. 国内英语教材发展150 年：回顾与启示 [J]. 山东外语教学，2011（6）：61－66.

[9] 黄建滨，于书林，徐莹，等. 非英语专业研究生英语教材调查分析与思考 [J]. 学位与研究生研究，2009（11）：31－34.

功能语篇分析在研究生英语阅读教学中的应用

田　芳*

摘　要　功能语篇分析建立于系统功能语法之上，相对于传统的词句语法的英语阅读教学，更加关注语篇的意义和实现意义的系统。功能语篇分析能够有效地提高学生的阅读理解能力。本文用功能语篇分析尤其是"衔接"概念，分析研究生阅读课程中的一个难点篇章。分析的结果显示，功能语篇分析能够很好地解决阅读难点，提高阅读的效率。

关键词　功能语篇分析；英语阅读；衔接

传统英语教学中多采用从下而上的教学，即先讲解词汇，然后分析句子语法、句子理解，最后再将所有的句子连接起来希望学生能理解整个篇章。但实际课堂教学中未必会如愿，学生理解了每个词、每个句子，但当句子连为篇章时，学生却抓不住篇章的主题，甚至看不懂。这种以词句语法为中心的阅读教学模式是导致学生语篇层面上阅读理解能力不足的一个重要原因。功能语篇分析为阅读理解教学提供了新的视角。

功能语篇分析的理论基础是 Halliday 的系统功能语法。系统功能语法认为，语言首先是一个意义系统，在这个系统中同意义一起存在的还有体现意义的形式[1]。

"衔接"是功能语篇分析中的一个重要概念。衔接指用来实现语篇中意义连贯的语言机制（如照应、省略、替代、词汇衔接等）。"衔接"是语

* 田芳，北京工商大学外国语学院讲师。

义的概念。对某一成分的理解依赖于另一成分，小句间有了衔接才能构成语篇，才存在了意义关系[2]。

本文选取了研究生英语综合教程中的一个段落，使用功能语篇分析的概念对其进行分析。目的是通过分析该语篇从“衔接”的角度理解成分之间的连接对于篇章理解的意义。

此段落具有一定代表性，段落中除了部分有意为之的挪威语外，均为英语四级以内词汇，无复杂结构的长难句，也没有独立主格结构等复杂语法现象。可近一半的学生在阅读这个段落后表示除了挪威词汇，其他的词都看懂了，句子也明白了，但仍不知所云，无法理解作者的意图。问题何在？

为了便于分析，对段落的各个成分进行编号：

(1) I still enjoy that sense of never knowing quite what's going on.

(2) In my hotel in Oslo, where I spent four days after returning from Hammerfest, the chambermaid each morning left me a packet of something called *Bio Tex Bla*, a "*minipakke for erie, hybel og weekend*", according to the instructions.

(3) I spent many happy hours sniffing it and experimenting with it, uncertain whether it was for washing our clothes or gargling or cleaning the toilet bowl.

(4) In the end I decided it was for washing out clothes—it worked a treat.

(5) But for all I know for the rest of the week everywhere I went in Oslo people were saying to each other, "You know, that man smelled like toilet-bowl cleaner."

应用“衔接”概念讲解时，首先需要告诉学生要把这个段落看作一个完整的篇章，每一部分的理解都要和其他部分联系起来。在联系起来之后会发现，这是一个谜语。段首第一句也是主题句 I still enjoy that sense of never knowing quite what's going on 暗示了下文谜语的性质。

其次从文体的角度分析。这是一篇记叙文，要理解就要找到记叙文的要素：时间、地点、人物、原因、事件。时间、地点、人物均出现在第二句：从 Hammerfest 返回 Oslo 的四天里；奥斯陆；我和清扫女工。原因从地点可以推测出：我不懂挪威语。事件是主要部分即谜题和谜底。

最后从“衔接”的角度分析如何解开谜语。其中有三条重要的、由衔接手段构成的“线索”。第一条，时间线；第二条，人物线；第三条，谜语线。三条线索彼此呼应，带领读者从“谜题”到“谜底”。表1列出了三条线索之间的呼应。

表1

时间	人物	谜题
four days	I	
each morning	me	a packet of something called *Bio Tex Bla*, a “*minipakke for erie, hybel og weekend*”
many hours	I	it, it, it
In the end	I	it
for the rest of the week	I, that man	toilet－bowl cleaner

第三条线的谜题为 a packet of something，谜底是 toilet－bowl cleaner，即 a packet of something＝toilet－bowl cleaner，而谜题和谜底之间由人称代词 it 衔接了起来。要理解这条线上的任何一个部分均须与其他部分联系起来，各部分之间的联系才使篇章产生意义。如果学生习惯于把注意力放在实意词上，并关注单个句子的理解，不习惯于从整体上理解，是无法解开谜题的。

本文是从功能语篇分析角度出发的一次课堂讲解的记录。通过一个难点篇章的功能语言学分析，希望说明“衔接”的作用：对一个部分的理解依赖于篇章中的其他部分。分析结果证明，衔接机制是为语篇的意义连贯服务的，并证明功能语篇分析对英语阅读课起到了积极作用。

参考文献

[1] 黄国文．功能语篇分析面面观［J］．国外外语教学，2002（4）：25－32.

[2] 周红云．衔接在功能语篇分析中的运用［J］．外语与外语教学，2006（10）：22－24.

英语翻译教学所必知的汉英差异及翻译步骤

李学勤*

摘　要　大学英语四六级翻译是大学生备考中的一道难关。大学英语教学中师生对翻译专项的重视不够和课时有限等因素，使得大学英语翻译教与学很难满足国际化环境下国家对翻译人才的需要。如何在有限的课时内提高大学英语翻译教学的效率，就需要了解汉英思维和语言表达差异以及翻译四六级短文的步骤。

关键词　大学英语四六级翻译；汉英思维差异；语言表达

1　非英语专业大学英语翻译教学现状

1.1　师生重视不够

在目前的非英语专业大学英语教学中，师生对听说读写能力的培养一直比较重视。但由于听说读写译这五大能力中，大学英语教学改革对翻译能力的考查加入相对较晚，从而导致师生对翻译能力培养的重视程度不够。此外，真正翻译专业出身的大学英语教师数量并不多，因此翻译教学对很多大学英语教师来说也是一个不小的挑战。从学生的角度讲，非英语专业学生在英语学习目标上，以通过 CET 为第一目标者居多。短文翻译在 CET 考试分值中占比低于听力、阅读和写作，也使得学生重视度不够。因此在非英语专业的大学英语教学中，翻译教学基本是浅尝辄止，既没有专

---

* 李学勤，北京工商大学副教授，研究方向为翻译教学，应用语言学。

门研究翻译课如何上的理论，也没有系统化的教学法指导。

1.2 课时不够

翻译是一门实践性很强的学科，作为专业课，各校英语系的翻译课一般都要开设两个学期，每学期不会少于30学时，否则很难完成翻译基本理论、英汉互译技巧，以及必要的跨文化知识的教学，更不要说促进学生学以致用了。显而易见，作为公共基础课程的大学英语课很难给翻译教学分配如此多的学时。[1]

基于以上现状，要想提升大学生英语翻译能力，师生都需要一些操作性强的翻译实践策略和教学法指导。而翻译实践策略是建立在了解汉英思维和语言表达差异的基础之上的，本文旨在探讨翻译实践中必须了解的汉英思维和语言表达的主要差异，以及翻译四六级短文的基本步骤。

2 汉英思维和语言表达的主要差异

2.1 形象思维 Vs. 抽象思维

大多数中国人在进行交流或表达时，喜欢形象思维的方式，帮助交流双方快速建立对事物的想象，仿佛置身于特定的情境中，能够帮助人们更好地了解相关事物。而英语文化更加倾向于抽象思维，这种思维方式可以将不同事物的特性抽取出来，建立不同事物间的联系。[2] 例如：汉语中“手足”代表深厚的兄弟情谊，如果不了解英文的抽象思维，可能会翻译成“hand and foot”，而实际上应该翻译成“fraternity/what it's like to be brothers”。再如：把“拥抱创新、拥抱世界、拥抱未来”翻译成“embrace innovation，embrace the world and embrace future”，而实际上应该翻译成“embrace innovation，the world and future.”

2.2 螺旋型思维 Vs. 直线型思维

汉语的思维方式主要是围绕着事物进行阐述，或者对观点进行论述，最后表达作者的观点，并且在表述中先对次要部分进行阐述，然后阐述重要部分。而英文思维是开门见山地表明作者观点，然后围绕观点展开事实和依据进行论述。这就意味着在汉译英时要将汉语表达的信息按着倒序方式来翻译，从而实现先观点后事实和依据的英文思维表达方式。例如：在翻译“加快推动技术创新，提升传统产业”时，重要信息在后半部分“提升传统产业”上，“加快推动技术创新”是后半部分的实现手段。故翻译成“We will upgrade the traditional industries by promoting technological innovation”，而不是“We should promote technological innovation in order to upgrade the traditional industries.”

2.3 重意合 Vs. 重形合

汉语中各小句间靠语义手段连接而成，句中的语法意义和逻辑关系通过小句的含义来表达，属意合性语言。而英语的各小句常由句法手段和词汇连接而成，以此来表达语法意义和逻辑关系，属形合性语言。这种“汉语重意合、英语重形合”的现象就要求译者必须针对此差异采取相应的翻译方法——增词法、省词法、换序法等来实现地道的英文表达。

例如：早知道下雨，我就不洗衣服了。

本句经语法和逻辑分析发现，其隐含着一个 if 引导的第三条件句“如果我早知道天要下雨，我就不洗衣服了”，故翻译成“If I had known it rained, I would not have washed the clothes.”（增加连接词 if 与主语 it）

2.4 本体性思维 Vs. 客体性思维

汉语思维在描述表达时会围绕主体展开，在表达某种观点时会说“我/我们认为”，主动句比较多，从而体现本体的重要地位。而英文思维会注重对客体的表达、对事物的描述，因此被动句式比较多，从而体现客体的重要地位。这一思维差异体现在汉英翻译中，就是要多用被动语态，少用主动语态。[2]

2.5 句法差异：多短句 Vs. 多长句

由于汉语重意合，其句子则偏短句，呈“竹状”；而英语重形合，其句子偏长句，呈“树状”。如：一年后，他换了工作，结识了一位新朋友。他是个有梦想、有激情的人。该句有多个短句。但翻译成英文，就成了一个长句“One year later, he got another job which made a new friend with dreams and passion come into his life.”

2.6 词汇表达差异：九九归一 Vs. 具体化、多样化

在汉语中，桥梁建设、公路建设、政治建设、经济建设、文化建设、环境建设、国家建设和党的建设均用一个“建设”来表达。而在英文中，必须根据“建设”所要表达的具体概念来翻译。例如，桥梁和公路建设可以翻译成“bridge and road construction”；政治建设可以翻译成比较抽象的“political development”；经济建设要表达的概念是“经济发展”，故可以翻译成“economic growth”；文化建设意思是“促进文化进步”，故翻译成“cultural advancement”；环境建设要表达的是“环境改善”，故翻译成“environmental improvement”；国家和党的建设要表达的是“提升国家和党的执政能力”，故翻译成“nation and party building”。

英文词汇的多样化特点也需要在翻译时得以体现。比如经济建设，翻译成“economic growth”，当这个概念再次出现时，就要尽量换成“economic expansion”或“economic prosperity”，从而体现英文表达的丰富性和多样化。

3 大学英语四六级翻译实践步骤

根据汉英思维和语言表达的主要差异，在拿到一篇四六级翻译短文后，可以遵循如下步骤进行翻译：

第一，通读全文，了解段落内容，判断句子之间是否有逻辑关系，并对逻辑关系进行标注；

第二，判断语法信息，选择正确的时态和语态；

第三，根据每个句子内部的逻辑关系，将汉语句子按照主次顺序进行逻辑切分；有事实加表态的句子要标注翻译顺序；

第四，将句子中的模糊信息具体化、清晰化；

第五，找出意思相同或相近的汉语短语或词汇，通过词汇替换把英语翻译多样化。

4 结 语

熟知汉英思维和语言表达差异是翻译实践的基础，了解翻译步骤才能清楚翻译要解决的问题。

在英语教学中提升学生学术英语能力初探

刘　婧*

摘　要　教育部颁布的2017年《大学英语教学指南》将学术英语列入了大学英语教学的内容，并从国家层面对大学英语教学及学生的英语能力提出具体要求。随着学生在国内外读研提升学术英语水平的要求不断增高，在大学英语教学中提升学生的学术能力势在必行。本文从听说读写几方面进行尝试，认为尽早培养学生英语学术能力与素养，于国家和个人发展均有利。

关键词　大学英语教学；学术英语能力

1 引　言

教育部颁布的2017年《大学英语教学指南》指出，高校开设大学英语课程，一方面，满足国家战略需求，为国家改革开放和经济社会发展服务；另一方面，满足学生专业学习、国际交流、继续深造、工作就业等方面的需要。《大学英语教学指南》从国家层面对学生的外语能力提出具体要求，并第一次把学术英语列入了大学英语教学的内容，指出学生可以通过学习与专业或未来工作有关的学术英语或职业英语，获得在学术或职业领域进行交流的相关能力。学术英语培养的不仅是学术英语技能，更重要的是以批判性思维能力为核心的学术素养。这是通识教育在语言教学中的使命。[1]

* 刘婧，北京工商大学外国语学院副教授。

2 学术英语与学术英语能力

学术英语可分为通用学术英语和专门学术英语两种。[2]通用学术英语侧重各学科英语中共性的东西，即培养学生在学习中所需要的学术英语口语和书面交流能力；专门学术英语侧重特定学科（如医学、法律、工程等学科）的语篇体裁以及职场需要的英语交流能力。目前在高校中开设的主要是通用学术英语，也是本文论述的重点。授课对象是通过四六级考试后有一定语言基础的学生。

学术英语是高校通识教育中极其重要的一部分。它主要训练以下三种技能：①用英语听讲座（课）、记笔记、阅读专业文献；②用符合学术规范和格式的英语撰写文献综述、论文、大会摘要和学术文章；③用英语宣读论文、陈述演示研究成果、参加学术讨论。学术英语培养的是人才的五种能力：批判性思维能力（Critical Thinking）、交流沟通能力（Communication）、团队合作能力（Collaboration）、创新能力（Creativity and Innovation）和跨文化交际能力（Cross－Cultural Competence）。[1]

3 在大学英语教学中培养学术英语能力

3.1 学术英语阅读

阅读相关学科的国际一流学术期刊，阅读期刊中的题目、摘要、文献综述、正文、结论、参考文献。阅读原版教材、网络资源中的最新文章，帮助学生学习学术英语文章的句法特点、词汇特点和篇章结构，让学生掌握语篇知识，培养体裁意识。通过阅读地道的语篇，扩展各领域学科知识及百科知识，更好地理解纷繁复杂的文献资料。

3.2 学术英语写作

学术英语写作包括写文献综述、学位论文、学术报告、学术评论等。在阅读多源资料以及学术期刊的基础上，学生通过思维与认知的加工形成自己的观点，并用学术性的语言阐述。学生学习如何恰当地遣词造句、组织行文，学习文献写作要素。

3.3 学术英语听力

听原汁原味的英文会议、讲座、演讲音视频，学习如何听开头、结尾，听主旨大意、细节、讲话人的观点等，并学习做笔记。

3.4 学术英语口语

学生在大量阅读和练习听力的基础上，观摩相关学术演讲，学习如何阐述学术观点、做学术陈述。学习演讲中的要素，如演讲辅助工具的运用、身势语、与听众的互动等。同时基于小组活动，对阅读内容、学术观点等进行课堂讨论。

学术能力的培养体现在学术英语听说读写等各方面。学生学习如何定义并将背景知识情景化、对比、总结、综合、综述文献等。

老师作为引导者，将思想品德、心理素质教育和人文素养的培育融入教学中，并将丰富的网络学习资源推荐给学生。在教师的引导下，学生在练习中发展自身的学术英语思维、语言和自主管理素养。[3] 老师还可请学生关注高校通用学术英语考试。

总而言之，学术英语探讨如何为当下的专业学习服务，宜采用以结果为导向的学术英语教学法。[4]

4 结　语

大学英语教学并不仅仅为学生的各种考试服务，还有越来越多的学生有出国和读研的需求。我们的大学英语教学对他们在国内外研究学习应有所帮助，使学生真正达到其从事学术研究所需要的英语水平。

参考文献

[1] 蔡基刚. 再论我国大学英语教学发展方向：通用英语和学术英语 [J]. 浙江大学学报（人文社会科学版），2015（4）：83－93.

[2] JORDAN R. English for academic purposes：A guideand resource book for teachers [M]. Cambridge：Cambridge University Press，2003.

[3] 张欣. 高校学术英语课程逆向设计研究 [J]. Social science, education and human science, 2018 (1): 265-267.
[4] 蔡基刚. 颠覆性的教学理念和教学方法：关于《学术英语（理工）》编写理念 [J]. 中国外语教育, 2016 (1): 20-28.

浅析日语六级考试阅读解题技巧

李香春*

摘　要　大学日语六级考试中阅读理解题难度较大，所占的分值高。能否在这一部分拿到高分，成为决定考试成败的关键。本文将结合阅读考试中常见的题型，简要分析解题技巧，旨在为考生提供必要的应试指导。

关键词　大学日语；六级考试；阅读；解题技巧

大学日语六级考试对象是大学之前学过六年日语的高起点学生。对于这些学生来说，大学日语六级考试是大学阶段面临的最重要的外语考试，关系到毕业后能否找到合适的工作，能否在工作中具有更强的竞争力。大学日语考试中阅读理解题难度较大，占总分的比重达到30%。很多考生尽管考前做了大量的阅读练习，但考试成绩依然不尽如人意。能否在这一部分拿到高分，成为决定考试成败的关键。

1　教学大纲对阅读能力的基本要求

《大学日语课程教学要求》对六级阅读技能提出了较高的要求：能基本读懂日本大众性报刊的一般性题材的文章，阅读速度达到每分钟110字左右。能读懂所学专业的教材、综述性文章、论文等文献。能正确理解所读文章的中心思想，抓住主要论点和重要信息，并能推测文章的发展和结果。大学日语六级阅读理解部分考核考生通过阅读正确获取信息的能力，

* 李香春，北京工商大学外国语学院讲师，主要研究方向为日语语言文化和教学法。

既要求准确，也要求有一定的阅读速度。这部分共四篇文章，每篇文章500字左右，共20题，考试时间35分钟。阅读理解的设问要点有理解指代词所指示的内容、获取重要信息和特定细节、理解文章主旨、判断作者的观点、理解文章中的关键词和关键句、理解句子中隐含或省略的内容、理解句子之间的关系等。

2 2011—2016 年真题题型分析

笔者对2011—2016年真题进行了总结和分析。根据表1我们可以看出，指示题、细节题、文章主旨题、语句释义题、词语填空题、作者观点题是阅读考试重点考查的内容。

表1

年份	指示题	细节题	文章主旨题	词语、语句释义题	词语填空题	作者观点题	其他
2011	6	4	0	8	0	2	0
2012	3	7	0	4	1	3	2
2013	3	7	0	6	1	1	2
2014	2	10	1	3	1	1	2
2015	3	6	3	3	2	1	2
2016	4	6	2	3	0	2	3

阅读能力是综合的语言理解和阅读的能力。阅读能力和语法、词汇以及文化背景知识都有着很密切的关联。提高阅读水平也需要扎扎实实的日语基本功，但也有快速提高的解题技巧。下面简单介绍一下重点考查的六种题型的解题技巧。

3 常见题型的解题技巧

3.1 指示题

由于日语的指代词使用频繁，所以在各种考试中这类题的测试都占有一定的比例。一篇文章中大量使用指代词，我们如果对某指示关系判断不对，就无法正确理顺文章文脉，理解文章意思。

日语中最为常见的指代词有：一般指代词、连体指代词、连用指代词、综合指代词。从指示内容所在的位置看，指示词可分为前指指代、后指指代。

指示词所指示的内容一般在其前后，解题时应先返回原文定位指代词，然后在附近搜索其指示的词、词组或句子即可。指代内容的远近可分为两种，一是近距离指代，即指代其前后不远处的某一成分；二是远距离指代，即二者之间有其他插入成分，所指的部分离得较远。考试中，后者出现的较多。所以应该对指代词之前的句子、段落的内容仔细领会，同时对比各个选项，逐一排除即可。

3.2 细节题

细节题主要考察学生们对文章信息的把握和识别能力。细节题针对文章所提供的细节、具体信息进行提问。“誰”“どこ”“何”“いつ”“どのぐらい”“どうして”“どうやって”“どのように”“なぜ”“どんな”“どういう”等都是细节题的提问对象。这类题型在阅读部分最常见，出现频率最高。解题时，首先对全文结构了解后细看问题，并根据问题中的相关信号词，查找有关部分。答题时关键在于一定要返回原文，将给出的选项与原文逐一比较，关注细节，不要凭印象做题。

3.3 文章主旨题

每篇文章都有自己的主旨或主体。主旨或主题有时是显性的，有时则是隐性的。此题型大多是最后一个问题。第一，在时间允许的范围内尽量反复阅读全文，对全文进行归纳提炼。第二，找出重点段落。这种段落一般出现在开头段和结尾段，仔细阅读该段，从中抓到主题，然后对照选项进行选择。第三，关注一下表示强烈转折关系的接续词和接续助词。这些词后面连接的通常都是一段话的主题句。第四，注意找关键词。当同样的内容表达重复出现时，一般与主旨或主题有关。这些反复出现的关键词就是我们解答主题题目的线索。答题时抓住文章首尾句、文中关键词句，边读边做标记，必要时对每一段落总结大意，选出最贴近主旨的选项。

3.4 词语、语句释义题

词语、语句释义题主要考查学生对文章中使用的词语或句子的具体含义的理解。出题方式主要有：对关键词汇的理解、对关键短语的理解、对关键语句的理解。常用的解题技巧如下：

3.4.1 关键词语释义题

看直接定义、解释、说明的句子，如“~とは”“~というのは”“~のである”等。对于文中一些语义深奥的词汇作者一般会进行说明、提示。因此在该词汇前后，只要能找到说明、提示的部分就可以。

3.4.2 关键短语释义题

在文章中找到问题下划线部分并仔细研读。要注意，通常这些短语在句中的意思与一般我们所知道或理解的含义有所不同，而且作者为了清楚地表明自己的观点，肯定在文中的其他地方有伏笔或交代。

3.4.3 关键语句释义题

找到相关语句及前后文并仔细研读。作者会根据一定的逻辑关系对关键语句进行论证或说明，所以解决此类题的关键是厘清关键语句前后句之间的关系。

3.5 词语填空题

此类题主要考查学生对文章、段落、语句连接关系的理解。主要有接续词填空、副词填空。接续词填空是测试对句间关系的理解。做此类题了解接续词的性质非常关键。解题时，一定要弄清并正确把握前后文章的意思关联和逻辑关系。考试中常出现的接续词有“しかし”“そこで”“つまり”“それに”“でも”“では”“すなわち”“それなら”“したがって”“だから”“たとえば”“そして”“すると”等。副词填空，多为陈述副词和程度副词，主要测试驾驭句子结构的能力。在弄清基本意思的基础上，可根据搭配关系来选择。

3.6 作者观点题

此类题主要考查学生对作者观点态度的把握。作者观点出现的地方可能在句首、句尾，或者在文章中出现明显转折的地方，因此注意这些部分的句子可以更快地找到答案。注意解题时不要掺杂自己的观点，或是利用

所谓的常识解题，一定要从文章中找到依据。特别要注意“～はずだ”“～と考える”“～と思う”“～に違いない”“～たほうがいい”“～とはかぎらない”“～ではないだろうか”“～にほかならない”等句型。这些句型很多时候包含着作者的主张和观点。

毫无疑问，阅读对许多考生来说是一个难点，自然也就成了丢分的重点。阅读水平的提高绝非一朝一夕的事，要靠学生自己的努力，平时做大量的阅读训练。考生应注意平时的积累，对反复出现的信息点加以重视，采用科学的训练方式，有针对性地进行训练。

参考文献

[1] 侯仁锋. 大学日语四级考试指导与模拟试题集［M］. 北京：高等教育出版社，2003.

[2] 教育部高等学校大学外语教学指导委员会日语组. 大学日语课程教学要求［M］. 北京：高等教育出版社，2008.

[3] 全国大学日语考试设计组. 大学日语四六级考试指南与真题［M］. 广州：华南理工大学出版社，2017.

英语四六级翻译中的长句处理策略

李学勤*

摘　要　大学英语四六级短文翻译的主要难点在于句子之间和句内的分句处理。本文旨在探讨句子之间和句内的长句处理策略，以期更好地帮助学生提升翻译能力。

关键词　大学英语四六级；短文翻译；长句处理

自2013年大学英语四六级翻译题由句子翻译改成短文翻译以来，翻译的难度逐步提高。短文篇幅加大，长句增多，句子结构也逐步变得复杂，因此学生在短文翻译部分失分较多。本文旨在对短文翻译中的句子处理策略进行初步探讨，以期帮助学生提升翻译能力。

1　句子之间翻译处理策略——整合句子

由于汉语重意合，其句子偏短句，呈“竹状”；而英语重形合，其句子偏长句，呈“树状”。同时，汉语中句子的概念比较模糊，句号和逗号的使用有一定的随意性。[1]因此，在汉语短文中，句号前后的两个句子往往可以根据一定的逻辑关系，通过采取相应的翻译方法——增词法、省词法、换序法等整合到一起。

1.1　2016年12月（第2套）六级翻译

“2015年，近四十万国际学生蜂拥来到中国学习。他们学习的科目已

* 李学勤，北京工商大学副教授，研究方向为翻译教学、应用语言学。

不再限于中国语言和文化，而包括科学与工程。”

分析：“2015 年，近四十万国际学生蜂拥来到中国学习”，“他们学习的科目已不再限于中国语言和文化，而包括科学与工程”，两个句子中“国际学生”和“他们”是互指，所以这两个句子因为这一共有词汇，从而可以通过将“国际学生”和“中国”调整语序，将前面的句子变成“2015 年，中国接纳近四十万国际学生到中国学习”，然后用关系代词 whose 为连接词将两个句子整合到一起，翻译成：In 2015，China received/welcomed nearly 400000 international students，whose favorite subjects/courses have expanded beyond the Chinese language and culture to include Science and Engineering.

1.2 2017 年 12 月（第 2 套）六级翻译

“青海湖位于跨越亚洲的几条候鸟迁徙路线的交叉处。许多鸟类把青海湖作为迁徙过程中的暂息地。”

分析：“青海湖位于跨越亚洲的几条候鸟迁徙路线的交叉处”“许多鸟类把青海湖作为迁徙过程中的暂息地”中同样含有共有词汇“青海湖”，将“鸟类”和“青海湖”调整语序，使得“许多鸟类把青海湖作为迁徙过程中的暂息地”成为“青海湖为许多鸟类提供迁徙过程中的栖息地”，从而将这两个句子整合成有共同主语的两个分句，再通过省词法将第一个分句变成分词结构，第二个分句充当主句的形式，翻译成：Located at the crossroads of several bird migration routes across Asia，Qinghai Lake offers many species an intermediated stop during their migration.

2 句内分句翻译处理策略

2.1 确定主从句

四六级短文翻译中，一个句号内往往包含多个分句，根据英语的树状结构，就必须先确定一个主句，其他分句可以通过介词、ing 或者 ed 分词等手段成为附属从句。所谓分句，就是指有主谓结构的分句，像逗号前的一些时间词就不能算分句。一个句号中最多会含有五个分句，多数可以把第三句作为主句处理；而含有三个分句时，多数情况下可以把第二句作为主句。

例如，2017 年 12 月（第 1 套）六级翻译：“自上世纪 70 年代后期以来，捕捞鱼蟹对沿湖的居民来说极为重要，并对周边地区的经济作出了重大贡献。”

分析：“自上世纪 70 年代后期以来”不是主谓结构，所以不是分句，只是一个表示时间的短语。所以该句重点分析后面两个分句的关系。“捕捞鱼蟹对沿湖的居民来说极为重要，并对周边地区的经济作出了重大贡献”是很明显的并列关系，所以只需加 and 连接即可，翻译成：Since the late 1970s, harvesting fish and crabs has been invaluable to people living along the lake and has contributed significantly to the economy of the surrounding area.

再如，该短文翻译中的第一句“太湖是中国东部的一个淡水湖，占地面积 2250 平方公里，是中国第三大淡水湖，仅次于鄱阳和洞庭”。

分析：本句含有四个分句，主语都是“太湖”，该句的重点信息是告诉我们“太湖是中国第三大淡水湖”，所以可以将此句确定为主句，其他分句都是说明太湖的辅助内容。其中第一个分句“太湖是中国东部的一个淡水湖”和“太湖是中国第三大淡水湖”有重复信息“淡水湖”，所以可以将第一个分句中的“淡水湖”省掉；“中国东部”是太湖的方位，可以借助于介词短语变成名词短语“位于中国东部的太湖”；“占地面积 2250 平方公里”和“仅次于鄱阳和洞庭”可以借助于介词和分词结构来翻译。整句译文可以为：With an area of 2250 square meters, Lake Tai in eastern China is the third largest freshwater lake in China, following /after Poyang Lake and Dongting Lake.

2.2 合二为一

当两个分句是因果关系时，还可以将两个分句合二为一——将表示原因的分句变成名词短语做新句子的主语，将表示结果的分句转化成谓语。两个分句之间还可以根据逻辑关系通过介词或关系代词合二为一。

例如，2016 年 6 月（第 3 套）六级翻译：“由于其独特的地位，深圳也是国内外企业家创业的理想之地。”

分析：两个分句是很明显的因果关系。所以可以将“由于其独特的地位”通过省词法将其转化成名词短语“其独特的地位”，将“深圳也是国内外企业家创业的理想之地”通过增词法转化成谓语“使得深圳成为国内外企业家创业的理想之地”。故可以将整句翻译成：Its unique status has made Shenzhen an ideal destination for entrepreneurs both at home and abroad to start up their businesses.

再如：“在改革开放之前，深圳不过是一个渔村，仅有三万多人。”

分析：“深圳不过是一个渔村”与“仅有三万多人”之间有修饰的关系，故可以用介词或关系代词做合二为一的连接处理。翻译为：Shenzhen was no more than a fishing village of more than 30000 inhabitants/which is home to/boasts more than 30000 inhabitants.

2.3 句子定语的处理

汉语中的修饰成分常放在名词前边，而英语中的定语有时放在中心词的前面或中心词的后面，可以是单词、短语，也可以是定语从句。一般来说，定语是形容词时就直接放在中心词前面，定语是主谓结构或是动宾短语时需要使用定语从句，定语是名词＋形容词的可以转化成介词＋形容词＋名词。

例如：2016 年 6 月（第 3 套）：“旗袍是王室女性穿着的宽松长袍。”

分析：“长袍”前有两个定语“宽松”和“王室女性穿着”，“宽松”是一个形容词，所以翻译时直接放到中心词“长袍”前面；“王室女性穿着”是主谓结构，所以需要使用定语从句。该句可以翻译成：Qipao is a kind of loose gown designed for royal women.

再如：2017 年 6 月（第 1 套）六级翻译：

“明朝统治中国 276 年，被人们描绘成人类历史上治理有序、社会稳定的最伟大的时代之一。”

分析：时代前的定语有“人类历史上”、形容词最高级“最伟大的”和“治理有序、社会稳定”。“人类历史上”可以通过后置的“介词 of＋人类历史”来连接，形容词最高级“最伟大的”可以放在中心词“时代”之前翻译，名词＋形容词结构“治理有序、社会稳定”，可以转化成介词+形容词+名词，从内容上看，“治理有序、社会稳定”是“时代”的特点，故可以翻译成：The Ming Dynasty，which reigned China for 276 years，was depicted as one of the greatest periods of human history as it featured good governance and social stability.

3 结 语

熟练掌握大学英语四六级翻译中的长句处理策略，不仅可提升翻译能力、提高分值，还会让翻译实践成为一项乐趣。

参考文献

[1] 沈敏华. 大学英语四六级段落翻译中长句的翻译策略［J］. 教育现代化，2018，103（52）：249－250.

交际教学法在英语写作教学中的应用与设计

李　洁*

摘　要　英语语言教学的主要目的是培养学生使用英语进行交际的能力。作为英语学习的一个重要方面，写作既有表达性的本质，也是一种交际行为。因此，在大学英语写作教学实践中，教师要注重培养学生的写作能力和读者意识，并且把交际过程教学法运用于写作教学，注重在写作过程中培养学生语言交际能力，进而提高学生的写作能力和跨文化交际能力。

关键词　大学英语写作；交际能力；过程写作法

1　交际教学法简介

交际教学法是以培养语言社会交际能力为目的，以学生为主体的教学方法。语言社会交际能力指的是运用语言在不同情境中完成各种交际功能以及表达各种意愿和思想的能力。在交际教学法指导下的课堂，老师不再是主导者和单纯的知识教授者，而是语言交际能力培养的指导者。在课堂上，老师负责提供各类丰富多彩的学习材料，采用各种教学手段，调动学生的积极性，让学生在真实的教学环境中与他人积极交流，在实践中反思自己的学习体验，比较不同的观念，通过成员间的积极互动以及他们与老师的互动交流，完成教学目标，提高学习效果，从而增强学生的交际能力。交际法课堂的典型特征是：有服务于真实意义的互动；课程注重语义

* 李洁，北京工商大学外国语学院讲师，研究方向为英语语言文学。

内涵、社会功能而非语言结构；有真实的材料，创造现实生活情景；有以解决问题为目的的任务；常有两人或几人一组的讨论。学习者用各抒己见、集思广益等方式参与教学，补充信息空白，教师为促进交流而参与或协助学生讨论等。[1]

交际教学法的课堂中，语言学习的目标是培养学生交际能力。从学生日常学习生活和未来工作需要的情景中选择典型材料，学习表达和理解不同功能所需要的语言。学生是学习主体。在以学生为中心的外语课堂上，教学目标是培养学生自主学习和学会学习的能力。因此，近年来，交际教学法受到越来越多的老师的青睐，被越来越多地应用在课堂教学中，尤其是大学英语教学中。大学英语教学中存在的普遍问题是大学生缺乏学习动力，在没有考试压力的情况下，学习热情不高。应用交际教学法可以激发学生的学习兴趣，采用教学材料和教学手段的多样性调动学生参与语言交际的积极性。与此同时，应用交际教学法可以通过多种教学情境将语言结构与语言功能结合起来，有效提高学生的语言交际能力。

2 大学英语写作的交际本质

作为语言交际能力中的重要部分，写作是一种写作者与读者之间的交际。

写作是信息表达。表达信息就要求写作者一要以表达者的思想感情为中心，并在此基础上筛选素材得到材料，组合材料形成题材；二要寻找恰当的角度、方法表现材料，以达到交际的目的。[2]写作既有表达信息的交际本质，也是一种交际行为。Grabe 和 Kaplan 在《写作的理论和实践》一书中提到，“……几乎在所有的语境中，写作的目的都是交际”和“写作是一种交际行为”。

3 交际教学法在大学英语写作中的应用与设计

在大学英语写作教学中，老师应该积极采用交际教学法，调动学生用英语表达自己意图和情感的积极性，在写作的过程中培养学生的书面表达和交际能力。其中比较有效的是在课堂上采用过程写作法指导学生进行写作。过程写作法，顾名思义，就是学生在写作中注重写作的过程以及在写作中的思维过程。不管从思维上、技能上还是人际交往上，都有利于学生了解自己的写作过程，充分发展思维能力。

过程写作法认为，写作是一种复杂的、循环式的心理认知过程、思维创造过程和社会交互过程，视写作活动为社会交际活动，注重写作思想内容的挖掘和表达，注重学生作为写作主体的能动性，强调反复修改在写作过程中的作用。[3]因此我认为过程写作法应用于交际教学法课堂是符合交际法基本特点的。交际英语教学应具有布朗所述的四个特点[4]：

（1）课堂的中心应是全部的交际能力，不应局限于语法能力或语言能力；

（2）设计语言学习方法的目的是使学生在真实的情景中有意义地学习语言的实际使用；

（3）把流利性和准确性看作是以交际策略为基础的两个补充原则；

（4）在交际法课堂上，学生学习的最终目的必须是在未经排练的情景中，领悟性地使用语言，而且语言应具有能产性。

过程写作法综合了语言学、心理学、社会学和认知学的研究成果。它主要以交际理论为基础，"注重交际和交际能力的本质，以及语言的交际过程"[5]，体现了写作教学的本质，符合语言教学发展的规律。

将过程写作法应用于大学英语写作教学中应该注意以下几个问题：

（1）在教学过程中强调写作的过程，引导学生积极大胆思考，注重学生自我意愿和情感的表达。

（2）在教学过程中培养学生的社会交际意识。向学生强调写作的目的和意图，使学生在写作过程中形成读者意识，形成与读者交流的意识。

（3）在教学过程中相信学生的交际能力，以学生为中心，加强与学生的互动交流，形成轻松的课堂氛围，使学生的主观能动性得到充分发挥。

（4）在教学过程中教师不再是知识的传授者，而是信息提供者、组织者和引导者。教师充分参与写作过程，并在不同的写作阶段对学生进行指导，帮助学生在写作过程中形成语言交际意识、更好地在写作中表达自己的观点、体现自己的情感，使学生不再畏惧写作，体会到写作的乐趣。

过程写作法以写作过程为出发点，将写作过程做为教学的重心，设计一系列课堂内外写作活动，让学生充分投入写作的各个具体过程当中，通过写作而学习写作。过程写作法把写作过程分为构思阶段、初稿阶段、反馈互动阶段、修改阶段以及重写阶段。本文主要叙述构思阶段的教学模式，因为此阶段的教学模式与交际法的本质最为贴合。

在构思阶段，教师要求学生根据写作主题和题材收集写作材料。这个阶段可以分为以下三个步骤。

（1）自由联想。教师可以根据写作的主题和题材，组织学生围绕写作主题进行集体讨论或独立思考，尽最大可能自由发挥联想，说出或是写下相关的想法和观点。表达方式可以是单词、词组或是句子。尽可能用简单的句子，不必过于在意语法和语言结构的合理性。写完之后再对这些材料进行取舍，确定中心思想。在此步骤中，教师可以采用多种方法帮助学生完成思维发散。既可以采用图片和视频激发学生的思维积极性，也可以通过提问的方式，调动学生的思维。要求学生根据写作的题材、主题、写作的目的、心中的读者、读者的期望、作者的思想、观点、立场、态度、语气以及文章的基本结构提问，所提问题常涉及 Who，What，When，Where，Why，How。

（2）组织材料。在这个步骤中，要求学生根据自己想要表达的中心思想，梳理在自由联想中所获得的材料。老师可以指导学生理顺材料与中心思想之间、材料之间的逻辑关系，加深学生对中心思想的理解。比如，写作的主题是描述你的大学生活。学生选择的中心思想是“My College Life is Colorful.”学生在自由联想阶段中可能获得一些与 my college life 有关的素材，比如，在大学阶段所学习的课程，在大学阶段所参加的社团活动，在大学阶段所参加的志愿者活动，学校的生活学习环境，大学阶段的人际关系问题，等等。教师可以引导学生围绕 colorful 来理顺这些材料之间的逻辑关系，与此同时，也需要对这些素材进行取舍，使这些素材更好地为写作主题服务。

（3）拟提纲。在这个步骤中，教师引导学生根据自己在前两个步骤中选好的素材，选定题材，弄清中心思想，确定写作目的，集中构思，拟写提纲。提纲可采用关键词、词组形式，也可采用主题句的形式，这样便于学生理清思路，合理组织篇章。

4 结 语

英语语言教学的主要目的是培养学生使用英语进行交际的能力。作为英语学习的一个重要方面，写作既有表达性的本质，也是一种交际行为。因此，在大学英语写作教学实践中，教师要注重培养学生的写作能力和读者意识，并且把交际过程教学法运用于写作教学，采用复合交际教学法的过程写作法，注重在写作过程中培养学生语言交际能力，进而提高学生的写作能力和跨文化交际能力。

参考文献

[1] 王林海. 交际法理论及其实践分析［J］. 外语学刊，2007（4）：136.

[2] 张焕梅. 交际法在大学英语写作教学中的应用［J］. 榆林学院学报，2011（5）：101－103.

[3] 贾爱武. 英语写作教学的改进：从成稿写作法到过程写作法［J］. 解放军外国语学院学报，1998（5）.

[4] BROWN H D. Principles of language learning and teaching［M］. Shanghai：Shanghai Foreign Language Education Press，2001.

[5] 邓鹂鸣，刘红，陈梵，等. 过程写作法的系统研究及其对大学英语写作教学改革的启示［J］. 外语教学，2003（6）：58－60.

分级教学中的八级英语翻译课

侯　霞*

摘　要　北京工商大学公共大学英语课是以国家大学英语四级和六级考试为主导的课程。为了提升学生的四六级通过率，英语教学分为十级进行，将不同的教学级别目标以及不同的课型目标逐步细化。本文将以十级分级教学的第八级学生为教学对象，根据其入学时的英语水平，分析在大学英语翻译教学中如何针对八级学生的需求、解决其在翻译任务中的困难，提高翻译能力和水平。

关键词　大学英语；分级教学；翻译题型

1　大学英语四级翻译题型的演变

1.1　大学英语四级翻译题型的变化

大学英语四级考试自 1987 年开始实施，经历过几次改革。在 1995 年以前，四级考试除了写作以外没有其他形式的主观题型。1996 年到 2006 年，四级考试增加了中译英的题型，为句子翻译，占分值的 5%，但并非固定题型，而是与简短回答问题一起，和完型填空题交替出现。这种情况一直持续到 2013 年改革，构成了目前的题型模式和分值比例。此次变动将翻译改为固定题型，并由单句翻译变为段落翻译，篇幅内容有所增加，分值也大幅提高，达到总分的 15%。从这一系列的变化可以看出，四级考试

* 侯霞，北京工商大学外国语学院讲师，主要研究方向为英语教育。

的出题方有意增加翻译题的分值，听、读、写与译的比值基本持平。由此解读出这样一个信息：全国大学英语测试从偏重考查学生对英语知识的掌握程度，逐渐转移到考查学生的语言运用能力。

1.2 大学英语四级翻译题型的要求

大学英语四级考试翻译部分要求考生能在30分钟内将长度为140至160字的汉语翻译成英语。由于单一的句型翻译无法反映出学生的整体语言架构能力，大学英语四级翻译题已由最初的单句翻译改为现在的段落翻译。考核内容除了最初的句型和词汇，还拓展到中国的历史、文化、教育、社会、经济以及科技的发展。这样的方式不仅要求学生要对英语语言基础知识熟练掌握，还要有语篇结构的组织能力和适当的素材积累，考查范围更广、更偏重对语言知识的运用能力。

大学英语四级考试不断加强应用能力的考核，可以与一线教学进行有效互动。考试中获得的信息可以直接反馈给教师和学生，根据实际使用语言的情况调整教学，从而有效提高学生在实际生活中使用英语的能力。

2 分级制度下考生翻译能力的培养

2.1 大学英语四级翻译的评分标准

大学英语四级翻译评分标准的最高要求是能准确表达原文的意思，用词恰当，语言流畅，基本没有语法错误。这是一个指导性的原则，在一线教学当中，要以这个原则为终极目标，通过师生的共同努力不断接近完美的翻译。

2.2 大学英语四级翻译的评分标准对八级学生翻译教学的指导

我校十级分级制度下的八级学生为分级考试的前20%的学生。根据以往的记录，四级平均通过率可以达到90%。这一级别的学生英语语言的基础较好，写作、听力、阅读和翻译四项能力均能达到通过英语四级考试的水平。他们的语言能力体现在翻译上，可以达到满分的80%，也就是能够做到基本表达原文的意思，用词比较贴切，行文比较通顺连贯，没有重大的语法错误。在此基础之上，教学过程中教师应针对他们的特点，找出他们离完美翻译还有欠缺的地方，不断使学生在用词、句法和语篇连贯方面更加精确化。

2.3 八级学生翻译教学应解决的问题

在不断精确化八级学生的翻译训练的过程中，有几个比较普遍的问题需要解决。在语法方面，受母语的影响，有些学生会把中文的语法习惯带入中译英的翻译当中，导致出现错误的句子。比较常见的错误之一是我们常说的“不间断句子”（run - on sentence），即两个完整的句子之间没有任何连词，也没有用分号隔开，而是用逗号隔开，或连在一起中间没有任何标点符号。这样的句子是不符合英语语法的错误句子。在英语中，如果一个复合句中有两个完整的单句，中间必须有一个连词，三个单句必须有两个连词，以此类推，不符合这一规律的句子即为错句。常见错误之二是修饰语错位，也是由于母语的影响常犯的错误。中文习惯把修饰语放在被修饰词的前面，而在英文当中，大多数情况下，尤其是修饰语比较长的情况下，修饰语都要放在被修饰词的后面，如后置的形容词短语、介词短语、非谓语动词等做定语的情况。在纠正这一错误的时候，教师必须帮学生确立核心词词前置的概念，通过反复训练避免中式英语的出现。

明确了教学中面临的问题，在八级学生的翻译训练过程中，教师应在“非重大语法错误”方面下功夫，在学生不犯重大语法错误的情况下尽量少犯或不犯小的语法错误，使学生的翻译过程更加精确化，从而使他们的翻译文章提高到最高的水平。

博雅教育重塑英语课程

胡艺东*

摘　要　非综合性大学的课程设置和公共英语教学都面临着势在必改的要求。起源于欧洲、流行于美国的博雅教育模式为两者的改革提供了一个共同的选项。博雅教育内容和形式的注入，不仅能提升公共英语教学的实用效果，而且将公共英语教学转变为承担学校部分人文教育功能的博雅教育模块。

关键词　博雅教育；教学模式；大学公共英语教学；课程改革

近些年来，教育改革的呼声一直没有停止，其中一个重要方向就是加强学生的人文教育，培养他们正确的价值观和创造性思维的能力。很多高校参照学习的一个模式就是美国的博雅教育（通识教育）。例如中山大学、清华大学等相继成立了实行博雅教育的本科学院。然而，尝试博雅教育改革的学校都是一些实力强大的综合性大学，而数量更多的非综合类，特别是非“985”、非“211”类学校却没有什么举措。实际上，他们面临的问题更多，不管是课程设置还是校园文化，整个学校缺少人文元素。我在课内课外与学生的交流中强烈地感受到他们人文素养的匮乏。由此带来的是许多学生的价值观偏离，对公共事件缺乏正确判断。所以说，这类学校更需要用博雅教育去培养学生们的心智，但目前这类学校还很难全面实施博雅教育。一个可行的方法就是在公共基础课内改造或增添几门博雅教育课程。最简单快速的做法是把现有的公共英语课改为一门博雅教育课程。这

* 胡艺东，北京工商大学外国语学院讲师，主要研究方向为英语教育教学、比较文化。

样既不会打乱现有的课程教学体系，又启动了学校的博雅教育课程改革，同时还提升了公共外语的教学内容和方式，事半功倍。

1 博雅教育的内涵

博雅教育，也被译为“人文教育”“自由教育”（liberal education），起源于欧洲，盛行于美国，几经演变，至今仍是美国大学本科教育的核心，也是支撑美国高等教育领先于世界百年不衰的精华所在。今天美国的博雅教育，多以通识教育（general education）的面目出现，除了那些传统的独立博雅学院（liberal arts colleges，国内通常译为文理学院）之外，研究型大学里的本科学院大多称为文理学院（colleges of liberal arts and science）。[1]其实质没有太大区别。

什么是博雅教育或者说自由教育？政治哲学家列奥·施特劳斯指出：“自由教育是以文化为内容或以文化为目的的教育。自由教育的最终产物是文化人。”[2]施特劳斯将文化的初始含义定义为耕地，按照土壤的本性，培育土壤和产物；由此衍生文化的含义为心智，按照本性，培育心智，照料并改善心智固有的品质。[3]所以说，博雅教育的根本目标是心智的解放和成长，其重点不是单纯的知识传授和灌输，而是基于独立思考、判断、价值认同和尊严意识，对公民参与、公共事务讨论、说理和对话能力的全面培养和提升。在这样的理念指引下，美国大学设计的课程，以西方经典阅读为主要内容；组织的教学，以小班讨论为主要形式；安排的活动，以住宿学院为主要场所。时代变迁，社会发展，美国大学也历经变革以适应时代的要求，然而，却始终坚守博雅教育和博雅教育的核心理念。例如，进入21世纪以来，哈佛大学也对其本科学院（哈佛学院）的课程进行了改革[1]，截至2009年，哈佛大学制定的本科通识教育的四大目标是：第一，为学生参加公民活动做好准备；第二，教育学生认识到自身是艺术、思想、各种不同价值观的传统产物，同时也是继承者；第三，学生应能够批判性和建设性地应对变化；第四，使学生理解和认识到自身言行举止带来的伦理方面结果的重要性。由此，我们看到，今天不管哈佛大学在专业教育上是多么引领世界潮流，但它的本科博雅教育的核心仍屹立不动。

2　博雅教育助公共英语教学脱困升级

今天的大学公共英语课堂大概是高校最尴尬的场景之一。偌大的教室没多少学生来上课。这种场景已经持续很多年了。大学公共英语亟须改造升级。那么，将公共英语课改造成为一门博雅教育课程是否是一个正确的选择呢？这要从三个方面来考量：第一，公共英语的自身属性适合承担博雅教育的功能吗？第二，博雅教育的课程内容和教学模式与公共英语的学习目标匹配吗？第三，公共英语课程承担起了博雅教育的功能之后，自身作为一个语言工具的学习效果会减弱吗？下面我们逐一分析。

在博雅教育的课程内容中，语言是重要的甚至是基础的组成部分。一方面，博雅教育的内核是人文教育，作为人文学科基础的语言（和语言文学）自然位列其中；另一方面，博雅教育的重点在经典阅读，学生需要直接与古代先贤哲人们的伟大心智对话。而这些贤人们的大作几乎都是用古希腊语和拉丁语写成的，所以，在美国大学博雅教育的早期，古希腊语和拉丁语是必修课。随着时代变迁，现在的大多数美国大学的博雅教育课程不再将它们列为必修课（改为选修），但同时将许多现代语言学习纳入了博雅教育的核心课程中，因为语言训练心智的作用是无法替代的。

博雅教育的三个要素是经典阅读、小班讨论和写作。经典阅读是课程的内容，讨论和写作是课程的形式。经典阅读是深度阅读。小班讨论围绕经典阅读的内容展开。这一过程既是学生与先贤大师的心智对话，也是同学之间的心智交流。[3]写作同样以阅读为基础，包括对文本提问、分析、理解和释义、评价和批判等。它们的共同学习目标就是批判性思维和交流能力。我们再看大学公共英语的学习要求：听、说、读、写。除了“说”没设专门的课程（所以我们教的是“哑巴”英语）之外，其他三项都有相应的课程，其核心是精读。对照博雅教育的三要素和公共英语的课程设置，它们的形式高度一致，而不同点只是两者之间的差距，前者是后者理想的状态。

今天大学公共英语遭遇的困境（学生无趣、老师没劲），其根本原因在于课程设计脱离了大学阶段的定位，无论内容还是形式只是中学方式的一个延伸。我们要知道，学生进入大学时，他们的英语已经学习了十多年

（从小学到中学），基本的语言知识都已经学过了。大学阶段的英语学习应该是语言的使用而非语言知识本身了。可我们的课程内容呢，听、说、读、写都是围绕语言点而非系统的人文社科知识。这种无米之炊式的语言学习方式无法提高学生的交流能力，更谈不上思维方式的锻炼了。所以，把博雅教育的内容注入公共外语的教学之后，就为英语的语言使用提供理想的练习场，不仅能让学生享受到博雅教育，而且能使英语沟通能力大大提高。

所以，将大学公共英语改造成为博雅教育课程，可行、有效。

3 总 结

今天，在许多非综合类大学的课程设置中，公共英语是非文科学生能接触到人文知识的有限渠道之一（甚至是唯一渠道）。将公共英语教学和博雅教育内容融合，或许是这类高校课程改革的一个突破口。让公共英语课程在更好地发挥它的实用性作用的同时，承担起博雅教育的功能是一个双赢的选择。

参考文献

[1] 黄福涛. 美国大学的自由教育和通识教育是如何产生和变化的？[J]. 清华大学教育研究，2018，39（6）：1－9.

[2] 施特劳斯. 古今自由主义［M］. 叶然，等译. 上海：华东师范大学出版社，2019：1.

[3] 徐贲. 阅读经典：美国大学的人文教育［M］. 北京：北京大学出版社，2015：1－29.

在教学中调整学习动机

卢丹军*

摘　要　学习外语的动机并非自发产生，必须经过有目的、有意识的培养和激发。明确学习目标、激发学生的求知欲是培养学生学习动机不可缺少的条件。本文以大学英语教师的视角，总结外语教师对学生学习动机的调整，使不同阶段的学习目标符合学生的认知水平，学生通过自身的努力和调整，最终实现自己的学习目标，提高学习能力，完成从被动学习到自主学习的转变。

关键词　学习动机；学习目标；归因分析；自主学习；学习效果

传统的外语教学模式中，教师都是教学的中心。教师讲课、提问，学生听课、回答问题。这种教学模式强调的是刺激与反应之间的关系，但是却忽略了学生本身的情感因素以及他们的自主性。这个模式带来的结果就是课堂气氛单调，不易激发学生学习外语的兴趣，削弱了他们学习的信心，学习效果会出现越来越差的趋势。为了改变这种情况，适当改变教学方法是外语教师必须采取的措施。加强文化导入，激发学生学习的兴趣，形成学习外语的动机，搭建起学生自己的知识体系，由被动学习转为主动自主学习。

外语教师不仅要注意激发学生学习外语的动机，还要引导学生将学习动机转化为学习行为。作为老师，帮助学生掌握正确的学习方法、运用合适的学习策略，把语言知识转化为语言能力，最终能运用到日常的沟通和

* 卢丹军，北京工商大学外国语学院讲师，主要研究方向为英语翻译、英语教育。

交际生活中，提高自己的综合能力。通过实践，学生在看到自己综合能力提升之后，就会获得成功的喜悦，从而进一步推动优良的学习习惯的养成，也就有了进一步学习的动机和愿望，达到了我们所说的自主学习的目的。

动机归因是外语学习的一个重要因素。学生一般根据过去的学习经验、教师评价以及社会比较，对自己的学习成功或失败进行归因。在教学中，我们经常会发现学生对外语学习成败做出以下归因："如果我努力学习了，但是成绩仍然不好，别人一定觉得我很笨。""如果我学习很刻苦，考试成绩很好，勤奋就降低了我的成功感。别人会觉得如果我足够聪明，就不用刻苦学习了。""如果我没有努力，考试成绩不好，别人会认为只要我努力，成绩就自然会好。""如果我学习不努力，但成绩还凑合，别人一定认为我是天才。"这些动因在学生中非常普遍，非常不利于激发和维持他们后续学习的动机。要及时纠正学生中存在的这种被动的动因分析，给予正确的引导和分析，才能真正增强他们的学习效果。

所以，正确引导学生对待学习中产生的挫败感，就是关键的步骤。教师应该指导学生对自身学习的挫折和失败进行正确的归因，化消极因素为积极因素，激发学生的学习信心，产生新的期待。具体到每一个学生，分析自己的失败是内部原因还是外部原因；是自身的、可控因素造成的失败，就要克服自身不足，通过努力去获得成功。也就是说，如果是自身原因，就要有针对性地做自我调整，如果是外部的、不可控或者稳定因素造成的失败，就要适当降低或者调整目标，否则目标实现不了，就更加容易产生挫败感，进入恶性循环。他们通过自己深刻的正确归因，才能认识到自己存在的问题与不足，及时调整自己的学习行为，采取积极有效的应对策略，从而达到由慢到快逐渐进步，实现自主学习、自主进步的学习效果。这种对比，是自己与自己的对比，避免了学生由于攀比产生的自卑情绪，避免了学习挫败带来的负面效应。

在这些转变中，教师反馈的作用非常关键。因为在师生互动的过程中，教师给每个学生的反馈对学生的影响都是巨大的。无论是正面还是负面的反馈，学生都能感知自己的成败，观察到老师对他的态度，并以此为潜在的归因依据。所以，教师对学生的评价是否正确，态度是否公正，对学生今后的学习都会产生重大的影响。因此，每个教师在传授知识之外，要随时注意自己对于每个学生的评价和态度。

综上，教师在教学中，除传授相关知识以外，还要指导学生对自己的学习进行正确的归因，同时，注意引导他们做出正确的转变。在这个过程中，每个老师都要注意自己的评价是否正确，态度是否公正，能否带领学生进行失败的正确归因，做出正确的选择，从而完成学习动机的调整。

浅谈大学英语四级写作中的多样性原则

吕　绵[*]

摘　要　初步探讨大学英语四级写作中的多样性原则，以及如何实现文章句式的多样性，避免文章单调乏味。

关键词　四级写作；多样性原则

大学英语四级考试的写作过程一般需要注意三方面的因素：统一性、连贯性和多样性。前两个方面固然重要，但多样性也是写好文章必不可少的要素。文章的句式是否丰富有层次，表达是否多变不单一，是吸引读者的重要原因。

1　实现文章多样性的途径

实现文章多样性的途径有很多，本文只简要概括句式方面的因素。

1.1　句子长度的变化

写作过程中要注意长、中、短句交替使用。过多的短句或简单句使文章看起来很幼稚，而过多的长句会让读者很难抓住作者的意图，表达不当还会引起歧义。

1.2　不同句式的使用

除了从语法结构的角度上分类的简单句、并列句和主从复合句，为了

* 吕绵，北京工商大学外国语学院讲师，主要研究方向为英语教学、英语教育。

实现多样性，还要注意修辞意义上的松散句、圆周句和平衡句的交替使用。

松散句是主语和谓语在句首，其他修饰限定的成分紧随其后的句子。这类句子在英语中占很大比例。松散句大多没有跌宕起伏，基本都是平铺直叙，直截了当，便于理解和使用。如：Bill had cleaned the window before Tom opened it. 圆周句则正好相反，修饰限定的成分在句首，句子的主要意思在句尾。这类句子的高潮一般出现在句末，因此可以设置悬念，吸引读者。如：Before Tom opened it，Bill had cleaned the window. 再如：With great care，Tom was cutting a piece of metal. 平衡句是指结构相同而意思相反的句子。平衡句大多是对作者的观点进行对比或比较，从而使句子的中心更加鲜明突出，加强读者的印象。如：It is the age that forms the man，not the man that forms the age. 再如：Reading is to the mind what exercise is to the body.

1.3 主动语态与被动语态的使用

主动语态中的主语是在一个较强的地位，但在被动语态中，主动语态中的某些信息可以省略或放在一个较弱的位置。当强调结果或事故灾难中的受害者的时候，通常会使用被动语态。当动作的发出者不重要或者没有必要提及的时候，也会选择使用被动语态。当想隐藏对某些不太好的决定或结果负责的人的时候，通常也会选择使用被动语态。

1.4 改变句子的主语

写作时，要避免总是习惯性地以 I/we/because/when 等词语开头，可以换一种方式，体现多样性。下面的句子通过转换句子的主语，实现了文章的多样性。如：①When he foresees he is about to leave for Beijing，he begins to feel excited. 可以改写为：The mere prospect of leaving for Beijing would set him to feel excited. ②“我们现在已经把那次吵架忘得差不多了。”这句可以不用 we 做主语：That quarrel is now almost fading from our memory. ③“为了通过考试，学生当然需要做出不懈的努力。”可以不用 students 做主语：Continuous efforts on the part of the students are certainly required to pass the examination. 通过改变句子的常规主语，使句子显得更丰富，更有层次和档次。

1.5 句子的合并

为了实现文章的多样性，句子的合并在写作时特别重要，尤其是两个或若干个简单句可以通过包括添加连接词等方法合并为一个复合句，体现句式的多变性和复杂性。如“My brother has just gone to Alice Springs.”和“Alice Springs is a small town in the center of Australia.”可以通过同位语结构合并为一个句子：My brother has just gone to Alice Springs, a small town in the center of Australia. 再如下面的简单句集合“There are many kinds of books. There are history books. They record past events. There are mathematical books. These books focus on figure and number. There are also language books. Such books study the means of communication.”，可以通过分类和添加适当连接词的方式合并为下面的句子：Books are of various kinds and different contents. We have history books recording past events, mathematical books focusing on figures and numbers, language books studying the means of communication. In a word, we have various books dealing with different things in the world. 合并后的句子语义与表达更清楚明白，层次感更鲜明。

2 结 语

这里只稍探讨了四级考试写作中实现文章多样性的句式方面的因素。大学英语四级写作还应该力求用词有所变化，避免重复。鉴于此，词汇和语法句式的多样性都很重要：可以使文章看起来生动。不论是哪种形式的多样性，都需要平时的积累，处处留心、用心体会、反复实践并加以运用，才能做到融会贯通。

利用“先主干后枝叶”提高四六级汉译英句式结构的准确度

马 蓉[*]

摘 要 大学英语四六级考试中汉译英部分占比不低，内容涉及中国历史、社会、文化等多个方面，难度不可小觑。然而学生在汉译英的过程中却问题多多，病句连连。为解决这一基础问题，笔者结合自己多年教学实践经验，在课堂教学中引入“先主干后枝叶”法，以帮助学生提高汉译英句式结构的准确度。

关键词 汉译英；主干；枝叶；句式结构

1 引 言

众所周知，在语言学习过程中，翻译水平的高低在很大程度上反映了一个人整体的英语能力。汉译英段落翻译在大学英语四六级考试中虽不能说是难度系数最高的，但其重要性不可忽视。试题题目涵盖中国历史、社会、文化等方方面面，中文句式也变化多样。这就对学生的翻译能力提出了更高的要求。经过多年的教学实践与观察，笔者发现，目前学生普遍存在的问题主要在于思路不清、不能透彻地理解汉语内容、无法恰当地断句或划分意群、不能精准地选词造句，等等。

---

* 马蓉，北京工商大学外国语学院讲师，主要研究方向为应用语言学、英语翻译、英语教学法。

2 现存的问题

由于现行的中小学教育中普遍存在重理轻文、题海战术和应试教育等问题，很多学生没有扎实的文科功底。他们对中国传统文化背景知识的理解浅，英语学习中缺乏语言环境，中英文的语言差异也不过多追究，致使在汉译英的过程中用词错误，写出来的句子也常常是结构不完整或语病多多，“中式英语”随处可见。从句式结构上来说，最常见的也是最致命的问题是翻译中不能抓住句子的主干，不清楚汉语和英语语言表达的习惯，只关注词汇上的逐一对应，于是导致翻译出来的句子结构混乱，语言表达的准确度大打折扣。

3 “先主干后枝叶”方法的引入

无论是汉语还是英语，每个句子的框架都有一个“主干”，包括主语、谓语（和宾语）。此外，还会有“枝叶”成分，即定语、状语、补语。英语的“枝叶”还有表语、同位语等。“主干”与“枝叶”，是相辅相成的，在语言学习中常常被提及。“主干”表达核心思想，而“枝叶”则对细节进行描绘，对“主干”进行修饰或补充说明，或使句与句之间的逻辑关系有良好的衔接。

为了解决前文中提到的问题，帮助学生在翻译中实现句式结构的准确转换，笔者在教学中尝试着让学生利用“先主干后枝叶”的方法，先对汉语原文进行分析理解，再在英语的遣词造句中准确地转换，取得了较为理想的效果。

首先，在拿到一篇段落翻译时，应先通读全文，了解大意并明确汉语的语言表达特点及习惯。汉语句子的特点是动词多、短句多、排列方式常常是按照时间顺序，或者按照前因后果的逻辑顺序，呈典型的链状结构。此外，汉语注重意合，有时会省略或弱化主语，有时会出现多个谓语动词，句子中也很少出现连接词，所以往往给人的感觉是汉语结构松散。明确以上要点，那么在接下来的语言转换之前，就需要结合相应的文化背景知识，把这个段落中的汉语句子按意群切分，该合并的短句、该断句的长句都要做到心中有数。然后逐一对各个汉语句子进行结构分析，剥离“枝叶”，找出“主干”。这样做的目的也是为了给下一步的语言转换做好铺垫。

其次，在语言转换过程中，还需要了解英语的语言特色及表达习惯。英语讲究形合，常按句内主次从属关系排列，在句子主干上添加修饰语以及限定语，形成严谨的树状结构。所以，在绝大部分英语句子中，必不可少的成分就是主语和谓语这一主干，各分句之间有连接词来表达诸如并列、因果、转折、递进、选择、假设、比较、让步等逻辑关系。在语言转换时，就要转而运用“英语思维模式”，首先译出句子的主干，即句子的主、谓、宾，从而保证基本句式结构的完整，然后再选择恰当的位置填补“枝叶”，即定、状、补成分。对于汉语中省略主语的现象，转换过程中应增补主语或者改变句式；对于汉语中多个谓语动词的现象，则按需增补连接词，或根据主次轻重，改谓语为其他修饰成分，比如改为定语从句，等等。

最后，在语言转换结束后，还需要通读译文，力求摆脱“中式英语”，呈现出地道的英语段落。通读的过程中还需留意选词的准确性以及句子的基本时态、语态，看看整个段落句与句之间的逻辑关系是否做到了很好的衔接。

4 结 语

其实，在了解中英文语言特点、分清“主干”和“枝叶”、掌握翻译的要领后，汉英翻译将不再高不可攀。我们要明确一点：再复杂的句式结构都会有中心思想，都是由一些基本成分组成的。先摸清“主干”再辨别“枝叶”会让你对语言理解更透彻，同时也能进一步保证语言转换过程中句式结构的准确。

翻转课堂在英语教学中的本土化

彭　淳*

摘　要　本文旨在讨论翻转课堂的优越性及其在中国大学英语教学实践中的适应性，并探索其本土化的应用。

关键词　翻转课堂；大学英语教学；本土化

翻转课堂的教学方法是指通过短视频等手段把一些知识点的教授环节提到课前，然后充分利用课上师生面对面的机会进行针对性辅导，通过活动、练习、检测来达到巩固知识、发展技能的目的。这种教学方法最早开始于20世纪80年代的美国。中国的教育工作者也和其他许多国家的同事一样对这种新兴的教学方法产生了极大的热情和兴趣，并从多方面进行理论和实践上的探讨摸索。本文将概述在我国大学英语教学的环境中，翻转课堂相较于传统课堂的一些优越性；指出翻转课堂在教学实践中“水土不服”的现象并尝试提出改进的建议。

1　翻转课堂的优越性

在我国大学英语的教学环境中，翻转课堂和传统课堂教学相比有着许多明显的优越性。

1.1　培养学生的自主学习能力

鉴于我国教育资源不够充足和均衡，中小学阶段普遍还是以应试教育

* 彭淳，北京工商大学外国语学院讲师，主要研究方向为应用语言学和教学法。

为主，力争在统一的规范考试中拿到更高的分数，争取到有限的优质教育资源。这也造成大部分学生习惯了大量做练习的被动学习，缺乏自主学习的能力和兴趣。而翻转课堂要求学生通过观看视频或者自主学习其他形式的学习资料课前完成知识点的初步学习。这样的教学方式为学生充分锻炼他们所欠缺的自主学习能力提供了条件。

1.2 开展丰富的课堂活动

传统的大学英语课堂上大部分时间是教师进行讲解，学生因缺少参与机会，进而成为课堂教学的旁观者乃至局外人，难以激发学习热情。而缺少实际使用语言进行交流也使得语言学习只停留在纸上谈兵的层面，难以培养语用能力。翻转课堂课前自学，课上可以让学生有更多的机会实际运用所学语言知识，帮助学生在练习中参与课堂并巩固所学培养语言使用能力。

1.3 缓解大学英语课时有限的问题

大学英语教学与中小学相比，课时大幅减少。如果没有自觉学习的习惯和意识，许多学生的语言水平随着课时和练习量的减少也有所下滑。如果切实执行翻转课堂的要求，他们会花大量的课余时间完成知识点的课前掌握，达到上课时跟上课堂练习和完成检测的标准。这就充分利用了课下的时间，通过课下自主学习来缓解课堂时间有限的问题。

2 翻转课堂的局限性

翻转课堂虽然在国内得到了广泛关注并有许多相关论文发表，但是在大学英语教学实践中并未大面积普及。这与它在中国大学英语教学环境下一些“水土不服”的症状有关。

2.1 教师方面的局限

翻转课堂不但要求教师要改变传统的课堂权威角色，向学习指导和协助者的身份转化，还要求教师除了备课时准备教学内容，还要花大量时间准备学生课前自学所需的教学视频，线上指导答疑也需要一定的时间。课上的练习也对课堂的调度、灵活互动的经验提出了更高要求。这样会增加工作量，对教师的挑战是巨大的。在现有的课时数和工作环境下，教师必须具备相当耐力和一定的专业水准，才能达到翻转课堂的要求。

2.2 学生方面的局限

由于中小学应试教育以及传统文化的影响，中国学生普遍更习惯被动地接受和服从，不适应主动表达。所以课前的自学任务如果是观看视频，那么完成度和质量就没有让他们做笔头习题来得有保障。如果课前自学完成不佳，课上的练习则无法开展，知识内化也无从谈起。另外，课上开展练习时如果学生保持沉默，不能积极参与主动配合，宝贵的课堂时间也会由于活动效果不佳而被浪费掉。

2.3 教学环境方面的局限

国内的大学班级人数普遍在50人上下。这样的班级规模不利于充分开展课堂活动，难以保障每个学生都得到充分练习的机会。可能沦为少数几个学生展示、老师答疑、其他大部分学生旁观的低效率课堂。而现有教学体系也限定了教学内容和进度，教学评价也是以期末统一考试卷面成绩为主，平时课堂的参与和表现占比相对较小，也不利于督促学生参与对翻转课堂至关重要的课堂互动。

3 翻转课堂本土化的一些建议

想要翻转课堂在我国大学英语教学实践中扬长避短，发挥作用，要对它进行一些本土化改良。

3.1 充分利用已有网络学习资源

考虑到我国大学英语教师的现状，要尽量减轻翻转课堂带来的额外负担。利用已有的网络平台和语言教学资源，由与学校合作的第三方提供网络支持服务，使每位教师不必单独准备教学短视频，优化整合教学资源。

3.2 改革现有的教学评价体系改进教学条件

在现有的基础上缩小班级规模，给教师在教学素材的选择、教学评价标准上提供更多的自由，让教师有尽可能多的手段调度课堂，刺激学生的积极性和热情。

3.3 谨慎选择适合翻转课堂的教学内容

语言教学的特点决定了它与理科学习不同，很难在时长有限的视频中把讲解知识点作为学习的主题。语言学习涉及的知识比较细碎，难度不是听懂，而是要花更多的时间记忆并反复练习以巩固强化。这意味着许多外语教学内容不适合通过短视频等形式在课前进行。所以教师应该谨慎选择适合开展翻转课堂的教学内容，如文化背景介绍、相关知识拓展、语言点测试等，不能搞“一刀切”。

浅谈英语写作的诟病及教学建议

邱国红[*]

摘　要　写作能力是语言综合运用能力的体现，教师要积极利用大学英语精读的课堂教学，培养学生在谋篇布局、逻辑及语法词汇等方面的能力，并通过大量实践，使学生有的放矢地纠正逻辑思维和语言表达的种种问题，有效地提高写作能力。

关键词　英语写作；谋篇布局；逻辑；语言的运用；大学英语精读

英语写作是学生英语语言的一项重要综合技能，因此一直以来，在大学英语的教学中，学生写作能力的高低是衡量大学英语教学质量的一个重要指标。笔者在多年的英语教学中，深刻体会到大学英语的写作教学一直是很难突破的一个教学难点。每次的写作课，尤其是写作实践，学生感到头疼，无话可说，无从表达；而教师面对一篇篇逻辑不清、中式表达随处可见、语言问题层出不穷的文章常常感到一筹莫展。对于四六级考试的写作成绩而言，学生 5 ~8 分的得分比比皆是，达到及格分 9 分或 10 分的学生少之又少。鉴于此，笔者想就自己的教学经验和实践分析问题，并试图找出对策，以改善大学英语写作教与学的尴尬处境，提高大学生英语写作的水平。

1　学生在英语写作中普遍存在的问题

1.1　文章的语言逻辑性差

笔者在教学中发现，很多学生的写作缺乏逻辑性。段落的开头很少有

* 邱国红，北京工商大学外国语学院副教授。

清晰明确的主题句，即便出现了主题句，之后的发展句在支持主题句的论点中也因逻辑和语言表述的问题而表现欠佳，导致整个段落和整篇文章逻辑混乱，不知所云。笔者认为，该问题可能体现出以往的英语教学出现的问题，即教师和学生只着重了英语词汇等的教与学，忽视了学生在表达思想中对于谋篇布局和内容的连贯逻辑性方面的培养。

1.2 语言的运用能力差

笔者在这里提到的语言应用能力，主要体现在语法和词汇两个方面。虽然在传统的中国式英语教学中，教师和学生普遍都重视语法和词汇的教与学，但实际效果却不理想。

首先，学生普遍语法功底薄弱，再加上中式思维的影响，导致学生在内容的表达上无法有效地表达自己的想法。学生对常见句式掌握得一知半解，对非谓语动词和谓语动词的用法区分不清，动词的连动现象到处可见，介词和动词随意搭配的情况层出不穷等。比如，在一篇讲英语学习的重要性的文章中，一个学生这样写：Now all the students were study one foreign language. ...Some people for making a future for themselves learn English to prepare work abroad, and some others in order to get the better degree so they..., Study English could make us can do more. 这些啼笑皆非的表达反映出来的问题是，学生完全不理解英语和汉语两套语言体系的思维和表达范式的区别。

其次，学生的词汇量匮乏，难以传达其丰富的思想。学生不仅词汇量严重不足，而且在学习词汇时，也常常只是死记硬背其汉语的对应词，缺乏对该词的语义和语用意义的研究和应用。“there are more and more students more likely to learn other country's language, and the learning of language is asked for more.” 中 likely 一词，很多学生就想当然地认为，该词是“喜欢”之类的意义。笔者在教学中发现，很多学生对英语学习持急功近利、缺乏科学认真的态度，在学习中常不求甚解、望文生义。

2 改善英语写作问题的方法和途径

首先，鉴于学生谋篇布局能力的欠缺及逻辑混乱等问题，笔者认为，教师应有效地利用大学英语的精读课程，指导学生分析文章的布局思路和行文的逻辑关系，使学生在学习中真正地做到有的放矢。教师可精选出几篇文章，在欣赏文章的思想、文化、语言等的同时，也侧重让学生分析整篇文章的布局如何展现主题，要求学生画出每个段落的主题句，研究发展句是如何有力地支持主题句的论点，并研究结论句是如何复现主题的。笔者在教学中通过持之以恒地运用该方法，学生的谋篇布局的能力明显提高，段落的逻辑性也大大改善，学生改变了在写作中无话可说的局面，段落的思路和脉络也清晰了很多。

其次，在有针对性地为学生语法知识查漏补缺时，还要指导学生多加实践。在教学中，教师可以将写作中语言表达和翻译课结合起来，帮学生深刻研究两套语言体系的差异，纠正学生母语思维对英语语言表达的影响，调整语言结构，有效地改善“中式英语”的状况。

此外，通过大量的练习，教师还要对学生常出现的句式问题多加分析研究，让学生真正知道自己的问题所在，彻底改变句式单一、错误百出的局面。在英语词汇的教学中，教师除了要求学生大量掌握词汇外，还要引导学生多研究词汇的英文解释，体会例句中词汇的用法，注意词汇的词义联展关系和语用习惯等，杜绝对词汇的误用。

总之，要真正提高学生的写作水平，教师不仅要在日常教学中重视培养学生的谋篇布局、逻辑、语法和词汇等各项能力，还需要通过大量的实践练习，让学生在改正错误中学习，在研究中进步。

大学新生英语教学漫谈

史　云*

摘　要　本文分析了高中和大学英语教学的几点不同方面，并对如何衔接好二者的教学提出了一些建议。

关键词　英语衔接；大学英语课堂教学；自主学习能力

1　引　言

近年来，我国中学英语教学取得了很大进步，但是基础教育课程改革在各地的推进不平衡，改革成效在高校尚未完全显现。[1]全国各地区之间的教育水平存在着差别，许多一般院校的学生入学时英语基础弱，英语总体水平低，特别是农村学生听说能力相对较弱，导致相当一部分学生不能很快适应大学英语教学，有的甚至出现期末考试不及格现象。武力宏[2]认为，大学英语教学和高中英语教学在理论上实现了有效的衔接，但在实践中，大学生存在与大学英语教学模式不相适应的现象，影响了其英语学习的效果。如何有效地帮助新生尽快适应大学英语的教学，是本文关注的问题。

2　高中英语和大学英语教学的差异

2.1　目标差异

中学英语除了注重学生基础知识的掌握外，主要侧重于阅读能力的提

---

* 史云，北京工商大学外国语学院讲师，主要研究方向为应用语言学、英语教育。

高，应试导向现象仍然比较突出。相比之下，大学英语教学侧重于培养学生英语综合应用能力，特别是听说能力，同时增强其自主学习能力、提高综合文化素养，以适应我国经济发展和国际交流的需要。[3]

2.2 教学方法差异

高中教学重知识积累，由于教师过于强调单词和语法规则的“记忆式”学习，而忽视实际运用。学生被动学习，参与不足，虽然可能掌握了一些陈述性知识，却未能掌握足够的程序性知识。而在语言掌握中，二者缺一不可。大学融合课堂教学和网络媒体技术，注重学生的表达、沟通能力，强调学生学习的主动性、多样性和个性化发展。

2.3 评价方式差异

高中英语课程评估主要以期中、期末测验和高考成绩等终结性评估为主，大学英语课程加大了形成性评估的比例。丰富多样的评估手段，包括课堂表现、平时作业、平时测试和网上自主学习表现，都已成为大部分学校教学评估的重要参考。不熟悉、不重视新的评估体系使得一部分学生疏于日常学习的自我管理，造成学期成绩下滑。

3 教学开展中的几点建议

新生刚入学对大学生活充满憧憬，学习积极性较高。教师要以建立情感纽带为切入点，上好第一课，采用问卷、课上交流、访谈等形式，深入了解每个学生的背景、英语学习经历、学习习惯、学习方法、学习信念、动机和个性特征。在教学中，笔者发现，新生对英语的感情很复杂，一方面，他们清楚地认识到英语的重要性，也愿意在大学阶段提高自己的英语水平；另一方面，中学时期为了高考而没日没夜地刷题、背单词、抠语法的痛苦经历让他们畏惧英语学习。学情分析和适时辅导有助于教师制订并完善教学目标和活动安排，因材施教，满足学生个性化教学要求。

目前我国大学英语仍以课堂教学为主，学生依赖教师课堂提供的大量可理解语言输入与指导。这一传统教学法对学习陈述性知识起着积极的和必要的作用，仍值得肯定。大部分新生语言知识有限，语音、语调知识缺乏，语法体系混乱，写作的句子支离破碎，无法恰当使用词汇，语篇结构意识弱。教师需要针对学生语言知识的薄弱点，加以相应的复习和巩固练习，并进一步增强程序性知识的训练，培养和提高他们的实际运用语言的能力。限于课时和大班容量，教师可以充分利用网络技术，以丰富的英语网络资源为依托，将语音、词汇、语法知识的讲解放到课下要求学生自主学习，课堂主要是学生综合语言应用能力的展示和教师指导与反馈。

真正成功的学习者无一例外都具有极强的自主学习能力。发展自主学习能力也是大学英语教学目标之一，但是学习者不是自动获取为个人学习负责的能力，教师需要帮助其获得。比如，自我管理、监控、评估个体学习过程，批判性地反思学习效果，有效的词汇记忆能力都不是学生容易掌握的技能，教师应提供学生适时、多频次的策略培训和练习机会。视听说自主学习网络课程为提高学生的视听说能力提供了很好的平台和契机，但对于那些缺乏良好学习习惯，自律性较差的学生，教师应加强有效指导和监控。

课外英语学习是课堂学习的有效补充[4]。很多学生课外学习方式主要为做习题，听英语歌曲，形式单一。杨红燕、何霜[5]建议，教师将课外学习与课堂教学相衔接，通过多样化的课外学习任务、丰富的学习资源激发学生的课外学习初始动机。教师推荐诸如英语播客、英语公众号文章、英文歌曲、美剧、英语角等学习资源和形式来满足学习者的差异化个体需求，增强其课外学习的主动性。此外，教师还要鼓励、指导有兴趣、有能力的学生参加各类全国性的外语赛事。

总之，教师要充分考虑大一新生的生理、心理和学习特点及不同的教学要求，做到灵活多样，重视对学生学习方法的指导，培养其独立学习和自我发展的能力，切实提高学生的综合语言素质。

参考文献

［1］王守仁，王海啸．我国高校大学英语教学现状调查及大学英语教学改革与发展方向［J］．中国外语，2011（5）：4－17.

［2］武力宏．大学英语教学改革探析［J］．教育理论与实践，2010（6）：56－58.

[3] 教育部高等教育司. 大学英语课程教学要求 [M]. 北京：高等教育出版社，2007.

[4] RICHARDS J C. The changing face of language learning：Learning beyond the classroom [J]. RELC journal，2015，46（1）：5－22.

[5] 杨红燕，何霜. 教师动机策略提升大学生课外英语学习动机的效果研究 [J]. 外语界，2019（3）：66－75.

从听力过程的本质看英语四级考试听力新题型*

汤惠敏**

摘　要　听力是人们进行交流互动的第一步，听力也是语言的重要组成部分。听力的过程有两种——自下而上和自上而下。大学英语四级考试经过数次改革后，听力部分有了一些变化，听力新题型的难度较之前进一步加大，这就对学生听力能力提出了更高的要求。笔者在学生备考大学英语四级考试及听力练习中发现学生存在的一些问题。这些给大学英语教学带来一些启示，在听力训练中，学生应夯实英语基本功，学会将自下而上和自上而下两种方法结合起来。学生还需要端正学习态度，以良好的学习心态对待英语听力训练和学习。

关键词　听力；听力过程的本质；大学英语四级考试听力新题型；启示

1　引　言

听力是人们进行交流互动的第一步。有了听力活动，交流互动才得以顺利进行。听力也是语言的重要组成部分，听力的提高会促进说、写、读等能力的提高。

《大学英语课程教学要求（试行）》[1] 中指出，教学目的是培养学生的

---

* 本文为“北京工商大学 2016 青年启动基金”项目（编号：QNJJ2016－09）成果。

** 汤惠敏，北京工商大学外国语学院讲师，主要研究方向为外国语言学及应用语言学。

英语综合能力，尤其是听说能力。据此可以看出，培养学生的听的能力在英语教学中占据着非常重要的位置。其中，听力的具体要求包括：辨别单个单词的语音，辨别连续话语中的语音，识别重音模式，理解语调模式，理解话语的交际功能，理解一段话语中主要内容或重要信息，辨认说话人的观点、态度、目的等。

2 听力过程的本质

在听力过程中，听者需要进行语音识别、词汇辨别、重音语调辨别、句子理解、语篇理解。不仅如此，听力过程还是说者和听者的互动过程。听力不仅是获取信息的重要手段，还是学习语言的必要工具。理查得（Richards）[2]提到以下几种听力技巧：掌握听力材料的主要内容和重要细节；理解材料的隐含意思；判断话语的交际功能；推断说话人的观点和态度；理解句子之间的关系；从连续话语中区分语音信息；理解重音和语调。听力作为输入的一种手段，正在外语教学课堂中发挥越来越重要的作用。

听力的过程有两种——自下而上和自上而下[3]。自下而上的听力过程关注的是细节，听者运用语言知识和能力处理声学信号，来获取传递给他们的话语的声音，也就是说，听者使用言语本身的信息去理解意义。这种听力模式把话语分成可辨识的声音，把声音分成音素、单词、词组、句子等。自上而下的听力过程关注的是听者听材料所带来的知识，而不是材料本身所含的知识。在此听力模式中，听者需要根据口语信息及头脑中各种类型的已有知识和上下文线索来推断意义。上下文线索来自特定情境的知识，如主题、场景等。自上而下的听力模式强调听者的知识、经验和认知图式。听力理解是听者已有知识和听力材料之间的一个互动过程，听者不仅使用语音、词汇、句法等知识，而且运用背景知识，结合短期记忆和长期记忆中的知识进行全面理解。

3 新四级听力题型概述

大学英语四级考试是国家统一标准化考试，与大学英语教学大纲要求一致，旨在客观、公正、准确地来测量大学生的英语水平，用以指导大学英语的教学。大学英语四级考试经过数次改革后，听力部分有了一些变化，目前，听力的比重占到35%。听力新题型中含有三篇新闻报道、两篇长对话和三篇听力短文[4]。这就对学生的听力能力提出了更高的要求。听力的难度较之前进一步加大，注重考察英语新闻、英语对话及短文这些语篇输入的理解，涵盖的范围也很广，包括英语时事新闻、英语讲座等，注重考察学生的语言应用能力。

测试对大学英语教学具有反拨效应[5]，因此对听力教学也具有反拨效应。但在实际的课堂及备考大学英语四级考试的听力练习中发现，学生的听力水平仍相对比较薄弱，很多学生缺乏扎实的语言基本功，部分学生没有运用正确的方法，也没有良好的学习态度，这就需要教学中教师更加重视学生的听力能力，加强听力训练，努力提高学生的听力水平。

4 启 示

学生需夯实语言基本功。语言基本功是英语能力的基础，也是英语听力的基础。语音的辨识能力，词汇的理解、运用，句子、篇章、语法的理解，都需要学生加强。教师要引导学生注意语音的训练、词汇的强化和语法知识的熟悉。有了扎实的英语基本功，学生的英语学习就会更加顺利，听力能力也会随之提高。

学生必须注重语言学习方法。听力练习中，学生要将精听和泛听结合起来。学生需要多听听力材料，听的内容材料多样化，对有些材料要重点听、反复听，通过做听写、复述等形式来提高听力。听力训练中注重记笔记，循序渐进，逐步提高。英语学习听力训练中，学生要保证每天的听力输入量。

在听力训练中，学生应学会将自下而上和自上而下两种方法结合起来，既能听懂细节，又能关注上下文线索和背景知识，着眼于全篇的理解，听懂听力材料的内容。教师可引导学生加强文化知识的学习，增加其背景知识。

此外，学生还需要端正学习态度，以良好的学习心态对待英语听力训练和学习。教师和学生共同努力创建愉快的课堂气氛，学生对英语学习有自信心、有强大的动机和动力去学习，才能保证听力的进步。

参考文献

[1] 教育部高等教育司. 大学英语课程教学要求（试行）[M]. 北京：清华大学出版社，2004.

[2] RICHARDS J. Listening comprehension：Approach，design，procedure [J]. TESOL quarterly. 1983（17）：219－239.

[3] BROWN H D. Teaching by principles：An interactive approach to language pedagogy [M]. Beijing：Foreign Language Teaching and Research Press，2001.

[4] 全国大学英语四六级考试委员会. 全国大学英语四六级考试大纲（2016）[EB/OL].（2016－12－10）[2019－05－21]. http：//cet. neea. edu. cn/html1/folder/16113/1588－1. htm

[5] 辜向东. 大学英语四六级考试对中国大学英语教学的反拨效应实证研究 [J]. 重庆大学学报（社会科学版），2007（4）：119－125.

英语写作教学中跨文化意识及能力的培养策略

唐亦庄*

摘 要 外语学习是一种跨文化的语言学习。大学生的外语写作也是一种跨文化写作，而中国大学生由于跨文化意识及知识的缺失，往往出现没有按照目标文化的语言习惯、表达习惯、语篇结构来完成写作的情况。本文分析文化差异对于大学生英语写作中篇章结构的影响，提出在大学生英语写作课堂中培养学习者跨文化意识及能力的策略。

关键词 大学英语写作教学；跨文化意识；跨文化能力

如今，外语教学和外语学习不能简化为语音学、形态学、词汇和语法等语言技能的直接教学。当代的交际能力模型表明，语言学习还包括文化知识和文化意识等重要组成部分。《国家课程标准专辑》英语课程标准中也明确指出，英语教材和教学中“不仅要培养学生的语言能力，还要培养学生合适地使用语言进行跨文化交际的能力”。因而，要学好一门语言，学习者需要了解目标语言的文化。对于英语作为国际语言的学习者而言，甚至要了解更多元的文化，具备跨文化交际能力。然而，在英语作为外语课程设置中，学生通常是单语的。他们在自己的国家生活时学习英语，导致他们获得目标文化的难度大。相较阅读、听力而言，英语写作是非英语专业大学生感觉最困难、受文化差异影响最大的一项，因而本文将从跨文化角度讨论，希望为英语教师提供思路。

* 唐亦庄，北京工商大学外国语学院助教，主要研究方向为外语教学。

1 大学英语写作中的中西方文化冲突

中式的英语写作有很多体现，通常是词汇、句法、篇章结构等方面的问题。中国传统文化由于受到儒、道、佛教思想的影响，长期以来，写作表达风格和结构更推崇迂回委婉，往往需要读者体会言外之意、弦外之音，尤其在说明文、议论文、书信邮件中避免过于直截了当。而西方的修辞来源于古希腊，文章注重逻辑，通常先提出观点，进而层层剖析，说明原因和观点，得出结论。这也意味着不同的语言文化背景下评判好的写作的标准是不同的。

例如，对比同一语境下两封典型的请求信。中国学生在给一家澳大利亚广播电台写请求信时，用了冗长的篇幅（约 230 字）介绍自己以及自己听节目的过程，表达对节目的喜爱，等等。在文章结尾才用一句话提出请求：此外，我希望得到贵台的播出节目单以及英语学习资料。而一位英语母语者在写相似的请求信时则用了不到前者三分之一的篇幅，首句便开门见山地说明写信事由：我写这封信是希望能够向你们索要一份学习资料以及你们的节目日历。此情境中，中国学生的语法用词都十分标准，却很可能让目标读者即英语母语者产生困惑，并不能算是非常成功的请求信。

因此在写作教学中，让学习者了解目标文化中各类型文章的表达模式和思维方式是十分关键的。教师应尽可能地对学生在写作时可能遇到的写作对象、客观情境、社会文化因子、主观情境等方面注重文化对比和跨文化知识的讲解，篇章教学中注重修辞、体裁、体裁结构、习惯固定用语、基本写作格式、礼仪等内容的讲解，使学生的写作更加符合英语的习惯，培养学生写作中的读者意识和文化意识。

2 大学英语课堂中跨文化意识的培养方法

如果想使大学英语学习者成为成功的跨文化交际者，就必须为他们提供跨文化培训，培养将本土文化与其他文化进行比较、批判性评估和分析这些比较结果的能力，并在两种语言中成功应用这些知识用于交流。

第一阶段——重点是让学生了解自己的文化。自己的文化，一直被认为是理所当然的，而不是作为对其他文化的感知和评价的参考点，而是作为众多文化中的一个。这一阶段的目的是帮助学生在意识层面上看待他们的本土文化，并从客观的角度来看待它。

第二阶段——引入关注目标语言文化的活动。例如教师可以准备一些文学作品摘录，或从实时的报纸、杂志、电视或广播节目中摘录的现实对话，或从书籍、网络中找到一些显示人们肢体语言、面部表情、生活习惯的图片、视频等资料，让学生们以分组形式阅读、观看、讨论，并通过各种渠道找到有关特定文化的信息，以小组报告的活动形式让学生分享学习成果。

第三阶段——教师引导学生进行跨文化自我反思，可以参考一些成熟的跨文化能力测量表，让学生对于自己的跨文化能力进行审视和评估，进一步提高跨文化意识。

3　大学英语写作课堂中跨文化意识的培养策略

（1）首先在写作教材中引入地道的表达。适时引入对比修辞、文化常识、跨文化知识，给学生渗透跨文化意识，从而提高他们的跨文化能力。其次，要不断更新教材。文化是一个流动性的事物，西方文化也在不断发展，尽量避免因教材内容过时误导学生。

（2）教师首先应提高自身的跨文化能力，包括意识、知识、技能，在课堂上进行文化导入，改进教学方法，并充分利用多媒体资源进行教学。部分教师目前可能在跨文化方面讲解不够，导致学生在写作中依然运用固化思维，或生套教师提供的模板。

（3）激发学生跨文化学习的意识和主动性。大学生在英语课堂中往往对教师依赖性强，且还是以考试为导向的学习较多，喜欢背单词却不注重词汇背后的文化内涵和用法，空学语法的现象很严重。然而事实上，这些传统学习模式并不能满足他们现实的写作要求。文化学习和语言学习并不是孤立的，就像语言和文化分不开，这就意味着跨文化意识和能力的培养在写作教学中和词汇、语法、句型等同样重要。

4　结　语

为了在文化多样化的环境中成功写作，我们的学习者需要发展跨文化交际能力。除语法能力外，具有文化能力的学习者必须具备社会语言能力、语用能力、社会文化知识和跨文化意识。这样二语作者的书面表达才能更符合目标读者的逻辑，更具备跨文化交流能力。

英语分级教学中自主学习能力的培养

陶　爽*

摘　要　“授人以鱼不如授人以渔”。在大学英语分级教学中，学生的自主学习能力的培养有利于提高学生的语言学习兴趣，极大地促进学生的语言学习效果。

关键词　大学英语分级教学；自主学习能力

1　大学英语分级教学的现状

大学英语作为一门高校公共必修课，其目的在于全面培养学生听、说、读、写等综合语言运用能力。为了更好地达到这一教学目标，大学英语分级教学因其因材施教等优势应运而生。大学英语分级教学能够根据学生的不同英语学习水平而制定相应的教学计划，使学生获得适合自己的个性化教学，进而有效地提高学生的语言学习效果。但“授人以鱼不如授人以渔”，在多年的大学英语分级教学实践后，各个层级的学生表现出来的共性是缺乏自主学习能力，大部分学生只能跟着本层级的老师完成课上教学内容和老师分配的作业任务，缺少探索个人语言学习的主动性和自觉性。

2　自主学习的定义

Holec 认为，自主学习是学习者在学习过程中能够对自己的学习负责

---

* 陶爽，北京工商大学外国语学院讲师，主要研究方向为外国语言学及应用语言学、语篇分析和功能语法。

的一种能力[1]，即学习者能够自己确定学习目标、掌控学习内容进度，自主地选择学习方法和技巧、监督学习过程并客观评估学习效果。利特尔（Little）认为，自主学习从本质上说是学习者对学习过程和学习内容的心理关系问题，即一种独立的、进行批判性思考、做出决定并实施独立行为的能力。在此过程中，学习者能够独立地确定学习目的、学习内容和方法，并形成自己的一套评估体系的能力[2]。学者们对自主学习的诠释虽有差异，但大多数学者都承认一个共同点：自主学习是学习者自己管理自己的学习过程的能力。

3　大学英语分级教学中自主学习能力的培养策略

3.1　教师角色的转换

教师角色的转换是培养学生自主学习能力的前提。随着多年大学英语教学的改革，大学英语教师需不断调整、改变自己在英语教学中所扮演的角色。大学英语教师不再是课堂的主体和核心，而是整个英语教学活动的促进者、监督者和推动者，是英语学习者的引领者和指导者，对学习者的语言学习起到启发、督促和调控的作用。英语教师只有转变了自身在英语教学中的角色，才能在教学活动中更好地制定教学计划，引领学生的学习活动并进行有效的监督和评估。

3.2　加强学生的自主学习意识，强调学生在英语学习中的主体地位

培养学生的语言自主学习能力最重要的一步是对学生自主学习意识的培养。大学英语的学习不再像基础教育阶段的英语学习那样主要依赖教师的灌输和指导，有着升学考试这样固化的目标。大学阶段的语言学习是培养学生的综合语言应用能力，要求更高，学习内容更灵活广泛，除了完成学生所在英语分层的教学任务外，来自于不同专业的英语学习者在教师的引领下，如果能自主地制定自己的学习目标、计划、学习内容和学习评估，将会事半功倍，极大地提高语言学习者的英语学习效率。自主学习意识的培养将会让学生意识到自己在语言学习中的主体地位，不再局限于课本、教学大纲和教师的课堂内容。自主学习意识的培养及实践，会让学生

彻底摆脱填鸭式教学，让学生在学习中富有成就感，从而进一步推动语言学习。

3.3 创立并充分利用自主学习环境

科技的进步使得自主学习环境的创立更加便捷、有效并富有吸引力。多媒体语言实验室和教室、微信群、电子邮件和 QQ 群等让教师更容易创立自主学习环境，对学生的学习过程进行监督、引领，对学习成果随时进行评估。

4 结 语

在大学英语因材施教、个性化的分级教学的同时，如果能切实有效地培养学生的语言自主学习能力，将极大地提高学生的语言学习兴趣，从而有效地提升学生的语言学习效果。

参考文献

[1] HOLEC H. Autonomy and foreign language learning [M]. Oxford: Pergamon Press, 1981.

[2] LITTLE D. Learner autonomy: Definitions, issues and problems [M]. Dublin: Authentic, 1991.

输出驱动假设对英语写作教学的启示*

王秀珍**

摘　要　输出驱动假设的基本理念是：输出比输入对外语能力发展的促进作用更大，更能激发学生学习新语言知识的欲望；学生的说、写、译表达性技能的培养比其听、读接受性技能的培养更具社会功能。教师在写作教学中，要将输出作为语言的驱动力和学习目标，设计真实、符合学生语言水平的输出任务，提供能够促成产出的恰当的输入材料。

关键词　输出驱动假设；教学；启示

1　输出驱动假设

很长一段时间以来，我国大学英语教学重输入、轻输出，强调培养学生的语法和阅读能力。学生开口讲英语、动手写英语、真正用英语来表达自己思想和观点的机会并不多，造成了“哑巴英语”现象普遍存在，大学生语言输出表达能力差，学用分离。目前，社会对毕业生的英语能力需求进一步提高。说、写等语言产出能力越来越重要，需要毕业生能用英语去“做事”，比如用英语与外商沟通、交流，用英语写信函、邮件，将英语、汉语资料进行互译等。大学生的语言输出能力低下、职场应用能力不足。这一问题越来越受到社会各界的广泛重视和关注。

---

* 本文为北京市教委项目“输入强化理论与输出驱动假设视角下大学生产出性词汇应用能力提升的研究”（编号：SM201810011006）的阶段性成果。

** 王秀珍，北京工商大学外国语学院讲师，主要研究方向为第二语言习得、教学法和语言学等。

2008 年，我国著名英语教育学家、北京外国语大学资深教授文秋芳通过分析我国职场交际活动的主要形式，重新认识二语习得输出的心理机制，进一步理解了输出在语言发展中的积极推动作用，提出了“输出驱动假设”（output - driven hypothesis）。“输出驱动假设”认为：一，与输入相比，输出对外语能力发展的驱动力更大。学习者如果没有输出驱动，即使有高质量的输入，习得效率也非常有限。二，培养学生的说、写、译表达性技能比培养听、读接受性技能更符合社会需求，尤其是口、笔译技能。三，以输出为导向的综合教学法比单项技能训练法更有成效，更符合学生未来就业需要。

文秋芳教授在 2013 年把“输出驱动假设”进一步扩大到二语环境，指出这个假设的基本理念是：输出比输入对外语能力发展的促进作用更大，更能激发学生学习新语言知识的欲望；学生的说、写、译表达性技能的培养比其听、读接受性技能的培养更具社会功能。

2　有关输出驱动假设的相关研究

输出驱动假设是文秋芳教授根据中国外语习得的实际情况做出的二语教学理论尝试，是适合国内英语教学的假设。输出驱动假设在水平方向的发展相对宽泛，但纵向发展有待继续挖掘，且研究领域局限在研究的课堂类型和研究人群等方面。国内一些学校和教师运用该理论进行了写作、听说等课程的改革实验。

齐桂芹于 2015 年以实践为基础，总结了英语公共演说课的教学流程、多模态学习形式和教学效果，提出了基于输出驱动假设的研究生英语教学模式，以英语演说做输出驱动，带动听、读、写应用能力的提升，由此强化学生自我发展的内部动机。在教学实践中，224 名学生参与了基于输出驱动假设的教学过程，积极投入导入、演讲技巧、巩固提高、演说综合应用和定题—即兴—回答问题五个教学环节。研究证明，通过转变教师角色、应用输出驱动假设、创新教材使用模式、充分利用网络资源，研究生英语学术水平和职场能力均有显著提高。

2016 年申云化等从输出驱动假设视角对吉林省某重点高校非英语专业研究生的英语学习需求进行问卷调查。结果显示：①研究生有提高英语输出能力的迫切需求；②理工和人文学科背景的研究生对英语阅读、写作和翻译技能的认识存在显著性差异；③研究生对英语技能的重视程度与需求程度并不完全相符。其研究进而提出，研究生公共英语课程设置应基于学科专业性和学生需求，以“输出”为导向，整体上满足学生的多样化学习需求。

齐品于2015年以我国大学英语教改趋势和教学现状为出发点，把文秋芳的“输出驱动假设”作为主要理论依据，研究了培养大学生英语听说实践能力的方法。在教学中，教师运用“综合技能训练法”和“教师辅助渐减法”，以输出为驱动设计多种多样的教学任务和课外实践活动。学生以输入为基础，学以致用，创造性地把五种技能相互转换。结果表明，所用理论和方法不但能提高学生的英语学习兴趣、自主学习能力、听说实践能力和学习成效，而且验证了输出比输入对外语学习的内驱力更大、培养表达性语言技能符合学生当下需求。

3 输出驱动假设对大学英语写作教学的启示

基于输出驱动假设理论，英语教师在教学过程中，可以将输出作为语言的驱动力和学习目标，设计真实、符合学生语言水平的输出任务，提供能够促成产出的恰当的输入材料。学生在进行输出时进行适当的帮助和给予针对性的反馈。以写作为例，在教学过程中可以从以下几个方面着手：

第一，确定清晰的教学目标。教师根据学生自身需求，侧重培养学生的写作能力。第二，教学过程中把增强学生写作能力作为侧重点。写作训练不仅在学习后进行，在课前热身环节就应当开始体现以写作为驱动的预热。教师可选择人物图片、电影视频等作为输入材料，并在展示前告知学生，要完成稍后布置的产出任务，需认真观看输入材料。第三，输入促成，提供课内外材料阅读并分析、讨论。输入材料的选择要注意难度适当，有一定思想深度，有潜在交际价值。教师可提供一篇主要阅读材料，通过网络平台补充相关材料，也可要求学生搜索与主题相关的材料和社会热点。第四，课下写作输出。教师可根据阅读素材和课堂教学环节布置写作输出任务。在材料讲解及讨论过程中，需引导学生对其写作技巧和句型特色进行赏析和练习，使学生对这类文章有一定了解，并有意识或者无意识地去模仿。第五，评估体系。对学生作文进行评价主要可分为同学互评和教师评估。评估会促使学生主动按评价标准来完成输出任务。

运用语篇理论提高听力水平

王劲松*

摘　要　英语听力理解能力一直是学生亟待提高的重要能力之一。本文探讨如何将语篇理论应用于大学英语听力教学，使学生有意识地从语篇层面获取所需信息，理解听力材料，提高理解水平。

关键词　听力理解；语篇理论；语篇分析

如何帮助学生提高英语听力理解水平一直是大学英语教学的重要任务之一。在教学中不难发现，很多学生习惯于用“自下而上”（bottom – up）的模式完成听力理解任务，即按照语音、单词、句子、语篇的顺序来理解所听到的内容。而很多学生存在的问题正是词汇量不够大，语音、语法、句法知识不完备，因此，用这样的方法去完成听力理解任务会让学生觉得难上加难。他们往往由于一些单词听辨不出而导致后续的信息听取受阻并影响对整个语篇的理解。如果教师在大学英语听力教学中能有效运用语篇理论，有意识地培养学生的语篇意识，运用语篇分析理论，使学生懂得如何从语篇角度理解语篇材料，可以帮助学生从这种困境中解脱出来，有效提高听力理解能力。

关于语篇，语言学家们给出了各种各样的定义。其中哈利迪和哈森（Halliday & Hason）认为，一段文章，无论长短，也无论是口语还是书面语，只要构成了一个统一整体的语言段落，就是一个语篇。[1] 胡壮麟先生认为，语篇是不完全受句子语法约束的在一定语境下表示完整语义的自然

* 王劲松，北京工商大学外国语学院讲师，主要研究方向为语言学、教学法。

语言。[2]它通常是指一系列连续的话段或句子构成的语言整体，应具有语义上的一致性、逻辑上的合理性和形式上的连贯性。[3]大学英语听力教学中使用的所有素材，无论是对话、新闻还是短文，都具备语篇的特征，因此把语篇理论和语篇分析运用于听力语篇是合理的。

语篇分析的核心内容是语篇的连贯与衔接，其理论依据是哈利迪功能语法中的第三种纯理功能——语篇功能。语篇功能指的是人们在使用语言时怎样把信息组织好，同时表明一条信息与其他信息之间的关系，而且还显示信息的传递与发话者所处的交际语境之间的关系。[4]信息之间的逻辑关系及信息与语境的关系构成了语篇的连贯，存在于语篇的深层。衔接是体现语篇连贯的手段，存在于语篇表层，以关联词的方式呈现出来。一定的语篇有其特定的语篇结构。这是指该语篇的整体构造。这一构造有与构成该语篇的实际情景相关的语境变元组成。[5]同一类型语篇的语境变元大致相同。以我们在听力练习中经常听到的“邀请”为例，这类语篇通常包括：发出邀请、得到对方反馈、结束。尽管邀请的方式、对方给出的反馈会有变化，但是这个顺序一般是不会变的。这种固定的语篇结构被哈利迪和哈森称作语篇结构潜势（structural potential）。

对于大多数英语学习者来说，听的过程中不可避免地会在大脑中进行英语到中文的转换。尽管有学者说应该学会用英文思维，但笔者认为这只是一种理想状态，对成年英语学习者更是如此。但两种语言间的转换或者翻译势必影响听力过程中的信息处理速度。往往上一段信息还没有处理完，下一段信息又出现了。如果再出现生词的干扰，信息处理可能就会出现停滞。这就是学生说的：只要听见生词，就会非常紧张，后边就什么都听不懂了。

如果把语篇理论应用于听力理解过程中，会有助于这些问题的解决。教师可以利用语篇结构潜势帮助学生进行归纳，使学生了解同一类型语篇的结构特征。听力理解的过程中我们会不断进行预测和修正预测。预测的依据包括我们对某一类语篇结构特征的了解和我们大脑中储存的相关话题的有关知识。例如：

A：Wonderful day, isn’t it? Want to join me for a swim?

B：If you don’t mind waiting while I get prepared.

当听到 A 说“Wonderful day，isn’t it?”的时候，学生的第一反应可能认为这是一个谈论天气的对话。但是如果学生了解文化背景知识就会知道对天气的简短评论是欧美文化中常用的开启谈话的方式而已，极大可能不是真正的主题。因此关于天气这个信息只记住“wonderful”就够了，这就大大减少了需要处理信息的量和难度，从而可以从容地把注意力放在接下来要处理的信息上。接下来，听到“Want to join me for a swim?”可以判断这才是真正的主题，而且是关于邀请的语篇。接下来 B 的反馈是重点，也是出题点。“If you don’t mind waiting while I get prepared.”其实从“if you don’t mind”这几个词就可以推断出 B 是愿意接受邀请的，但是把主动权交给了 A。假如在下文中出现 but、however 之类的关联词，就可以判断 B 一定是要拒绝邀请了。

从这个例子不难看出，如果从语篇角度出发，听懂一个听力材料不必听懂每一个词。教师应该引导学生了解和运用这种方法，利用语篇的结构潜势做出合理预测。另外，由于语篇中的信息冗余现象，即使有个别单词甚至句子没有听懂，也不必慌张，因为下文中该信息可能会再次出现。还有一个非常重要的线索就是语篇中的关联词，因为它们是实现语篇衔接的重要手段，也是语篇连贯性的外在表现形式。它们可以帮助听者迅速把握语篇发展的脉络并做出合理的推断。

参考文献

[1] HALLIDAY M A K，HASON R. Cohesion in English [M]. London：Longman，1976.

[2] 胡壮麟. 语篇的衔接与连贯 [M]. 上海：上海外语教育出版社，1994.

[3] 任晓涛，许家金. 语篇理论在英语听力教学中的应用 [J]. 外语界，2002（2）：25－29.

[4] 黄国文. 语篇分析概要 [M]. 长沙：湖南教育出版社，1988.

流利阅读课程的用户体验及利弊分析

许兰贞*

摘　要　微信朋友圈盛行的时代，越来越多的人喜欢在朋友圈打卡学英语，在众多 App 中笔者选择了流利阅读并亲自参与两期课程的学习。本文分享了流利阅读课程的用户体验及利弊所在。

关键词　微信；打卡；App；流利阅读；用户体验；利弊

在微信朋友圈碾压各种社交媒体的时代，在互联网日益普及英语热度不减的大潮下，越来越多的人喜欢在朋友圈打卡学英语。各种 App 粉墨登场，热闹非凡。作为一名一线英语教师和微信的忠实用户，笔者于 2018 年 11 月 1 日起的 100 天内饶有兴趣地关注和统计了朋友圈的朋友们打卡学英语的情况，以便借鉴他人的经验在 2019 年新学期选择参与某一个 App 的打卡学习获得第一手的用户体验。

根据笔者的记录，在 100 天内能坚持打卡学习 80 天以上的朋友约有 10%，其中约一半是本人所任教的大二的学生。因为在 2019 年 6 月有参加大学英语四级考试的压力，他们通常选择“百词斩”“扇贝单词”等背单词类 App，其基本目的就是熟悉四级词汇、扩大词汇量，对于这样的 APP 本人不感兴趣，因此也不做考虑。另一半人基本是没有考试压力的职场人士或学生家长。他们倾向于阅读类 APP，如“薄荷阅读”“流利阅读”“英文原著精读计划”等。其目的为扩大阅读量、提升自己的英语水平和文化修养，同时也以身作则为自己的孩子树立勤奋学习的好榜样。其中笔者印

* 许兰贞，北京工商大学外国语学院讲师。

象最深的有三位。她们的共同之处颇多：都是笔者以前的学生，都是学业事业有成的职业女性，工作都与英语有一定关系。她们每天清晨打卡两种以上英语类 APP。尤为欣喜的是，她们三人有一个共同的选择——“流利阅读”。截止笔者于 2019 年 2 月 8 日的统计，她们三位在“流利阅读”分别打卡 188、235 和 318 天，如此坚持不懈和持之以恒着实让我敬佩，也促使我带着好奇心于 2019 年 2 月 19 日开始了为期 200 天“流利阅读”课程学习。笔者愿意分享第一手的用户体验以飨读者。

1 “流利阅读”提供的两部分学习内容

（1）外教朗读新闻音频，有男声和女声，兼顾英音和美音，时长 2 分钟左右，可以自动循环播放和倍速播放，速度从 0. 8 倍速到 2. 5 倍速共有 6 个选择，用户可以根据自己的英语水平选择适合的倍速播放。文章有一定难度，但不至于让人望而生畏，主要还取决于学员本身的词汇量，对于词汇量为 6000 左右的学员，中等难度文章的生词量一般为 5 ~7 个，而难度较高的文章生词量为 10 ~12 个。

（2）中教讲解音频，包括新闻导读、重点词汇和长难句分析与解释。几位中教都专业水平高超，口语发音标准，几乎都有多年海外留学和居住的背景，中英文讲解都非常专业，无可挑剔。音频讲解的重点在单词、一词多义、词根词缀、短语搭配、例句扩展、长难句的语法梳理和解析、背景知识的补充等。某些单词在特定的专业领域有特定的含义，中教都用英语释义，解释得非常清楚，音频最后会用重点词汇和表达法串联新闻内容。新闻文字不多，讲得挺精细。正如“流利阅读”的产品主旨所说，“旨在通过精读英文外刊，提高同学们的英语水平”。文本部分提供中英文对照翻译、词汇中英文解析和例句，文末通常还有图文并茂的拓展内容为阅读材料增加信息量和知识点。流利阅读所提供的学习内容兼顾音频和文本，方便用户有选择地进行语言材料的输入和学习，既可以一目十行地阅读，也可以利用碎片时间带上耳机听着学习，这样的人性化设计对于通勤时间较长的上班族非常友善，也方便用户一边做事一边听新闻和讲解来磨耳朵。

2 “流利阅读”的材料选择

“流利阅读”内容来源基本上以外刊为主。题材涉及政治、经济、教育、医疗、时尚、影视娱乐等当下国内外热门话题。原文大多取材于《经济学人》《纽约时报》《华盛顿邮报》《大西洋月刊》《卫报》等英美权威报刊和法新社、路透社、彭博社等全球顶级新闻机构，其语言材料的标准性和地道性毋庸置疑，而且是非常正式和规范的文体，这样的语言材料确保用户输入的是正确、地道的英美英语。通过近200天的“流利阅读”学习，笔者非常认同其选材兼顾时效性和新闻价值。用户打卡学习过的很多内容都紧跟时尚和社会热点，很好地补充了用户关于社会热点的英语知识。如2019年6月24日选取的是路透社关于“章××被害细节披露，凶手承认伤人但拒绝认罪”这一新闻事件。

此外，“流利阅读”的材料也兼顾学术性和娱乐性，以满足不同兴趣爱好的用户要求，也让他们接触不同文体的语言风格，了解大千世界的方方面面。如2019年6月2日“流利阅读”引用法新社的一篇颇具科学内涵的文章向读者介绍了“如果一颗小行星撞到地球，我们该怎么办?”，让读者了解到有300名来自世界各地的天文学家、科学家、工程师和危机应对专家齐聚华盛顿特区的郊区，他们的目的正是为了应对行星撞地球这一潜在的灾难性局面。2019年5月26日流利阅读摘选了《纽约时报》关于“美剧《权利的游戏》粉丝们因为热捧剧中冰原狼而纷纷圈养哈士奇为宠物”这一疯狂而又草率的行为。2019年2月26日的文章则是来自华盛顿邮报的一篇颇具嘲讽意味的文章，文章描述了“韩国幼儿化妆”这一日趋普遍和严重的社会现象，讨论了化妆低龄化这一现象背后孩子们过早承受的巨大压力，引发了读者的思考和忧虑。总之，“流利阅读”的选材时效性和趣味性并重，兼顾学术和娱乐，在一定程度上保障了用户学习的浓厚兴趣和积极主动性。

此外，“流利阅读”之所以选择外刊作为学习材料也有其理论依据。根据地道语料理论，与课本教材相比，真实语境中的语言材料更加贴近生活、易于学以致用，是更有效的语言学习材料。当然这样的语言材料自然也意味着更大的难度，然而日积月累的收获必然也会令人期待。

3 “流利阅读”的碎片化特质

“流利阅读”因为其病毒式的营销模式在微信朋友圈以极快的传播速度红遍大江南北，然而其缺乏系统性、框架性的课程特点决定了其所传授的信息和知识的碎片化特质，并在一定程度上影响它的持续性发展。例如，其中教讲解大多仅停留在词义、词组、例句、背景知识扩展和补充等。这类讲解属于点性的碎片化的知识信息，而非面性的连续性的语言输入。碎片化学习追求的是一种更为轻松的模式，在这种模式下，即便有几天没有学习也不会影响后面的进程，因为每一篇阅读材料中的信息语言知识点都没有前后联系，因此间断式的学习也不会影响后续的学习进程和学习效果。

然而，对于那些英语基础较弱的人来说，要达到提高英语水平的目的，这样的课程显然不是明智之选。根据笔者的亲身体验，这个课程比较适合于无考试压力和目的的上班族和有闲人士，因为其更多是迎合大众的碎片化学习需求。所以从长远来看，用户可以日积月累学习到很多地道英语、扩大知识面，却几乎不太可能在短期内切实提高用户的英语阅读理解能力，所以对于短期内有明确考试目标的学生并不十分实用。大家要慎重考虑，根据自己的情况按需选择，不要盲目跟风。

简析对象为非母语者的西班牙语教学在中国和西班牙的区别*

张馨予**

摘　要　通过对比西班牙和中国的对外西班牙语教学，取长补短，提高我国西班牙语教学水平。

关键词　对外西班牙语；外语学习；教学

1　引　言

西班牙语，又被称作卡斯蒂利亚语，全世界约有4.37亿人将西班牙语作为母语使用，是世界第二大语言，仅次于汉语。西班牙语的使用者遍布欧洲、美洲、非洲，是联合国六大官方语言之一。我国自改革开放以来，同西班牙语国家的政治、经济、文化交往日益密切。西班牙语已经扭转了在人们心中"小语种"的印象，成为我国外语学习者的"大语种"。越来越多的高校开设了西班牙语专业，给我国学子提供了良好的西班牙语学习机会。但是，西班牙语作为一门和我国的官方语言汉语完全不同，并且与我国最普及的外语英语属于不同语族的外语，对于初学者有很大的难度。此外，大多数西班牙语学习者开始学习西班牙语时的年龄都在18岁左右，语言学习能力不如少年时期。这两点给我国的西班牙语教学带来了不小的挑战。

---

* 本文为"北京工商大学青年教师科研启动基金项目"（编号：QNJJ2018－35）成果。

** 张馨予，北京工商大学外国语学院讲师，主要研究方向为对外西班牙语教学。

本文将在西班牙的对外西班牙语教学和在中国的西班牙语教学做一个简单对比，探讨适用于我国的西班牙语教学的方法，帮助我国西班牙语教师提高教学效率。

2 对外西班牙语教学在西班牙

西班牙语使用者和学习者在欧盟地区分布比较广泛。其原因，一方面，很多欧盟经济欠发达地区的人前往西班牙学习和工作；另一方面，很多欧洲北部气候寒冷缺乏阳光国家的人来到西班牙定居，此外受前几年失业率居高不下影响，也有很多西班牙人前往欧盟其他国家发展。除此之外，欧盟包括西班牙本国，都有很多来自拉丁美洲母语为西班牙语的移民。这就使得西班牙语的学习者和使用者广泛分布在欧洲。在欧洲主要国家的大城市均设有塞万提斯学院。西班牙的对外西班牙语教学相较我国的教学而言，发展时间长、师资力量强、教学方法丰富、教学模式规范，所以对于我国教学的发展有很多参考之处。同时，二者也有学习者水平不同、接受教育模式不同、语言环境不同等显著差异。我们在学习国外西班牙语教学模式的同时也应注意两者差异，因材施教。

西班牙作为西班牙语的发源地，自然在对外西班牙语教学方面拥有其他国家无可比拟的优势。相当数量的西班牙大学都开设有专门培养对外西班牙语教师的专业。很多知名西班牙大学都有专门教授非母语者西班牙语的语言中心。同时，这些语言中心积极招募西班牙本国学生作为志愿者和中心的外国学生进行语言交换。语言中心的课程多根据欧盟的语言水平等级划分班级，一般分为 A1、A2、B1、B2、C1、C2 六个等级。此外，外国留学生如果想正式进入西班牙高校接受高等教育，需要根据不同的专业提供不同水平的语言证明，很少有专业是全英文授课，所以提高了外国留学生的语言门槛。这就在西班牙催生了很多专门针对外国学生的各种语言学校。这些语言学校也是根据相关考试设置了 A1、A2、B1、B2、C1、C2 六个等级。早年，在西班牙学习西班牙语的外国人母语多为印欧语系语言，例如英语，法语、意大利语、德语、罗马尼亚语等。这些语言多是印欧语系，有些属于日耳曼语族，有些和西班牙语同属于罗曼语族。这些语言在语法、词汇、发音方面有很多相似点，而且这些国家在文化和教育方面共同点较多。这些原因造就了他们学习西班牙语的难度相较汉语使用者的学习低。欧美国家的教育普遍重视课堂上学生的参与，课上师生进行互动游戏、互动问答较多，教师布置的创造性作业较多，需要学生进行团队合作的作业也较多，布置的论文也比较多，和西班牙语母语人士交流的机会更多。这就极大地锻炼了学生的口语能力，同时提高了学生使用西班牙语进行口头和书面表达的意愿和能力。学校图书馆拥有丰富的对外西班牙语学习书籍。初级大多图文并茂，极大提高学生的学习兴趣。中高级书籍专业性较强，分类详细。最新书籍紧跟皇家语言学院的语言更新。而且有很多专业领域西班牙语书籍，根据使用者的不同用途进行细化，提高阅读者的查阅效率。西班牙的本土教师大多教学经验丰富，受过专业的教师培训，进行过一定程度的教学研究，能够针对性地解决各种非母语国家学生存在的问题。

西班牙的对外西班牙语教育具有口语教学效果好、教学资源丰富、教师教学经验丰富、教学方法多样、师生互动积极、学生自主学习能力较强、学生普遍有一定西班牙语基础等优势。

3 中国西班牙语教育的优缺点

我国西班牙语教育开始于 1949 年中华人民共和国成立之后，起步较晚。在较长的时间内只有少数几所高校开设西班牙语专业。近年来随着我国和西班牙语国家交往的日益密切，许多高校如雨后春笋一般纷纷开设西班牙语专业。同时，社会上也开设了很多西班牙语培训机构。但是，其快速发展的同时也存在很多问题。

我国高校的西班牙语教师虽然大部分有着不错的学历，但是接受过专业对外西班牙语教师培训的比例偏低，开设西班牙语专业的高校几乎没有教育方向。社会上的各种培训机构水平参差不齐，部分教师专业水平有待提高。我国因为义务教育阶段受应试因素影响，学生普遍更重视语法、听力，课堂上以教师讲授学生学习的模式为主，师生互动较少。作业形式多为习题形式，很少调动学生团队学习、自主学习积极性，创造型作业较少。同时，我国高校虽然大都聘有外教，但是具有教育学位和教学经验的比例不高，而且外教和学生人数相比过少，加上中国学生同欧美学生相比比较内向，同外教互动不多，也就缺少和母语人士交流的机会。我国学生大多从大学阶段才开始学习西班牙语，绝大部分学生都是零基础。我国的汉语又属于汉藏语系，和西班牙语分属不同语系，文字、发音、语法、词汇、语言习惯等截然不同。西班牙语又与学生们义务教育阶段学习的英语有较大差异。所以大部分中国学生的基础和学习效率不及欧美学生。我国出版的有关西班牙语教学和学习的书籍虽然逐年增多，但是仍然不能满足学习者和教师的需求，并且原版教材较少。不少西班牙语学习书籍仍然是初中级水平，适合中高级水平学习的书籍数量较少。很多高校图书馆西班牙语原文文学作品和西班牙语报刊数量也不能满足教师和学生的需求。

4 结 语

综上所述，我国的西班牙语教育事业还有很大的发展空间。但是，我国西班牙语教学也不能一味照搬西班牙的教学模式。首先，两国学生基础的不同导致了两国教学内容重点的不同。我国比较重视语法学习，口语学习时间偏少，学生语言基础扎实，口语表达能力不强。西班牙有母语优势，学生能够充分参与课堂互动和练习口语，但是语法基础不牢。所以我国应该在巩固语法学习的同时加强口语训练。其次，我国西班牙语教学中教师很少布置开放式作业，开放式作业可以强化学生自学能力和创造性思维。最后，我国的西班牙语教育工作者应努力提高自身学术水平和教学水平，同时积极配合出版机构翻译和编写西班牙语学习书籍，丰富学习资源。

英语词汇学对大学英语词汇教学的影响

周纳新*

摘　要　词汇学作为语言学的一个分支，主要研究词汇的根源结构、词义发展等方面的理论，并在理论的追述中涉及大量的成语和词汇的使用和操练。这一学习过程不仅对英语专业的学生来讲是不可或缺的，对于任何的外语学习者都应该是很有帮助的。因此，在大学英语的词汇教学中，巧妙运用词汇学理论知识，发掘词语的根源和演变过程，以及词义的内涵和语境要求，有助于帮助学习者更好地记忆词汇和理解词义及其使用，提高语言学习和使用的效率。

关键词　词汇学；共时法；历时法

1　词汇学基础及其对词汇学习的影响

英语词汇学（lexicology）作为语言学（linguistics）的一个分支，主要探究词语的根源及词义的演变，近年来已成为英语专业备受重视的基础课程。词汇学的学习往往是基础理论与实践并重，帮助学生认识词汇的根源与词义，探究英语词汇的形态学结构及其同义相关词语，并分析他们的语义学结构与关系，追述其历史发展过程、构成和使用。词汇学理论强调，对于单词的学习通常分成两种方式，即共时方式（synchronic approach）和历时方式（diachronic approach）。前者不考虑词语的来源和演变，后者则会探究词语的根源、发展和变化。词汇学既是以理论为日标的课程，也是

* 周纳新，北京工商大学外国语学院讲师。

实践性很强的课程，因为在众多的理论探讨过程中，也有大量词汇的学习和使用实践，因此，词汇学的教与学毫无疑问是理论与实践相结合的具有较高实用性的过程。

然而，在非英语专业的英语课堂上，教师很少运用词汇学的理论或从词汇学角度去帮助学生认识、理解生词，大量词汇的学习处于共时状态，普遍造成学生低效的生词学习和生硬的记忆。而对于高校的英语学习者来说，扩大词汇量毫无疑问是至关重要的学习任务，在众多的积累词汇的办法中，运用词汇学知识建立对词的根本性的认识和词语之间关联的考量，是大面积记忆单词和成语，以及合理运用语言的最佳途径。因此，对于某些生词历时角度的分析和探讨是非常有必要的。因为学生词汇的积累已经达到一定的水平，在已经储备的词汇片语之间建立联系，不仅对生词的学习和记忆大有益处，也十分有助于复习巩固原有的语言知识，是温故而知新的过程，也是一举两得的学习方法。

2 完善词汇学知识以辅助大学英语词汇教学

目前众多的大学英语辅助性教学手段都对教师提出了更高的要求。无论是新的教学理念和理论的掌握，还是新技术的运用，各种新媒体平台等工具的操作，教师一直都在乐此不疲的研究学习和运用。在教学的道路上不断努力进取是教师的职业要求，也是为人师表必须做到的工作习惯。因此对于大学英语教师来说，掌握充足的词汇学知识，能够准确地说出某些特征明显的词语或成语的出处与来源，以及其他与之有明确关联的语言片段，是非常有必要的。这是我们作为较高水平语言的教师不可或缺的理论基础和文化认识。就像历史教师能够博古通今，语文教师能够引经据典一样，我们对于外语词汇的掌握应该也是既知其然又知其所以然。这样既能帮助学生更好地理解、记忆词汇和语言片段，又丰富了我们外语课上的文化信息，展示了我们作为语言教师完善的知识结构，从而增加课堂教学的可信度和吸引力。众所周知，一个人对于词语的掌握量一定是有限的，因此对于词语根源的认识也不可能做到全面、具体。况且，语言是在社会文化的发展变化中不断变化的“活的”交流工具，如何才能深入认识浩瀚无际的词语，并随时探究他们的历时演变呢？这既是学习者所面临的困难，也是我们教师面临的挑战。

这首先要求语言教师能够清楚地认识词汇学理论结构，掌握从词语的分类到概念的认识等专业知识，比如什么是基础词，哪些词属于外来词，再从更多角度去认识语言的形成，比如印欧语系的划分、古英语和中期英语的比较，以及现代英语的界定，历史上不同民族的语言如何给现代英语的形成注入了能量，进而如何从词根追溯词源、推理语义，等等。这些问题都可以在英语词汇学的专业教程或相关著作中找到答案。通过对此知识的学习，教师可以完善词汇学知识，了解大量词汇的根源和用法，在词语教学中丰富课堂内容，帮助学生更高效地记忆词汇、更准确地使用词汇。

3　词汇学知识在大学英语学习中的作用和意义

对于非英语专业的大学生来说，学习英语的目的不仅在于掌握这门交流工具，通过国家和学校要求的各种考试，获得进一步求学和职业发展的机会，还在于丰富自己对世界文化更深更广的认识。今天的大学生对于学习的要求早已不再局限于对语法的探究或是词汇的积累了。除了听、说、读、写、译各项技能的掌握，他们也需要建立对于英语语言作为一门学科最基本的专业性的认知。在使用这一语言工具前，让学生了解它的本质特征、来源与发展，以及典型语言片段的关联和用法，毫无疑问，是有必要也是有意义的。就像教师分析文本语句的修辞可以帮助学生理解文章一样，任何从语言学角度对语言片段的介绍和分析都可以帮助学生更好地认识和学习语言。同时，学生也需要拓展他们的知识视野和对于目标语言文化的认识。而词汇学中对于词素的历时性追述往往会涉及英语国家乃至更广泛区域的历史和文化的发展变化。这种追根溯源的讨论会谈及社会文化的众多方面，甚至会关联诸多领域的信息，使原本枯燥单调的词汇学习变得饶有趣味。这不仅能够提升学生的学习兴趣，也会为他们开拓更深入广泛的思考领域，丰富他们对于英语世界的认识，使得语言的学习更加完善和高效。

浅谈英语六级翻译难点及处理策略

——以六级翻译真题为例

李学勤*

摘　要　本文通过对汉英两种语言差异的分析，提出大学英语六级翻译中学生面临的难点——确定翻译层次、句子切分和整合以及多重定语的句子翻译处理，继而提出应对大学英语六级翻译难点的策略。

关键词　大学英语六级翻译；翻译难点；处理策略

1　大学英语六级短文翻译的难点

大学英语六级考试中的段落翻译一直是令学生们头疼的地方。难点在于汉语多短句、侧重意合，逻辑的连接以隐性连贯为主。汉语流水句的特点是一个分句接一个分句，结构松散，很多地方可以断开，也可以连接。而英语侧重形合，是显性连接，各短句之间的连接必须借助逻辑连接词，因此在翻译的过程中，必须要注意断句以及分清句子之间的结构层次。[1]

六级翻译首先要确定翻译的层次，首先，查找句子之间是否有逻辑关系，若有该如何处理和连接；其次，确定句子内部分句间的逻辑关系，重点是确定句子的主干；再次，进行断句，即对句子进行切分，有时还需要进行整合处理；最后，句子切分后，对有多重前置定语的句子进行定语结构处理。

* 李学勤，北京工商大学副教授，研究方向为翻译教学、应用语言学。

2 大学英语六级短文翻译的处理策略

2.1 句子之间逻辑关系处理

大学英语六级段落翻译中，句子之间有较强逻辑关系的虽然不多，但也出现过。该如何处理句子之间的逻辑关系呢？此处以大学英语六级翻译真题为例进行探讨。

例 1：①明朝统治中国 276 年，被人们描绘成人类历史上治理有序、社会稳定的最伟大的时代之一。②这一时期，手工业的发展促进了市场经济和城市化。③大量商品，包括酒和丝绸，都在市场销售。④同时，还进口许多外国商品，如时钟和烟草。⑤北京、南京、扬州、苏州这样的大商业中心相继形成。⑥也是在明代，由郑和率领的船队曾到印度洋进行了七次大规模探险航行。⑦还值得一提的是，中国文学的四大经典名著中有三部写于明代。(2017 年 6 月第 1 套六级考试翻译真题)

该段落共七句。第①句为总括句，②、⑥和⑦句直接解释说明①句，都可以进行句子的独立翻译。第③、④和⑤句与②句之间隐含着逻辑关系，即第③、④和⑤句是对②句的举例说明，对于句子之间隐含逻辑关系的句子，需要用逻辑连接词让该逻辑关系显性化。因此②和③、④句可以用“which can be evidenced by the fact that”来连接，做如下处理：“During this period, the thriving handcrafts industry boomed/boosted the development of market economy and urbanization, which can be evidenced by the fact that commodities, including alcohol and silk products, were available on the market in large quantities and that at the same time many foreign goods such as clocks and tobacco products were imported.”

2.2 句内逻辑关系处理

汉语的流水句从形式上看是并列的，但实际上可能隐含着其他逻辑关系，翻译时也需要体现出来。[1]句内逻辑关系的处理主要是把句子主干剥离出来，然后分析其他旁枝末节的信息并分别予以处理。

仍以例 1 为讨论对象，来看一下句内的各个分句之间逻辑关系如何处理。①句的核心主干为“明朝被人们描绘成人类历史上的最伟大的时代之一”，“统治中国276年”可做“明朝”的后置定语；“治理有序、社会稳定”不是修饰“最伟大的时代之一”，而是描写明朝的特点以及解释说明“明朝为什么被称为最伟大的时代之一”，所以该句在翻译时可以切为三个分句：The Ming Dynasty，which reigned China for 276 years，was depicted as one of the greatest periods of human history as it featured good governance and social stability.

2.3 句子切分处理

长句在做切分处理时，重点是确定分句的主次地位，确定主句和附属从句，同时要确保主从句的平衡。一般来说，含有多个分句如3~5个分句的长句子，在句子切分处理时，可以考虑将第2或第3句作为主句，以保证翻译出来的句子重心平衡。

例2：①太湖是中国东部的一个淡水湖，占地面积2250平方公里，是中国第三大淡水湖，仅次于鄱阳和洞庭。②太湖约有90个岛屿，大小从几平方米到几平方公里不等。③太湖以其独特的“太湖石”而闻名，太湖石常用于装饰中国传统园林。④太湖也以高产的捕鱼业闻名。⑤自上世纪70年代后期以来，捕捞鱼蟹对沿湖的居民来说极为重要，并对周边地区的经济做出了重大贡献。⑥太湖地区是中国陶瓷业基地之一，其中宜兴的陶瓷厂家生产举世闻名的宜兴紫砂壶。（2017年12月第1套六级考试翻译真题）

该段落共六句，第①句分句最多，共4句。以该句为例，看看句子如何切分。分句句子的主语都是“太湖”，第3个分句“是中国第三大淡水湖”，是整个长句的主干，所以翻译时就作为主句来处理，其他分句就要作为附属从句处理；第1个分句“太湖是中国东部的一个淡水湖”含有主句“是中国第三大淡水湖”中的“淡水湖”一词，故在翻译时就要去掉，以避免重复，如此，第1分句就剩下核心词“太湖”和“中国东部”。“中国东部”是“太湖”的方位，所以可以将“中国东部”作为介词短语来处理。这样第1个分句就翻译成短语“Lake Tai in eastern China”；第2个分句“占地面积2250平方公里”也需要作为从句处理，可以用with介词短语“With an area of 2250 square kilometers”放到整个长句句首。第4个分句“仅次于鄱阳和洞庭”中“仅次于”通常翻译为“followed by/after”。所以第①句的长句可以翻译处理成“With an area of 2250 square kilometers, Lake Tai in eastern China is the third largest freshwater lake followed by/after Poyang Lake and Dongting Lake.”

2.4 多重前置定语处理

在汉语中，修饰名词的成分常在名词前边，汉语中定语很少后置，如果后置，主要是起补充或强调的作用。而英语中定语的形态很多，有时放到中心词之前，有时放到中心词之后，可以是单词、短语，也可以是定语从句。因此如果汉语句子中出现几个定语的时候，在译成英文时就不是简单地把定语堆砌在中心词的前面了，必须善于变通。[1]

例1中的“由郑和率领的船队曾到印度洋进行了七次大规模探险航行”两处含有定语，“由郑和率领的船队”和“七次大规模探险航行”。第一处“由郑和率领的船队”定语“郑和率领的”和中心词“船队”的关系是主谓（郑和率领）+宾（船队），宾语是中心词，定语就要用被动结构，所以翻译成“fleets headed by navigator Zheng He”；第二处“七次大规模探险航行”因为定语都是名词短语或形容词，所以翻译处理时依次翻译就好：seven large - scale, adventurous voyages.

2017年12月第3套翻译真题中的“龙舟赛与洞庭湖及周边的美景，每年都吸引成千上万来自全国和世界各地的游客”含有定语的是“成千上万来自全国和世界各地的游客”，“成千上万的游客”可以直接翻译成“thousands of tourists”，而“来自全国和世界各地的”可以按介词短语来处理为“from other parts of China and beyond”，因此该句可以翻译为“thousands of tourists from other parts of China and beyond”。

3 结 语

大学英语六级翻译能力的提升需要学生针对翻译中的难点，结合上述提到的应对策略，加强练习。所谓熟能生巧，就是要在大量的练习中不断学习运用翻译策略，学以致用。

参考文献

[1] 沈敏华. 大学英语四六级段落翻译中长句的翻译策略 [J]. 教育现代化，2018，12（52）：249－250.

公共演讲教学实施路径的探索

胡迎春*

摘　要　公众演讲能力和创新能力是当代人才的必备技能，演讲竞赛是提升学生公众演讲能力和创新思维的有效途径。如今越来越多的学校开设了公众演讲的课程，但对于公众演讲的教学模式还处在探索阶段。本文从当前课堂中学生存在的问题入手，试图探索可提升学生演讲能力和创新能力的课堂教学新模式。

关键词　公众演讲；翻转课堂；教学模式

1　引　言

社会经济发展和对外交流对语言交流能力的要求越来越高，逐渐成为当今社会人才的必备技能之一。沟通表达能力的欠缺严重制约学生未来职业的发展[1]。文秋芳通过观察英语专业学生口语考试情况指出，学生当前口头表达能力存在很多问题，如语言准确性低、不够流畅，讲话内容毫无新意，缺乏思想深度，对话中交际原则把握不好等问题[2]。传统的教学模式使学生的口头表达能力较弱，这就需要一种新的教学模式来改变。

2　翻转课堂与公众演讲教学模式

翻转课堂理念自2012年引入国内，因其承载的信息化教学理念、教学方式给现代教学改革带来了新的声音和活力[3]。与传统课堂教学模式相

* 胡迎春，首都师范大学二附中教师，主要研究方向为教育学。

比，其让学生采用体验认知的方式，达到“做中学”的效果。富尔顿（Fulton）分析了翻转课堂理念与传统教学理念的不同。贺学勤也指出，其在教学流程、课堂教学重点以及学习方式上都与传统课堂有显著差异[4]。此外，唐纳利（Donnelly）以及奥弗莱厄蒂和菲利普斯（O’Flaherty & Phillips）[5]都证实了翻转课堂的有效性，乔纳森和拉蒂夫（Joanne & Lateef）发现，翻转课堂在亚洲国家和地区广受欢迎和肯定[6]。

公众演讲是现代生活中语言交际的重要方式，演讲能力是学生语言运用能力的综合体现。将公众演讲和课堂教学相结合，并不是以培养演讲家为目的，而是通过演讲这种方式提升学生的交际沟通能力，注重交际过程中各种能力的培养，尤其是发展学生的逻辑思维能力和创新思辨能力。

3 公众演讲课堂的实施路径探索

公众演讲可以与语言类及文史类课程紧密结合，平时课堂中注重对学生课题汇报的训练和就某一主题进行演讲和辩论的训练。在潜移默化中，逐步提升学生的公众演讲能力、逻辑思维及创新思辨能力。

3.1 开设公众演讲课程

公众演讲课程的建设目标是构建一门能够全面提升学生的语言沟通表达能力、创新思辨能力，全方位扩充学生的知识面，提升学生的人文素养的通识课程。谁在模拟或建构接触和使用语言沟通的环境（即第二课堂）上下功夫，谁就将获得好的教学效果。公众演讲课程承载更为丰富多彩的教育形式和教育内容，可将它作为第一课堂的合理延伸和有效补充，具备丰富性、开放性、互动性、实践性等特点。教师要鼓励学生积极参加演讲比赛活动，重视培养学生实践创新能力。参加各级各类演讲和辩论比赛是在实践中提高学生创新能力的有效途径。

教师是演讲活动的组织者，对学生系统、科学、有针对性地辅导，能够极大地增强活动效果。现阶段，课程还需在以下几个方面加强建设。首先，在演讲和辩论两个板块，均需邀请若干名专家每月为学生开展一次提升讲座，专家应为中英文演讲和辩论培训的领军人物，如国内外知名演讲培训师和辩论培训师等。提升讲座旨在帮助学生实现演讲和辩论能力，开拓学生的视野和知识面，因此内容深度、广度或难度应当明显高于课堂内容。其次，在演讲和辩论两个板块，均需定期组织和指导学生参加校级、市级，甚至国内权威演讲比赛及辩论赛，这是为了让学生在实践中运用和夯实课堂上学习的技能和策略，从而得到能力上的升华。如果条件具备，建议建设 VR 仿真系统，模拟不同比赛场景，包括全国演讲比赛和辩论比赛场景，给学生身临其境的练习机会和实战演习机会。

3.2 课程实施路径

3.2.1 强化口头表达能力训练

娴熟的口头表达能力是演讲成功的基础，也是学生参加演讲活动要达到的目的。模仿训练是改善学生演讲效果的最好方式。首先，教师选取一段录音，时间在 2 分钟以内，内容浅显易懂，给学生做口头表达能力训练的材料。之后，学生模仿这段录音的语音、语调、风格和呈现方式，经过数十次甚至上百次的模仿，达到与录音完全一致的效果。通过这种方式，学生的语言产出能够更加接近标准发音，节奏和气息的把握、抑扬顿挫及音量大小会更加纯正专业，演讲时会更好地把握单词的重音、句子的停顿、声调的顿挫等，更容易让听众接受。

3.2.2 定期阅读任务

没有输入，何来输出？学生的阅读积累是决胜演讲和辩论的重要前提。教师组织学生设立读书社，为学生分组布置阅读任务，每周定量完成，定期分组讨论所读书目，交流感想，并撰写读书笔记以保证阅读质量。阅读内容的选择以经典性、实用性为原则，广泛选取名家演讲、经典小说、诗歌、时文评论等各种题材、体裁的文章，使学生通过阅读经典佳作，感受优美的词句和语言的力量，获得广博的知识积淀，并形成良好的语感。

3.2.3 主题讲座提升计划

为学生设置不同的主题，分组布置演讲和辩论任务。在课堂上模拟演讲和辩论比赛，学生既是演讲者，也是听众。演讲结束后，学生要进行现场问答接受现场老师和同学们的提问。问答结束后，学生对演讲做出评价，有自我评价，也有同学及老师给予的评价。

在此基础上，筛选和邀请提升讲座的讲者，一个学期至少请4名不同背景、不同风格、不同性别、不同年龄段的讲者，每月给学生开设课后培训，进行讲座培训。讲座前需要跟讲者商讨确定讲座主题和时间，主题应当与当月课程主题相关，时间可安排在每月月末。讲座结束后，可要求学生写学习日志，反思自己的演讲过程，总结归纳经验教训。

3.2.4 翻转课堂促提升

在教学中引入翻转课堂，教师和培训者组成团队，各自负责不同的主题和培训方向，筛选检索大量相关资料，为不同主题的演讲和辩论量身定制资料包；联系专业微课慕课制作团队，就不同主题内容和演讲辩论技巧进行录制。录制好的微课慕课为学生提供线上学习，学生在上课前需要完成规定的微课慕课学习内容，做好充分的课前准备。课堂上，老师从讲授者变为指导者，以学生为中心，充分调动学生的主动性和积极性，鼓励学生自主进行演讲和辩论。通过翻转课堂，帮助学生爱上演讲和辩论，培养学生主动表达、善于表达、精于表达的能力。

3.2.5 搭建演讲比赛平台

教师要积极组织演讲比赛活动，为学生搭建平台、展示自我，同时检验学习效果。一是组织以班级为单位的比赛。活动在班级内部开展，由任课教师负责组织，鼓励全体同学参加，目的在于激发学生学习演讲的热情和争先表达的积极性，为每个同学提供展示舞台。二是举办校级演讲和辩论大赛。通过教师推荐和学生自主报名的方式，在全校范围内举办演讲活动，为学生营造良好的学习氛围，推动学生创新能力的发展。三是推选优秀选手参加市级演讲大赛。由几名教师形成辅导团队，认真钻研历年演讲的命题规律和趋势，并在比赛中有针对性地对选手现场辅导，为学生施展才能提供更广阔的空间。

4 结 语

在课堂中引入公众演讲是一个比较有挑战的课题，涉及跨学科知识和能力。本文旨在探索出一条课堂教学的新思路，从翻转课堂新视角探寻新时代人才的培养模式，如何使公众演讲更有效地与课堂教学相结合。

参考文献

[1] 张春敏. 英语公众演讲教育模式研究——基于建构主义理论［J］. 社会科学家，2014（4）.

[2] 文秋芳. 从全国英语专业四级口试看口语教学［J］. 外语界，2001（4）.

[3] 赵兴龙. 翻转教学的先进性与局限性［J］. 中国教育学刊，2013（4）.

[4] FULTON K. Upside down and inside out：Flip your classroom to improve student learning［J］. Learning & leading with teachnology，2012（6）：12－17.

[5] DONNELLY R，PHILLIPS C. Harmonizing technology with interaction in blended problem－based learning［J］. Computers & education，2010（2）：350－359.

[6] JOANNE M，LATEEF F. The flipped classroom：Viewpoints in Asian universities［J］. Education in medicine journal，2014（4）：20－26.

The Cultivation of Cross - cultural Competence of College Students Through VR Technology

杨雪莹*

Abstract: This paper analyzes the trend and provides general guidance on immersive learning in cultivation of cross - cultural competence with VR technology in college English class.

Keywords: cross - cultural competence; VR technology

Cross - cultural competence has been more emphasized in colleges now, for college students will be more competitive in globalized society equipped with knowledge and competence of intercultural communication[1]. There is also a trend that English learning will transform from traditional grammar translation method into immersive experience based on various senses, and experiential learning needs the assistance of technology—not only multimedia which has been a popular approach and commonly used in college English class. With the rapid rise of VR (virtual reality), students can benefit more on improving cross - cultural competence.

Cultivation of cross - cultural competence requires internalization and absorption of culture through proper, real and unpredictable communication situation[2], but the main problem is that these "situations" —in most cases just descriptive paragraphs in textbook with standard answers—are not real enough.

---

* 杨雪莹，北京工商大学外国语学院助教，主要研究方向为二语习得、英语教学。

So, by using virtual reality, it is more effective to immerse into real cross - cultural communicative context, solve problems and gain strategies in a certain context. In traditional class, when students are asked to react in a specific context, most of them will do anything to avoid eye contact with teacher; moreover, sometimes discussion and pair work with neighbor does not work well for introverted students. Through VR Tech, students can relieve anxiety of face - to - face communication and fear of making mistakes in class. Moreover, experiential learning through virtual reality emphasizes more on the full participation of students, which can make cross - cultural learning more student - centered.

Through VR technology, we no longer rely on our imagination to set up communicative context, but VR application in cross - cultural class is not high - tech itself. The effective use of VR requires support in several perspectives. First, software development and application design concerned for cross - cultural class need to be promoted, including the integration of databases and online resources which can enrich the diversity of culture - based programs. Second, the update of data is also important for the validity and adaptability of the program. Thirdly, a comprehensive class procedure adapting to the new mode is also a part of the program design. For instance, students do role play in virtual business context and give various reaction in the same context, then they discuss, compare and analyze them to find the most appropriate one, and finally conceptualize theoretical induction. Then teachers give feedback, guidance and suggestion on solution rather than standard answers. In addition, online course can also be provided for extended learning to cultivate cross - cultural competence.

In conclusion, through application of high - tech approaches in cross - cultural class, students can actually use what they learn in a flexible and practical way. However, scientific teaching methodology, which can achieve better teaching results combined with VR technology, still plays a crucial part for the cultivation of cross - cultural competence.

Reference

[1] DEARDORFF D K. The Sage handbook of intercultural competence [M]. New York: Sage Publications, Inc., 2009.

公共外交相关研究综述*

刘思含**

摘　要　随着全球化的不断发展和深入，公共外交在国际关系中发挥着日益重要的作用。本文梳理国内外公共外交的研究成果，厘清公共外交研究的脉络，为针对公共外交的实证研究提供理论参考。

关键词　公共外交；全球化

1　引　言

中国共产党第十八次全国代表大会报告明确提出要“扎实推进公共外交和人文交流”，指出要“夯实国家关系发展的社会基础”。在此后许多次会议上，公共外交被反复提到，这标志着公共外交作为中国总体外交的重要组成部分，被提升到了国家战略的重要地位。在公共外交实践中，除政府继续发挥主导作用外，媒体、高校、智库、公司等各种社会力量和非政府组织、社会精英、出境游客、海外华人华侨等个体在塑造中国形象，提升中国软实力，开展公共外交等方面也发挥着日益重要的作用。在此背景下，厘清公共外交的含义、主体、模式及发展方向，结合一带一路倡议和国家发展战略为开展公共外交提出政策建议，具有十分重要的现实意义。

---

* 本文为2018年北京工商大学“科技创新服务能力建设—基本科研业务费—青年教师科研能力提升计划”项目（编号：PXM2018_014213_000033）研究成果。

** 刘思含，北京工商大学外国语学院助教，主要研究方向为英汉翻译、国际关系。

2 国内外研究现状

2.1 国外研究

公共外交（public diplomacy）一词是1965年塔夫兹大学（Tufts University）弗莱彻法律与外交学院院长艾德蒙·格里恩（Edmund Gullion）在该学院爱德华·默罗公共外交研究中心成立时提出的。弗莱彻学院将公共外交定义为：超越传统外交范围以外国际关系的一个层面，它包括一国政府在其他国家境内培植舆论、加强国内利益团体与他国的利益团体在政府体制以外的相互影响、借助传媒（如外交官和记者之间的沟通联系）达到对他国政策制定以及涉外事务处理施加影响的目的。

公共外交在冷战当中曾发挥了重要的作用。冷战后，西方国家一度忽视了对外宣传，“9·11事件”是公共外交的转折点，事件本身及布什政府在中东地区开展的一系列公共外交活动引发了欧美学者对公共外交缺位及其复位后能否奏效的深层动因的考察。学术界出现对全球化时代新公共外交的研究，强调行为主体多元化并更多聚焦非政府行为体在公共外交中的作用和职能，关注社交媒体和信息爆炸，强调公共外交和国内公共事务的一致性等。

2.2 国内研究

中国公共外交研究起步较晚。在中国期刊网上搜索，以“公共外交”为主体的论文最早一篇发表在1991年，2005年前共计仅有50篇。2010年前后公共外交研究有了突飞猛进的发展，搜索到2010年一年发表的相关论文即有166篇，2011年开始发行公共外交专门期刊《公共外交季刊》。2010至2017年关于公共外交发表的论文已有两千余篇。

中国学者起初重点介绍公共外交的定义及相关概念，大多主张公共外交的行为主体是一国政府，只有当一国政府出面组织或者幕后支持，按照政府的意志，向本国和外国公众、非政府组织提供消息、组织交流，间接影响公众支持本国的外交政策和外国政府的外交政策制定，才能算是公共外交。2010年前后的研究对公众外交主体的界定更为宽泛，同时强调在政府主导作用外着力发挥非政府组织及其他非国家行为体的作用。指出，自20世纪90年代以来，伴随全球政治民主化浪潮的发展，公民社会逐步发展壮大，越来越多的非政府组织成为公众外交的主体。目前国内学者对公众外交的研究从过去重点关注理论和框架，转而关注开展公共外交的中国模式：如政府主导，多方参与公众外交；讲好中国故事，贡献中国方案；突出中国元素，加强人文交流；广交朋友，夯实全球伙伴关系网络等。也有学者指出，开展公共外交的方式之一为国际社会提供公共产品，其中在非国家层面即包括提供发展援助和慈善支持。

3 结 语

随着全球化的不断深入，非国家行为体在国际交往中的作用不断加强，这一转变也体现在公共外交的研究和实践当中。学界对于公共外交主体的界定日益放宽，除国家政府以外，更加关注非政府组织及其他非国家行为体在公共外交中发挥的作用。

英语分级教学管理再思考

陈思伊[*]　苗天顺[**]

摘　要　北京工商大学大学施行大学英语十级分级教学，与之配套的管理模式也尤为重要。当前的教学管理模式没有真正实现信息化、系统化，大学英语分级管理与学校总的教学管理平台未真正关联挂钩，通过线下的手动操作可以解决大部分问题，但是面对各种学籍异动情况，手动处理的方式就显得繁琐、落后、效率低下。当前大学英语分级教学教务管理中最大的障碍，是大量的学籍异动学生的分级管理问题，而解决这一问题最根本的办法就是实现分级管理与教务管理系统的完全配合和统一。只有利用先进的科学理念和工具，才能进一步优化管理效率，进行管理创新，从而更好地为分级教学服务，将这一新型教学模式的优势发挥到极致。

关键词　分级教学；学籍异动；教学管理

1　引　言

为了助力和实现学校提出的“369”教学目标，2015 年北京工商大学外国语学院开始实施了大学英语十级分级教学实践。通过前期实践，目前已建立了较为完整的大学英语课程设计和实施。该课程的课程设置、培养目标、教材建设、课程教学内容及教学改革、课堂延续教学方案、考核评

* 陈思伊，北京工商大学外国语学院教师，主要研究方向为教学管理。
** 苗天顺，北京工商大学外国语学院副教授，研究方向为翻译、语言学。

价方式等评估也得到了相关专家的肯定。在分级教学实践过程中，制定和完善了北京工商大学大学英语分级分层教学管理办法、大学英语分级教学方案，构建了大学英语课程体系；建立了基于大学英语听说课堂、慕课和翻转课堂的混合式教学模式，构建了自主学习的“多终端英语学习平台”；获得北京工商大学四六级考试奖励的人数逐年递增，教师的教学科研水平也得到了较大的提高。

2 教务管理中的问题

2.1 分级名单

北京工商大学教学管理工作主要是依托强智教务管理系统，结合手动工作。由于教务管理系统中没有专门的配合大学英语十级分级教学的模块，分级班级由外国语学院线下手动生成，再由教务处导入教务系统中相应的大学英语班级下，即大学英语的分级班级名是独立于学生的学籍等信息存在，和教务系统没有完全挂钩。学生发生学籍异动的情况，分级班级名单无法同步信息，而该名单有如变动和调整，系统中也没有任何记录。由于每个学期都有大量学籍异动的情况，如退伍、修复学、转专业、外培双培等，异动学生达几百人，异动处理的时间段不同，跨越周期长。在当前分级名单与教务系统的关系下，一旦学生发生异动，其英语分级班级的名单就会自动消失，必须逐个手动处理，给分级教学管理带来了极大的混乱。所以，当前，大学英语分级教学管理的最大障碍是处理学籍异动学生，而这一障碍最根本的原因是分级名单和教务系统的脱离。

2.2 分级考试

分级考试是学生分级分班最原始最基础的依据，也是分级教学十分重要的一个环节。分级考试成绩数据的完整和准确对于科学分级至关重要。目前，北京工商大学的分级考试主要以客观题为主，机器阅卷，保证以最快的速度生成分级成绩，及时对学生进行分级分班。一般分级考试设在开学第一周的周三下午，于第一周内生成分级成绩和分级班级，第二周开始分级教学。在这个环节中，也有诸多管理因素需要考虑。机器阅卷需要有学生数据总库，一般由教务处提供新生的总名单，但是实际修读大学英语（一）的学生除了正常新生，可能还包括退伍、复学等学籍异动学生，还有大量留学生。同样，由于分级工作与教务系统的脱离，一些学生学籍手续的延迟办理，会导致阅卷使用的名单总库与实际不相符，从而有学生即使参加了分级考试也没有成绩。再加上因为个人原因错过分级考试的学生，会有相当一部分没有分级成绩而无法进行分班。目前的解决办法，就是由学生本人提出，外国语学院根据临时规则对其进行分班，再由教务处加入相应班级。这一过程有时需要持续一到两周的时间。同时，这些学生的分班规则如何制定也至关重要，如果统一以 0 分处理分至最低级别，将会给分级教学带来影响，打乱教学秩序；如果以学生个人意愿或参考其他成绩进行分配，又难免会给学生以即使不参加分级考试也可以分到自己想去的班级的侥幸心理。如果从分级考试开始，就在教务系统中进行，与学籍挂钩，系统中可以清晰呈现修读大学英语（一）课程的所有学生，无成绩者由外国语学院和教务处统一在系统里处理，就可以有效提升处理效率，避免学生没有英语课上的混乱。同时，在系统中，通过团队负责人对不同级别班级成绩要求和学籍信息做出指定，由系统自动生成分级班级名单，大大提升工作效率。

2.3 学籍异动

从教学运行来说，分级教学管理与教务系统的脱节，也直接造成学籍异动的学生大学英语课程的混乱。退伍、休学或外培回来复学的学生，一旦系统中学籍信息办理完成，大部分课程会自动预置，但是由于大学英语分级教学班级与学籍不挂钩，这些学生只有主动提出，由外国语学院进行分班，再由教务处进行课表的处理。转专业的学生，学籍发生变动，无论之前的英语班级与现在是否符合，其名字都会从英语分级班里消失，只能再主动提出重新加入。每次学生陆陆续续提出申请，再经由外国语学院和教务处加课，持续数周时间，复学、本学期转专业以及曾经转专业（降级转专业学生可以免修已经得到学分的英语课，因此会在需要上课的学期重新提出加分申请）的异动学生，共有几百近千人的处理量，有时外国语学院教务办公室一天需要接待四五十人填写分班申请表，而教务处系统手动加名单也费时费力。如果系统操作不及时，学生就看不到课表无法上课，更有甚者，有的学生没有意识到课表的变化，没有提出申请，分级名单无名字直接带来学生考试资格、教师登录成绩等一系列后续问题。每学期因为分级名单导致的课表、成绩问题层出不穷。

2.4　四六级考试安排

每个学期，由于两校办学的特殊性，还有一些专业培养方案的要求，加上外国语学院针对学生四六级通过情况做出的教学安排的调整，学生的分级分班也要进行相应的调整。分级分班的工作需要综合学生人数、不同专业学生英文水平、四六级通过情况、免修免考情况等进行调配，这一工作不应由教务人员独立完成，而应与从事一线教学工作、了解学生情况的团队负责人共同商讨方案制定分级标准，以保障分级分班工作的科学性、合理性。面对六千人的名单数据，分级分班工作庞大，线下操作容易出错，而教务管理系统内有最全的学籍、成绩、四六级通过情况等数据，因此，要从根本上解决分级班级名单混乱的问题，只有将分级分班与教务系统完全关联，由相关角色进行不同级别和班级的条件指定，由系统分配班级，才能避免异动带来的各种问题，保证分班的准确性和公平性。

2.5　教材管理

分级管理与教务系统的关联还应该体现在教材的安排上。当前施行的教材管理方式是，由课程负责人指定教材上报教务处后于网站公布，学生接到教材通知后进行教材的购买。这样的方式可以解决大部分学生的问题，但是由于大学英语分级教学，每个级别使用的教材有所不同，且大学英语课程分为精读、外教口语和上机三个模块，所以每个级别一门课需要不同的精读、口语教材以及不同的网络学习平台，较为复杂。这样学籍异动学生在购买教材上就又面临一大问题。只有先知道自己的分班才能知道使用的教材，如前文所述，异动学生学籍手续办理和英语分级分班的过程就已经耽误很长时间了，再加上教材的购买，这些学生会因为分班和教材问题进一步影响学习进度。在系统中指定大学英语分级教学的模块，团队负责人除指定不同级别对学生的要求外还可以直接指定不同的教材。学生在学籍异动后，在系统中直接分班即可看到所使用的教材，省去了很多时间。

3 提升教务管理标准

除了教务系统与分级管理的结合之外，提升分级教学信息化管理还体现在各个层面，例如，制定针对分级教学的考核和成绩管理制度也相当重要。当前大学英语课程进行统一试卷的考核方式，而教务处对教学班级成绩有一定的优秀率和不及格率的限制。但是分级已经将潜在的“优秀”和“不及格”学生分班，试卷也是统一难度，按照正常的优秀率和不及格率规定显然不合理，甚至是完全有悖于教学目标的。试想，同一张试卷，最高级别的学生与最低级别的学生有着一样的优秀率，这岂不是在证明分级教学的失败？所以打破传统模式，进行更为科学的考核考试成绩管理应该提上议程。再比如，北京工商大学英语分级教学中有一个重要的内容是，依托网上学习平台的延续教学内容，学生在语言实验室通过上机操作进行自主学习，教师答疑解问。良好的语音室环境，充足的机位，可很好地服务分级教学。而如今的实验室设备维护欠佳，导致可用机位低于上课班级人数。80 人机位的语音室实际可用机位只有 60 人左右，68 人的语音室实际可用甚至只有 40 人。大学英语分级班级，人数基本都在 50 ~ 65 人。这样的实验室状况，显然无法维持正常教学秩序。为进一步支持分级教学事业，对语言实验室及时进行升级换代，科学维护实验室设备至关重要。

4 结 语

综上所述，大学英语分级教学开展到今天，从管理层面，当前的挑战是管理工作信息化，只有利用先进的科学理念和工具，才能进一步提高管理效率，进行管理创新，从而更好地为分级教学服务，将这一新型教学模式的优势发挥到极致。否则，没有优质的管理方式做支撑，分级教学只能流于表面和形式。

English Dubbing in College Education

赵　阳[*]　颜　昆[**]

Abstract: With the rapid development of the times, the learning psychology of the contemporary junior middle school students is quite different from that of the past. The separation of traditional English classroom from real life has deprived many students of their interest in English learning. Dubbing, which catches up with the new age and fits with students' trails, provides a great potential to improve comprehensive English ability of students. This paper analyzes the background, advantages, methods and other aspects of English dubbing and concludes that English dubbing is worth further research and bound to play an essential role in college English teaching.

Key words: English dubbing; new model of English education

1 Background

Unlike previous students, contemporary college students are exposed to new content brought by electronic products every day. The traditional English teaching mode is difficult to improve students' interest in learning. Nowadays, dubbing has a wide range of subjects and language life. It can build a three – dimensional language environment for students, which has great appeal. Students are exposed to the real language environment, input a lot of language information in a relaxed

* 赵阳，北京工商大学外国语学院2017级学生。

** 颜昆，北京工商大学外国语学院讲师。

and natural way, and unconsciously train their listening and speaking abilities. They can also make students contact with authentic English.

2 Advantages

Firstly, film dubbing makes up for the shortcomings of traditional classroom teaching, such as more students, shorter time and less opportunities for communication between teachers, students and students, so that students' learning is directly oriented to application, which is conducive to the real mastery of English in practical use.

Secondly, English film dubbing is conducive to changing the single evaluation system in traditional classroom teaching, discovering students' respective characteristics and realizing "teaching students in accordance with their aptitude".

Thirdly, dubbing English movies is conducive to fostering students' subjective consciousness in learning and realizing the new educational concept of "teaching for not teaching, learning for creation".

3 Methods

(1) Emancipate emotions and encourage bold and individualized attempts .

English film dubbing is a kind of language skill, which requires students to imitate in English before the microphone and screen, and to shape and perfect various vivid and distinctive characters in dubbing clips. It requires students to express different emotions, psychology and even expressions perfectly in English. So the first task is to let them completely free themselves and encourage them to boldly try their favorite voice roles.

(2) Combination of compulsory and optional films.

Of course, dubbing should be based on adequate practice. Different characters, identities, personalities and social status, different countries and nationalities, and different styles determine the different tones of language. This requires dubbing students to quickly and accurately grasp the film style, to close to the image of the matched characters. Make sure the dubbing clips are comedy and tragedy. It is a difficult but fun process to accurately grasp the tone of the characters dubbed and find the corresponding language tone (intonation, speed, rhythm and different voice color and breath state). The language of any character in the film is targeted. What he says in his mouth is actually what he wants. Therefore, the perfect expression of language is the best interpretation of the inner feelings of the characters. And the students' strong interest and persistence in English film dubbing, watching them through the connection of English film dubbing and constantly enhance their interest in English learning, also makes me feel a sense of accomplishment as a teacher.

(3) Group cooperation.

Team cooperative learning training gives students a lot of language practice opportunities. Through mutual assistance and cooperation, it creates a specific situation for students to boldly, freely and vividly conduct English communication training in groups, stimulate students' interest in learning, and exercise their practical application ability. Therefore, the training mode of group cooperation is more appropriate for English film dubbing classroom training. For example, when practicing clips, teachers can first group the students according to their hobbies and voice characteristics, and start the exercises. Close cooperation within the group is also completed in this process. We can also remind each other of the problems in pronunciation, speed, intonation and emotional expression. Each group will perform at the appropriate time and all the students will comment on it. Vivid performances and heated discussions have realized the training of the dubbing process, mobilized the enthusiasm of students, and promoted their transformation from "I want to learn" to "I want to learn", through their own experience, tasted the pleasure of success.

(4) Teachers' participation.

Whether it is school – based course or students participating in the school English film dubbing contest, the completion of the whole dubbing process is inseparable from the participation and guidance of teachers. Necessary comments can help students grasp the characteristics of the characters more accurately, grasp the pronunciation, intonation, and convey the characters' emotions to make them fluent, natural and vivid. At the same time, when the dubbing process is dull and boring, it is inevitable for teachers to adjust students' emotions, encourage, divert their attention, or urge them to finish the dubbing process smoothly and persevere in the end; help students finally taste the fruits of victory and feel successful. The joy of learning English plays an important role in cultivating students' interest in learning English.

4 Peroration

The practice of English film dubbing has proved that English film dubbing can satisfy the practical characteristics of English teaching, so that the whole teaching is centered on the cultivation of students' ability to use English, which is conducive to cultivating students' habit of active participation and active memory, stimulating students' innovative consciousness, developing students' innovative potentials and expanding them. Widening students' access to information and enhancing their practical ability to use English. From the teacher's point of view, after the film dubbing, it will play a great role in promoting the normal teaching. It should be said that to carry out film dubbing learning and training among students, guide them to participate actively in various competitions, satisfy their desire for expression, greatly mobilize students' initiative to actively learn English, can promote classroom teaching effect, so that teachers and students can change their behavior. Film dubbing training pays more attention to students' autonomy and creativity. It is suitable for middle school students' age characteristics. It can provide more opportunities for these children to express themselves and experience the joy of success. Film dubbing training as an active supplement to English classroom teaching can achieve good results.

Understanding Teacher Language Awareness

王梦琳*

Abstract: In the past decades, Teacher Language Awareness (TLA) has been part of the language awareness discussion. This paper draws upon the ongoing discussion in the field of EFL to interpret TLA, with special focus on awareness of the learner. The paper holds the argument that the awareness of learners is an important component of TLA, tries to explore the interaction between it and other aspects of TLA.

Keywords: teacher language awareness; awareness of learners; language teaching

In Thornbury's[1] definition of TLA, it is "the knowledge that teachers have of the underlying systems of the language that enables them to teach effectively". From such a perspective, TLA mainly involves teachers' subject - matter knowledge. The subject - matter knowledge is the knowledge of the target language system. Most of time when we talk about this kind of knowledge of teachers, we expect them to possess explicit or declarative knowledge of the internal organization of the language. However, as Andrews[2] argues, subject - matter knowledge alone cannot guarantee the successful application of TLA in classroom practice. There are other factors shaping the effectiveness of TLA. Apart from the explicit knowledge of English, teachers need to have good command of implicit knowledge of grammar as part of their language proficiency.

* 王梦琳，北京工商大学外国语学院讲师，主要研究方向为二语习得、计算机辅助英语教学。

It is difficult to imagine that a teacher whose own use of grammar is very problematic can deliver an effective grammar lesson. Anything a teacher says in class is part of the input of students, and therefore teachers' language proficiency is a major determinant of their adequacy as models for their students.

Can we take for granted that teacher's linguistic knowledge will transfer to students? Obvious no. Language - aware teachers do not always tell students all they know about a grammar point, but try to provide learners with the right amount of information at the right level in a clear and comprehensible way. In Swan's[3] words, "this is art, not science". The art is derived from the awareness of learners - thinking from learners' perspectives. The awareness of learners can take various forms, incorporating the awareness of the learners' interlanguage (their present level of language development), the possible development path of the interlanguage and potential obstacles they will encounter, etc. With the awareness of learners, teachers can tailor their teaching of grammar to the exact level of students in order to facilitate the knowledge transfer.

The awareness of the learner constantly interacts with other two aspects of TLA: subject - matter knowledge and language proficiency. The awareness of the learner plays the role of filter, as it influences the decisions that teachers make in choosing the language they use in class and the level of explicit knowledge of grammar they explain to students. Put it in other words, filtering out the language and knowledge that are too easy or too difficult for learners. I would also argue that the awareness of learners acts as a bridge between language teachers and students, as it connects the knowledge that teachers possess, students' prior knowledge and expected learning outcomes of students. It helps to transfer grammar teaching from teacher - centered to learner - centered, as "key difference would be in a learner - centered classroom, key decisions…will be made with reference to the learner"[3].

The awareness of learners is also linked to a bigger picture of pedagogical content knowledge, where it works along with pedagogical knowledge, curriculum knowledge and other elements in language teaching. In the model that Edge[4] proposes, trainee L2 English teacher language user mainly take on three roles: language user, language analyst and language teacher. These roles are closely related to the three aspects of TLA. The model balances the debate of native speaker (NS) and non - native speaker (NNS) English teachers. NNS teachers have apparent advantage in knowledge of students especially when they share the same L1 as students, which helps them to be good language teachers, though they might not be as perfect language users as NS teachers.

References

[1] THORNBURY S. About language: tasks for teachers of English [M]. Cambridge: Cambridge University Press, 1997.

[2] ANDREWS S. Teacher language awareness [M]. Cambridge: Cambridge University Press, 2007.

[3] SWAN M. Design criteria for pedagogic language rules [M]. Hemel Hempstead, Hert.: Prentice Hall International, 1994.

[4] EDGE J. Applying linguistics in English language teacher training for speakers of other language [J]. ELT journal, 1988, 21 (1).

法商英语及商务英语课程建设之思考

法律英语翻译研究综述

袁　梦[*]　史岩林[**]

摘　要　近年来，由于法律翻译所承担的功能越来越重要，法律翻译研究的重要性也日益凸显。本文根据近年来法律翻译的研究成果进行归纳，总结出法律英语的语言特点，法律翻译的基本原则、方法、相关理论概述及存在的问题，以期对法律翻译的发展提供一些思路。

关键词　法律翻译；语言特点；基本原则；理论概述

1　法律英语的语言特征

一般所说的“法律语言”，似乎多半取其广义，指民族语言共同体在长期法律实践及其研究中逐步形成并服务于法律活动的社会功能变体。潘庆云认为，民族共同语在法律活动中具体运用的语言包括口头语和书面语，也包括“法学语言”和狭义的“法律语言”。法律的特殊性以及长期以来在人们日常经济文化生活中所发挥的调节和规范作用，使得法律语言在不断发展和完善的过程中形成了自身的一些特征。本文将根据法律英语的词汇特点和句法特点来展开分析。

1.1　词汇特点

在法律文本中需要精准地使用专业词汇以避免出现歧义和误解，主要

---

* 袁梦，北京工商大学外国语学院研究生。

** 史岩林，北京工商大学外国语学院副教授。

特点如下：

1.1.1 法律专业术语

和中文一样，法律英语中的专业术语是法律文本中的核心词语。它既是法律概念或法律现象的浓缩和提炼，也体现了法律语言的独特性。法律英语中，常常一个普通的词就能表达一个具体的法律概念，这是法律语言最具特色的标志。例如，act or omission（作为或不作为），the defendant（被告人），cause of action（诉因、诉讼理由），bail（保释），arbitration（仲裁），felony（重罪）。大量的法律专业术语保证了法律语言的专业性、精确性和权威性。

1.1.2 普通词汇表特殊法律含义

法律语言中有不少词汇是由普通词汇转换而来，和法律专业术语不同，这类词看似熟悉，但它的术语含义与其基本含义大相径庭。例如：admission 一词在平时主要表示的是“允许进入、承认”的意思，在法律文本中常被翻译为证据的“采纳”“采信”；保释的“许可”；被告或被告人的“承认”；以及表示进入某一领域，被接受为成员，而被录用。类似的词语还有 affirm（维持原判），challenge（申请回避、质疑、反对），dismiss（驳回起诉、不予受理）等。

1.1.3 拉丁语、古法语及中古英语词汇和短语的使用

法律英语中外来词语较多，主要是来自拉丁语和法语。比如：拉丁词源 vis major（不可抗力）、ex post facto（追溯）、versus（对抗）、alibi（不在现场证据）、in rem（反对某物）、ad hoc（专门的）等，及法语词源 force majeure（不可抗力）、debt（债务）、alien（转让）、jury（陪审团）等。此外，法律语言中的一些词汇自古一直沿用至今，这种现象存在于各国的法律语言中。在法律英语中，这些词汇的使用也比较普遍。如：whereby（由此）、herein（此处）、bailiff（法警）等。

1.2 句子特点

本文主要总结了法律句子的三个特点：

1.2.1 句子类型的单一化

英语句子按使用目的分为四类，陈述句、疑问句、祈使句和感叹句。

法律英语侧重于使用陈述句，主要是因为立法语言需要准确地阐述相应的法律条例，且司法语言需要对案件进行客观的陈述。

1.2.2 语句形式的模式化

法律语句表达的内容是对人们有普遍约束力的法律规范，因此具有广泛的适用性，这就决定了法律句式需要保持较为固定的形式，以便法律工作的开展。法律句式的模式化在立法和司法领域均有所体现。比如汉语立法语言中常见"……有权……""禁止 ……""……有……自由"等。

1.2.3 复合句结构的复杂化

首先，为了确保法律的准确性和严密性，法律语言中多使用结构复杂的长句来避免立法上的漏洞。结构复杂的长句包含的信息量大，在描述复杂事物时可以达到叙事具体、表达严密的效果。其次，为了保持法律语言精确和平实的特点，汉英法律语言结构常采用简短句式，但为了能够准确地表达复杂的逻辑关系，汉英法律语言均大量使用了错综复杂的复合句式。法律语言复合句式中各句子之间的逻辑关系通过各句之间的逻辑意思关系来体现，根据句子间不同的意思关系可将复合句分为并列、选择、递进、目的、假设、条件、转折、解释等类型。如：Where a foreigner or foreign enterprise applies for trademark registration in China, the matter shall be handled in accordance with any agreement concluded between the country to which the applicant belongs and the People's Republic of China, or any international treaty to which both countries are parties, or on the basis of the principle of reciprocity.（外国人或者外国企业在中国申请商标注册的，应当按其所属国和中华人民共和国签订的协议或者共同参加的国际条约办理，或者按对等原则办理。）

2 法律翻译的原则

法律翻译的特殊原则主要体现在专业性、严谨性、准确性等几个方面。徐赛颖在其论文中指出，法律英语的翻译应遵循"忠实原则、精确原则、统一原则和简洁原则"。而陈杰和张崇波指出法律翻译必须遵循"精确性原则、简明清晰原则以及规范性原则"。张法连提到，从原则上讲，用精确的词语表达明晰的法律概念，是法律语言最重要的特点和最基本的要求，因此他提出的法律翻译原则为“精准严谨、清晰简练、前后一致、专业规范”。总之，众学者对于法律翻译的原则可以大致归纳为精确、简明和规范。遵循以上翻译原则，再根据具体的情况选择适当的翻译方法，译者可以较好地实现法律文本翻译的功能对等。

3 法律翻译的方法

法律翻译方法主要是直译、意译或直译意译并用的兼译。但是直译或形式内容对应的方法在法律翻译领域应该占主导地位。

孙万彪提出，“就法律翻译的方法而言，‘直译’（简言之，即严格按原文的词句翻译）是最可取的”。张法连也认为，从某种意义上说，法律语言近似于数学语言那样的形式语言，这就必然导致直译成为法律翻译的主要方法。他还认为，在法律语言翻译过程中，由于法律文化性差异造成的翻译问题，要求译者有一定的创造性，而此时意译是不可避免的。需要指出的是，由于历史上在翻译方法方面所产生的混乱观念至今还未完全澄清，并对翻译工作继续施加着消极的影响，所以划清直译与死译或硬译、意译与乱译、滥译之间的界限，给直译和意译以完整科学的定义，替它们正名仍是当务之急。

有关法律翻译的方法论问题在我国也存在着不完全相同的观点。由于法律体系之间的差异，大陆法体系中的法律概念与普通法体系中的法律概念并不对等，从事大陆法学研究的学者王泽鉴认为，“应将英美法中的法律概念纳入我国既有的法律体系，使之与我国现行的法律概念相契合”。而从事英美法研究的学者则认为，两种不同的法律体系之间的确存在相同之处，如果单凭一两个相同的地方而把一个法律体系中的概念与另一个法律体系中的概念画上等号，很容易就把法律概念在一个体系中的意义带到另一个体系中去，因此，何美欢主张，“只有当两个概念之间的差异在任何情况下都并不具有重要意义时，才可以画上等号，否则宁可生造词汇”。屈文生在其著作中对于法律翻译技巧的研究主要集中于减译、增译、词义的选择、词类的转换、正译与反译和语序调整等方面。

总之，法律翻译以直译方法为主，辅以直译与意译相结合，要充分准确把握法律语言的特点，力求忠实于原文，切实做到“忠实准确”。

4　法律翻译的理论建设与存在的问题

4.1　理论建设

刘润清、胡壮麟认为，法律翻译者需要一个“有章可循的，前后一致”的理论框架，从而使新的研究者较容易找到自己的位置，明确自己的研究与别人的研究有何种关系，选择适合自己的研究方向。

从目前的研究成果来看，法律翻译理论层次的研究还待加强。有关法律翻译理论的探讨研究远滞后于其他研究，法律翻译实践缺乏系统性的理论指导，这在很大程度上直接限制这一学科的发展空间。要建立系统完善的法律翻译理论，不仅要充分认识法律翻译理论的重要性，还要实现法律翻译学科的独立性。目前为止，法律翻译始终隶属于其他学科，没有建立独立的学科，这对法律翻译的发展极其不利。所以，法律翻译研究者应努力找到法律翻译不同于其他学科的特性，从而建立独立的学科。我们在探讨研究法律文件的翻译时，还应研究我国翻译界前辈创立的翻译理论，关注近代英语语言学家的理论对翻译学的影响。翻译的关键在于理解。读懂原文，然后做好语言的转换是做好法律文本翻译工作的基础。

总体来说，法律翻译理论的建设还是不够的，远落后于法律翻译实践的发展，缺乏系统性和学科独立性，需要进一步加强和完善。

4.2　存在的问题

近年来，我国法律翻译取得了可喜的成绩，但也存在一些不足之处。将张法连、徐珺、王清然等学者的观点总结起来可以归为以下几点：法律翻译缺乏系统性的研究；法律翻译没有明确的方法论指导；缺乏学科建设和学科独立意识；司法实践研究的地域局限；缺乏法庭翻译的研究；教学资源相当匮乏。现在的主要任务就是要针对这些问题，在法律翻译所取得的成果之上加强法律翻译的建设和发展。

文本阅读眼动研究的现状与发展*

许佳佳** 刘红艳***

摘 要 眼动记录技术能够对读者的阅读过程进行实时记录，是研究阅读过程的重要研究方法。近年来，随着眼动技术的持续发展，文本阅读的眼动研究出现了大幅度增长。本文介绍了文本阅读眼动研究的现状与发展，并就此提出了自己的思考。

关键词 文本阅读；眼动研究；现状；发展

人们在阅读时，眼球运动表现为一系列的注视（fixation）和眼跳（saccade）。利用眼动记录技术能够对读者的眼动数据进行实时记录，进而能够对读者的心理活动进行分析，从而有效推测读者的认知过程。Rayner曾总结发现，在处理阅读过程等复杂任务时，凝视与思考有密切的联系，所以利用眼动技术能够对分析出读者在阅读文本时的认知活动。Ball 等也指出，当眼睛注视某一句子时，表明大脑正在对该句进行认知处理。吴迪、舒华发现，眼球运动和认知活动之间存在着密切关联：任务难度越高，认知因素就越多地参与、塑造并决定着眼球运动。这就意味着通过观察读者的眼动路径变化，也可以进一步分析出阅读材料的难易程度。

1 文本阅读眼动研究的起源与现状

国内外有关阅读过程中眼动的发展研究始于 19 世纪末，在初始阶段研

* 本文得到 2019 年研究生科研能力提升计划项目资助。

** 许佳佳，北京工商大学外国语学院国际法商英语专业硕士研究生，研究方向为法商话语。

*** 刘红艳，北京工商大学外国语学院教授，研究方向为基于语料库的话语、学习者语料库。

究者们发现了许多阅读过程中眼动的基本事实，然而关于阅读过程中眼动特征的发展的研究则很少。在20世纪20年代以后，出现了大量的应用研究，特别是在教育等领域，眼动技术的应用比较多，并且关于阅读过程中眼动发展特征的研究报告也相继出现。20世纪70年代，卡彭特（Carpenter）和贾斯特（Just）等人重新将眼动分析法引入了心理学研究领域。

在国内，较早就有学者从不同年龄学生在理解课文时的认知特点出发，就有关阅读过程中眼动特征的发展进行研究。此后，白学军、沈德立用眼动仪对视力正常的大学生、小学生在阅读课文时的眼动过程进行了研究。在另一项研究中，两位学者增加了研究对象，将视力正常的初中生和高中生纳入研究对象之中。此外，与上一项研究不同的是，此项研究是在有一定阅读任务要求下，来记录对被试的眼睛注视方式。此后，闫国利以科技说明文为文本，对不同年级的学生在阅读这类文本的眼动路径进行研究。20世纪80年代以前，国内还无法开展阅读的眼动研究，因为那时国内还没有眼动仪。在20世纪80年代以后，我国的一些科研机构和大学开始陆续从国外进口眼动仪。随着眼动仪数量的增加，越来越多的学者开始关注眼动研究，并开始在国内陆续发表与阅读过程中眼动特征相关的学术论文。根据这些学术论文，我们可以发现，国内的研究结果与国外的研究结果基本一致。

随着眼动技术的持续发展，阅读的眼动研究在诸多领域进行了广泛应用，主要集中在广告阅读、儿童阅读、汉语阅读、阅读障碍、行为研究、模式识别、市场研究等领域。近年来，许多学者把眼动技术与翻译研究相结合，这似乎也成了一种研究趋势。麦克唐纳（McDonald）和卡彭特开创性地把眼动法引入翻译研究，贾斯特和卡彭特首次提出眼脑一致假说（eye - mind assumption）。该假说将眼动行为和认知加工联系起来，为将眼动技术运用于翻译研究提供了理论基础。马星城认为，将眼动技术引入视译研究，有助于揭示被试视译的认知过程。许多学者相继研究了眼动技术在翻译领域的应用。刘艳梅、冉诗洋、李德凤认为，把眼动法引入翻译过程研究，实现了对译者翻译过程的客观测量。

2　文本阅读眼动研究的发展

随着计算机在眼动仪中的应用，眼动仪不仅在数据采样速度和精度上都得到了全面地提高，而且在操作和数据处理等方面也更加便捷。越来越多的研究者运用眼动指标对阅读的认知加工过程进行研究，这使得阅读眼动研究不再局限于传统的心理学、神经学和眼科学视角，开始转向教育研究和语言学视角。

王葵、翁旭初的实验利用眼动仪记录10名研究生连续5次学习20个句子时的眼动模式，对学习过程中阅读单个句子的平均时间、注视点的个数、注视点持续时间、眼跳距离、瞳孔尺寸和回视次数6个指标。马杰探究了英语句子与短文阅读的眼动差异，提取了5项眼动参数。段力令在归纳国内眼动阅读研究的基础上，研究了不同阅读主题之间的认知差异以及不同语言、不同文体、不同风格为阅读材料的眼动特征。

2017年闫国利等采用EYE－LINK－2000型眼动仪，通过实验发现了汉语中的绕口令效应。卢植、孙娟采用眼动实验对比高水平译者和低水平译者在对不同文本进行人工翻译和译后编辑时的认知加工情况。研究表明，译后编辑可缩短翻译时间，提高翻译效率，减少译者在原文理解及译文生成过程中的认知努力，文本类型影响译者在译后编辑过程中的认知努力，但受语言水平的影响较小。

3 总　结

笔者认为，将眼动技术与翻译研究相结合具有重大的意义，研究结论反馈到法律英语的教学中去，则可为法律英语的授课教师提出教学建议，帮助教师在翻译教学中不断启发学生的自我意识，提高学生的翻译能力，课堂效率也会大大提高。笔者发现不同的眼动仪可测量的眼动指标的数量是不同的，研究者可以根据不同的实验目的、研究内容，选择与自己研究最为匹配的指标进行重点研究。不同的测试指标代表的含义不同，不同的眼动测试软件能够测量的指标也不尽相同。研究者可以根据自己的研究内容来划分兴趣区，在分析数据时可以运用SPSS来进行频数分布分析和描述统计分析，这样得到的实验结果也更加精准。此外，眼动实验要求在实验过程中要尽量保持眼校准后的坐姿，身体不要大幅摇晃，否则可能影响实验结果，所以研究人员需要多次提醒被试在眼校准后尽量不要动并耐心引导其完成实验。这些细节也都是研究者进行眼动实验所应考虑的。

浅谈“英语+专业”的教学模式

艾丽娜*

摘 要 本文主要分析“英语+专业”的教学模式对学生语言应用能力的提升作用。

关键词 普通英语；专业英语；语言应用能力

我国大学非英语专业本科生学的大学英语的基础课被称为精读课，主要教授语言基础知识。教师把重点放在讲解语言点、单词运用、分析语法现象上。学生机械记忆单词，很少应用，单词常记常忘。

2003年教育部颁发了《英语课程标准》，倡导教师在课堂教学中采用实践性强、任务明确的“任务性”学习方法。“任务性”教学强调以语言教学为基础的学习语言和应用语言，即英语基础教学服务于学生专业学习。现阶段大学英语的现状是，教师注重教，学生应用少。英语基础学习应该致力于提高英语水平，学术英语提高语言应用能力。根据《大学英语课程教学要求》，大学英语的教学目标是培养学生的英语综合应用能力，特别是听、说能力，使他们在今后的学习、工作和社会交往中能用英语有效地进行交际，同时增强自主学习能力，提高综合文化素养，以适应我国社会发展和国际交流的需要。简言之，基础英语服务于专业学习。

2013年2月上海市高校大学英语教学指导委员会发布了《上海市大学英语教学框架》，要求全市所有高校开展“以学术英语为核心”的大学英语教学改革，致力“培养大学生用英语直接从事自己的专业学习、研究和

---

* 艾丽娜，北京工商大学讲师。

今后工作，在自己专业领域具有较强的国际交往能力”。上海高校开始了从通用英语向学术英语转移的改革。

在学界普遍存在普通英语与学术英语之争，认为学术英语适合语言水平高的学生，适合在国内外专业场合进行交流，这种机会只适合小部分学生。我不同意这种观点，反而支持专业英语学习应从大一新生开始。

（1）大部分学生学习英语的动机是考试。通过四、六级考试的学生语言应用能力如何呢？他们仍然不能有效地沟通，不能熟练阅读本专业的外国文献，不能撰写文章，他们只在封闭性地学习，没有与国际上本专业最前沿的知识接轨。长期的语言学习枯燥乏味，对学习失去兴趣是必然的。而学术英语学习则不同，大部分学生是自己选择的专业，这种兴趣和需求敦促他们进入专业英语的学习。

（2）英语是当今世界学术科研的国际通用语言。95%的自然科学索引期刊是用英语发表的。要想跟紧本专业的学习步伐，汲取最新的科研成果，拓宽知识眼界，就要尽早接触专业英语，让专业英语带动语言基础能力的提高。只阅读翻译过来的文章，长此以往学生将缺乏思辨能力。

当然，推广学术英语有很多困难。如，对语言教师提出了更大的要求和挑战，教材的选择及考试方法也有待科学的评估。但无论如何，语言基础学习必须服务于专业学习，最终达到提高学生的应用能力和学术能力的目的。

计算机辅助翻译下的法律术语库构建研究

梁　梦[*]　苗天顺[**]

摘　要　计算机辅助翻译作为信息化时代下诞生的产物，为当今翻译研究增添了新的源泉与活力，为现代翻译理论创新和翻译技术发展提供了技术支持。术语管理是计算机辅助翻译的关键技术之一，也是现代翻译项目管理不可或缺的组成部分。因此，建立术语库的重要性和必要性就凸显出来了。法律英语项目中法律用语和法律文件等都具有鲜明的特点，要求采用严格、规范、正式的语体，而且法律文化的差异也对法律语言的理解造成了障碍，这些都对法律英语语言的掌握和运用提出了更高的要求。因此在翻译过程中，译者要最大程度上表达原语的科学信息，这就要求译者在进行术语翻译时必须遵循一定的标准。在计算机辅助翻译愈加高效、准确的今天，术语库的建立对于术语翻译的重要性不言而喻。本文从法律翻译的特点出发，分析了法律翻译中术语管理的重要意义，阐述了创建术语库的方法和流程，以提高翻译的质量和效率。

关键词　计算机辅助翻译技术；法律翻译；术语构成；术语管理；术语库

1 引　言

在当今高速发展的信息时代，对计算机辅助翻译的要求比以往任何时

---

* 梁梦，北京工商大学外国语学院2018级翻译硕士。

** 苗天顺，北京工商大学外国语学院副教授，研究方向为翻译、语言学。

候都高。术语管理，作为计算机辅助翻译的关键技术之一，成了现代翻译项目管理不可或缺的重要组成部分。伴随着信息化时代的到来，世界一体化趋势逐渐形成，各国之间的交流变得日益密切和频繁，因此对翻译的生产效率和产出量也提出了更高的要求和挑战。现代信息技术和互联网技术迅猛发展、机器翻译的慢慢普及、计算机辅助翻译技术的日益发展，正在迅速影响和改变着翻译活动，同时也推动语言服务行业的改革和繁荣。计算机辅助翻译技术广泛应用于语言服务的方方面面。随着中国经济社会的迅速发展，涉外法律工作的重要性日益突出。在涉外法律事务中，法律翻译的作用尤为重要。因此利用技术辅助翻译，保证术语的一致性和准确性是法律翻译工作者需要解决的一个重要问题。在当今计算机辅助翻译技术愈加成熟的条件下，术语库的建立对于法律类文本的翻译有极大的帮助。

2 法律术语翻译及确立其翻译标准的重要性

2.1 法律术语翻译

法律术语是最正式、最规范的语言。首先，词义具有极强的专业性特征；其次，法律术语具有的严谨性，法律术语最突出的特点是词义单一而固定，每个专业术语所表示的都是一个特定的法律概念，在使用时其他任何词语都不能代替；此外，法律术语具有词义相对模糊性和对义性的特点[1]。因此在法律术语的翻译过程中，一方面，要通晓源语言和目标语的不同的法律制度，了解由此而产生的差异；另一方面，要研究法律术语的语言特征。法律术语和术语表的翻译不能依靠简单的直译，要考虑上下文情境，应忠实于原文的词义内涵。翻译法律术语时应当借助专业法律词典如《元照英美法词典》《汉英法律词典》等，还可以查阅法律类网络资源如绍兴文理学院、中国法律法规汉英平行语料库（香港）等。或者与法律有关方面的专家学者探讨求教，对于专业性术语，应比一般的法律术语翻译更为严谨。

2.2 确立法律术语翻译标准的重要性

关于术语的重要性，近代中国翻译界著名的翻译家严复先生提出过自己的看法。他认为，对于任何翻译工作而言，术语都是首先要解决的问题。在翻译文本的过程中，如果不能将术语正确译出，那么翻译工作就无法进行下去。以法律术语来举例，其术语翻译的准确与否直接影响不同法系的法律文化和法律规范。法律翻译，相比其他翻译，有一个很明显的特点就是可操作性，即在跨法系交流中，不但需要表达出语言文字层面的意思，还要将语言表层没有显现出来的背后的法律内涵表达出来。因此术语在法律翻译中具有十分重要的意义，术语翻译的优劣及准确与否都直接影响翻译质量。

3 术语构成及术语管理

翻译术语库就是通过科学的收集、输入、储存、分类、排序来转换术语信息并为科技用户提供规范目的语转换词和检索功能的数据库。建库的目的是实现翻译的高效率和准确性，其影响因素除了软件本身，最重要的就是翻译术语库的词条是否完备、译文是否准确。在软件达到一定能力的情况下，尽可能收全某一领域的术语。译文的准确性即汉英用词表达的准确性。就翻译的准确性要求说，建库者大多会选取较权威性的现存术语，参考国内一些术语库的术语构成。术语构成大多选自以下几种：一，首选科技名词；二，次选叙词表或主题词表；三，参考主题分类词；四，选用国际标准、国家标准、行业标准中的术语；五，选用专业双语词典中的术语；六，选取专有名词；七，网络资源中选取术语。

在计算机辅助翻译技术这一模式下，术语管理是保证翻译质量的重要组成部分。在整个翻译过程中，术语工作通常包括术语的收集、整理、存储、维护和更新等，这些活动可统称为术语管理。法律术语是法律领域中独有的，是法律共同体进行法学研究、法律制定、法律适用等活动的基础。由于法律翻译术语具有保守性、权威性、意义单一性、表达严谨性、专业性等特点，计算机辅助翻译对术语库的构建就提出了更高更精准的要求。但是受法律翻译人员专业水平和翻译态度的影响，我国法律文件的翻译质量还有待提高，有些法律法规的翻译在词汇层面并未体现出法律文本的特点，不符合法律词汇特征的译法大量存在，法律术语在目标语文本中翻译不一致的现象也不少见。因此术语管理是法律翻译项目的核心工作，因其学术性、专业性较强，通常需要建立一个统一的翻译术语库，方便语言工作者在翻译时参照。

4 术语库的构建及其重要性

4.1 术语库的构建

翻译术语库的建立应该分为三个步骤：第一步，确立术语库的类别。第二步，搜集术语。第三步，利用计算机软件（术语库软件）生成、搜索、维护并管理术语。构建翻译术语库可以利用建库软件进行具体的操作，一般有三种形式：第一种是基于语料库模式，比如美国 ENLASO 公司的 Lexikon 术语库工具，该软件是数据库驱动的网络应用工具，允许各种程度的用户创建、管理和发布多语词汇库。软件有内置的自动化翻译流程，采用符合 Unicode 编码的语言技术，动态支持各种语言组合，包括双向和双字节编码文字。第二种是 Excel 词表模式，比如 T－Manager 术语库工具，可以在 Excel 表格中自动分析术语。该软件根据用户需求在运行中管理术语库，也可以从外部工具中导入术语，如 World Server GMS 和 Systran 机器翻译词典和其他术语工具。第三种方式是利用 SDL MultiTerm 软件抽取术语。

4.2 构建术语库的重要性

近二十年来，互联网、计算机及近期的云计算的飞速发展给各行各业带来了巨大的变化，计算机技术将传统的人工翻译和机器翻译相结合，帮助译者更好地完成翻译工作。但它又不同于机器翻译，计算机辅助翻译更加注重译文的准确性及专业性。而对于计算机辅助翻译来说，术语库的建立是进行术语翻译的基石，其重要性体现在以下几个方面：一，保持同一术语在译文中的一致性。在开始翻译工作开始前都必须进行术语收集工作，建立两种语言相互对照的术语表。计算机辅助翻译技术能够在翻译过程中自动识别原文中的术语，很大程度上保持了同一术语在译文中的一致性。二，提高翻译速度。计算机翻译技术可以提高工作效率，计算机翻译的核心就是记忆技术。当译者不停地翻译时，计算机辅助翻译软件会将原文和译文自动储存到语言数据库中，在翻译过程中如果出现相同或者类似的语句时，系统会自动把原先储存的原文与译文一同呈现给译者提供参考，从而节省翻译时间，提高翻译效率。三，提高翻译项目的质量。在进行翻译实践的过程中如果译者能对术语库进行有效的管理和及时更新，将有效的术语管理融入翻译项目管理之中，包括翻译工作开始前收集术语建立术语库，翻译工作中与团队共享、修正术语，以及翻译工作结束后的术语校对和最终确定，这一系列与术语库相关的工作都可以极大地提高翻译的质量和效率。

5 结 语

翻译术语库的构建能够促进翻译。为此，构建翻译术语库是非常必要的，这也是术语翻译与国际接轨的前提。国外有一种说法是“翻译工作者即为术语工作者”。译者作为翻译学习者和从业者，其术语知识、术语意识和术语能力与翻译的质量息息相关，会直接关系到译文的好坏。译者在翻译实践中是否能够有效利用术语提取工具提取术语、界定本项目中的术语以及翻译、保存和审查术语至关重要。因此，为了更好地服务翻译工作，译者要提高术语管理、术语翻译的标准以及构建术语库的能力。

浅谈情景意义构建对言后行为的影响

曹亚强[*]　刘红艳[**]

摘　要　情景意义是人类基于对世界的感知认知及社会经验而产生和拥有的有个体差异的特定模式。不同的情景会使人对即时环境和话语产生不同解读。本文将从情景意义的构建角度出发，结合言语行为理论，通过具体事例分析，浅谈情景意义对言后行为的影响及作用。

关键词　情景意义；言后行为；话语环境

1　引　言

本文旨在探索情景意义构建在言后行为即话语产生的结果的影响。根据奥斯汀对言语行为的定义与分类，说话者说话时可能同时实施三种行为：言内行为（locutionary act）、言外行为（illocutionary act）和言后行为（perlocutionary act）。言内行为是通过句法、词汇和音位来表达字面意义的行为。言外行为是表达说话者的意图的行为。言后行为是通过话语所产生的后果或所引起的变化，它是在结合说话者当时所处的环境及其他可以影响言后行为结果的因素之后所实施的行为[1]。不同的情景意义构建与解读对于言语行为的结果具有不同的现实意义。

* 曹亚强，北京工商大学外国语学院国际法商英语专业硕士研究生，主要研究方向为法商话语研究。

** 刘红艳，北京工商大学外国语学院教授，研究方向为基于语料库的话语研究、学习者语料库研究。

2 情景意义

情景意义是我们基于对世界的认知与经验，对即时话语所作出的反应所产生的意义，与话语的环境是密不可分的[1]。我们每天所进行的话语行为，与当下所处的情景、自身的经验以及对周围事物的认知有非常密切的联系。情景意义在言语行为当中可以直接影响言语行为的结果。情景意义的语言学说最重要的是强调语言的功能及语境的重要性。语言是语境中的工具，意义是语境中的功能[2]。

3 言后行为

根据奥斯汀对于言语行为的分类，说话者说话时可能同时实施三种行为：言内行为，言外行为和言后行为[3]。言内行为仅表达字面意义。言外行为是表达说话者的意图的行为。言后行为是通过某些话所实施的行为，它是话语所产生的后果或所引起的变化，即话语参与者结合当下情景对于听到的话语做出的反应。也有学者把它们称作话语行为（或说话行为），即以言指事；语现行动（或施事行为），即以言行事；语导行动（或取效行为），即以言成事。而言后行为依赖于语境，不一定通过话语本身就能取得，因此是不确定的。

4 情景意义与言后行为

通过以下例子可以看到情景意义对言后行为的影响。

这天是周六，天气晴朗，非常适合外出。午饭过后，小明和爸爸进行了以下简单对话。

小明对爸爸说："老爸，这周我和几个朋友约了去踢足球，但是我没有鞋穿。"

爸爸："你说起这个，我今天下班路上看到有个店在做活动，好像有新款到店。"

首先，这段对话中出现了"鞋""店""新款"这几个词。我们都知道，如果要去给"鞋"下一个定义，那就是由某种特殊材料制成的，可以将人类的脚包裹起来进行保护的、不同大小的东西。但是，"鞋"这一常见的事物在不同的情景当中可以有很多种情景意义。例如，如果以上的情景是小明要去参加一个舞会，那肯定此处的“鞋”不可能是球鞋，可能是高跟鞋或者舞鞋。如果是要去跳芭蕾舞，那“鞋”肯定指的不是球鞋也不是高跟鞋，而是芭蕾舞专用的芭蕾舞鞋。如果以上情景是去行军打仗，那可能“鞋”的即时情景意义是军靴，等等。这个例子当中的“鞋”指的是踢足球的球鞋，并不是一般的鞋，小明并不是想告诉他爸爸他真的没有鞋可以穿。从言语行为的角度分析，小明的言外之意是想让他爸爸给他买一双球鞋，他所期待的回答将会是“放心，爸爸一会儿去给你买一双球鞋”。如果“鞋”只是大家可能提到的某种特定材料制成，将脚包裹起来起到保护作用的东西的普通意义的话，对话者之间就会产生理解上的歧义。但是此处“鞋”是具有特定情景意义，对话者之间特定的话语环境“天气”“踢足球”等，这些共同定义了此处“鞋”的情景意义，才能在整个话语行为过程中达到说话者想要达到的效果，即言后行为：小明希望爸爸给自己买一双球鞋。[4]

其次，小明的爸爸回答的“你说起这个，我今天下班路上看到有个店在做活动，好像有新款到店”，此处如果不从情景意义去考虑的话，那这个“店”有可能是鲜花店、书店、咖啡店、街边小卖部，或者是其他任何一种可以称之为“店”的进行售卖活动的场所。但是我们都知道，小明的爸爸想说的是鞋店，可能是专门卖球鞋的店，也可能是那种常见的同时售卖球衣和球鞋的店。但是爸爸绝对不可能和小明说的是水果店或者鲜花店，因此在例子的情境下，“店”具有特定的情景意义，即鞋店（可以买到球鞋的店）。此外“新款”在这段对话当中的意义是“新款球鞋”，而不是指别的商品的新款。此时，这几个词的情景意义共同影响了爸爸的言后行为：既然那个店有新款，那我们去看看。这是对小明的话语的一种积极正面的回应。

在这个例子当中，小明和爸爸都明白对方所说的“鞋”和“店”具体指的是什么，因为这两个词在此时的情境下具有明确的特定意义，结合对话人物角色、说话语气、天气以及当时的语境，共同推进了整个对话的顺利进行，说话人双方也达到了说话的目的。

5 结 语

想要达到说话者想要的效果，即预想中的言后行为，情景意义的构建在言后行为的实现过程当中扮演着很重要的角色[5]。一个很简单的事物在不同的情境下会产生不同的情景意义。因此如果特定情境下的意义构建比较全面的话，对言后行为的顺利实现有重要的意义。

参考文献

[1] LUNDIN M, JAKOBSON B. Situated meaning - making of the human body: A study of elementary school children's reasons in two different activities [J]. Cultural studies of science education, 2014, 9 (1): 173 - 191.

[2] 代树兰. 话语、话语分析与多模态话语分析的界定与发展 [J]. 西安外国语大学学报, 2013, 21 (3): 26 - 30.

[3] 戴伟栋, 何兆熊. 新编简明英语语言学教程 [M]. 上海: 上海外语教育出版社, 2011: 80 - 82.

[4] 姚丽芳. 创设教学活动情境，构建高效英语课堂 [J]. 剑南文学（经典教苑），2012 (10): 314 - 314.

[5] 孙丽, 吴小梅. Meaning and the theory of speech acts [J]. 语言与文化研究, 2008 (2): 43 - 46.

目的论三原则视角下的法律文本翻译探究

——以《中华人民共和国合同法》为例

杨怀恩[*] 李常鹏[**]

摘 要 为了让国际社会更加了解我国的法律体系，对我国当前适用的法律文本进行英译就显得尤为必要。本文将以目的论三原则为视角，简要分析法律文本的语言特点，并以《中华人民共和国合同法》部分条款为例，重点分析目的论三原则是如何指导法律翻译实践的，以期能为当前法律翻译的研究稍做贡献。

关键词 目的论三原则；法律翻译；合同法

1 翻译目的论的提出与发展

翻译目的论最早可以追溯到赖斯在其1971年出版的《翻译批评的限制与可能性》一书。一方面，她坚持以原作为中心的等值理论；另一方面，她在实践中发现有些对等是不可能实现的，而且有时也不应该追求完全对等。

随后，弗米尔在赖斯理论的基础上，突破了传统理论的局限，提出了一个较为完整的翻译新观点，即目的论。该理论的核心是强调翻译是一项有目的的行为，翻译所要遵循的首要原则是“目的原则”，此外就是连贯与忠实原则。目的原则中的目的主要有三种：译者目的、译文目的、使用某种翻译手段达到的目的。连贯原则指的是语内连贯，即让译文接受者理

* 杨怀恩，北京工商大学外国语学院教师。

** 李常鹏，北京工商大学外国语学院国际法商英语专业2018级研究生。

解。忠实原则指的是语际连贯，强调的是原文与译文的关系，译文须在各方面忠实于原文。

曼塔里和诺德更深层次地完善了该翻译理论。曼塔里采纳了行为决定论这一理论基础，将翻译看成是一种旨在达到某些目的而进行的相对繁杂的活动，着重研究了翻译行为。诺德归纳了“忠诚原则”，并且将目的论在翻译多角度研究与相关领域进行广泛的应用。

2 法律文本的特点

法律文本具有强制性效力，具有规约作用；具有客观性，体现在法律文本是国家颁布的具备强制力的行为规范，着重强调阐述法理以及陈述事实，不掺杂个人主观感情色彩；具有专业性，体现在法律语言作为一种属于专门用途的语言，发挥着重要的社会功能，极具意义，因此具有极强的行业特点与专业性。亦有学者将法律语言的特点归纳为精确、信息负载、普遍性和冷漠、系统性、频繁使用首写字母和首字母缩略语、句子的复杂性和多样性以及古语和庄重性等，其中就包括文本的结构性和形式性。

具体而言，法律文本在词语上，多用术语；多用情态动词，例如用“shall”表达命令等语气，强调是当事人必须履行的义务；多出现古词，如“therein”“thereto”等以增强正式性与规范性。在句式上，其多用强制命令式语言。

3 目的论三原则在翻译中的应用

3.1 目的原则

目的原则是核心。根据仲伟合的观点，这个目的有三种解释：译者的目的（如赚钱）、译文的交际目的（如启迪读者），使用某种特殊翻译手段所要达到的目的（如为了说明某种语言中语法结构的特殊之处而采用按其结构直译的方法）。

从利用翻译手段达到某种翻译目的的角度来看，有时候为了突出、优先表达原文想要表达的意义，可以通过适当调整语序、主句分句的错开使用，达到强调的效果。

例如在下列例句中，译者认为“应当遵循诚实信用原则”是应该着重表达的、强调的，所以在翻译过程中打破原文语序将“应当遵循诚实信用原则”提前，并放在主句中突出其重要性。

例：第六条【诚实信用原则】当事人行使权利、履行义务应当遵循诚实信用原则。

Article 6 The parties shall abide by the principle of good faith in exercising their rights and performing their obligations.

3.2 连贯原则

此处的连贯原则主要是指语内连贯原则。所谓语内连贯是指译文必须能让接受者理解，并在目的语文化以及使用译文的交际环境中有意义。连贯原则认为，译文必须遵循语内连贯，即译文文本内及其与目的语文化之间的关系，译文所具有的可接受性和可读性，应使受众清楚并在译入语文化及使用译文的语境当中有意义。

3.2.1 语序调整

调整语序是指在翻译过程中，打破原有语序结构，重新遣词造句。为了更加适应英语使用者的表达习惯，更加符合英文句式表达，避免出现头重脚轻的情况，让接收者更好地理解译文，在翻译中经常运用调整语序的技巧。

例：第一条【立法目的】为了保护合同当事人的合法权益，维护社会经济秩序，促进社会主义现代化建设，制定本法。

Article 1 This law is enacted to protect the legitimate rights and interests of the contracting parties, maintain social and economic order and promote socialist modernization.

在上述例子中，“制定本法”是表意的核心，是应该优先表达的内容。另外，英文习惯将需要重点表达的内容提前，故在译文中，将“This law is enacted”前置。

3.2.2 合译

当多个短句杂糅在一起时，将两个或两个以上的句子合译，并通过连接词衔接，可以达到连贯效果。

例：第八条【依合同履行义务原则】依法成立的合同，对当事人具有法律约束力。当事人应当按照约定履行自己的义务，不得擅自变更或者解除合同。

Article 8 A lawfully formed contract is legally binding on the parties thereto, each of whom shall perform their obligations in accordance with the contract and may not alter or rescind the contract without authorization.

3.3 忠实原则

忠实原则强调的是在原文与译文两者之间，应遵循语际连贯。语际连贯应该是在原文和译文之间，翻译人员对原文的领悟和翻译目的由它所体现的方式来决定。

忠实原则强调的是在翻译过程中，译者应该理解原文并根据译文目的尽量使译文忠实于原文。可以在词汇、句式、译文整体风格等方面尽量让译文忠实于原文。

3.3.1 用词的忠实

用词的忠实是指，在翻译过程中，译者首先理解原文，在此基础上，译文中选用的词汇在语义、语用等方面应该与原文中的词汇对等或尽量对等。

第十条讲到当事人订立的合同形式种类，具体采取哪一种形式，取决于当事人自由意志，法律不做要求与规定，故在翻译中，情态动词用 may 表达“可能、可以”之意。

例：第十条【合同的形式】当事人订立合同，有书面形式、口头形式和其他形式。

Article 10 The parties may use written, oral or other forms in entering into a contract.

3.3.2 句法的忠实

句法的忠实，强调的是，译文的句法应该忠实于原文的句法，主要体现在句式结构、句子类型。法条的基本逻辑结构可以表述为如下公式：如

P，则 Q。也就是说，只有满足结构 P 的条件时才能履行 Q。因此，用条件句式表达法条就再自然不过。

例：第四十三条【保密义务】当事人在订立合同过程中知悉的商业秘密，无论合同是否成立，不得泄露或者不正当地使用。泄露或者不正当地使用该商业秘密给对方造成损失的，应当承担损害赔偿责任。

Article 43 A party may not disclose or improperly use any trade secret which it has come to know in the course of concluding a contract, whether or not the contract is formed. If the disclosure or improper use of the trade secret causes losses to the other party, it shall be liable for damages.

3.3.3 语篇的忠实

除了词汇、句法等方面的忠实原文，从宏观层面上来看，译文的整体风格也应该契合原文的风格，与原文保持一致。从目前的总体情况来看，语篇类型的研究主要从两个角度来进行：一是体裁，二是功能。具体分析法律文本的语篇，也可以从体裁与功能两方面考虑。

4 结 语

鉴于各国法律制度、法律文化等的不尽相同，法律文本翻译的目的性又极其突出，将目的论应用于法律文本、指导法律翻译意义深远。本文以翻译目的论为理论基础，总结了法律文本的特点，着重分析了为了遵守翻译目的论的目的、连贯与忠实原则，可以使用调整语序等翻译策略或技巧，对当前乃至以后的法律文本翻译实践具有一定的指导意义。

提高商务英语阅读延续学习效率之我见

陆 敏*

摘 要 尽管当前贸易保护主义和单边主义沉渣泛起，但经济全球化、投资及国际经济合作等仍是社会发展的主流。基于这样的社会大环境，通过大量的商务背景学习并结合时事新闻阅读来掌握商务理论知识、了解当前的商务动态，对于商务英语专业的学生来说尤为重要。鉴于目前授课学时远远不能满足学生的需求，延续课给学生提供了极佳的拓展知识的平台。经过几年的教学实践，笔者发现，学生在平台的利用效率和学习效果上尚有许多提升空间。现结合自己的教学实践对此进行分析，并就完善延续教学提出一些自己的建议。

关键词 商务英语阅读；延续教学；学习效率

1 引 言

商务英语阅读是一门以贸易、市场营销、广告、财务管理、金融与证券、货币政策、人力资源管理、营商环境等多学科为语言背景的应用性英语课程。通过学习，学生不仅可以继续提升自身的阅读理解能力，而且可以构建所学商务理论的背景知识框架、就所学主题密切结合商业动态强化商务知识并通过阅读掌握海量商务词汇，培养在商务环境中的实际操作能力。鉴于目前国内各高校均在缩减学分、压缩总学时，课堂教学所授内容远远不能满足提升学生商务能力的需要的实际情况，延续教学适时弥补了

* 陆敏，北京工商大学外国语学院讲师，主要研究方向为商务英语、英语教育。

这一不足，给学生提供了更多自我提升的空间。

2 商务英语阅读延续教学的现状

延续教学的初衷在于通过学生的自主学习进一步了解和掌握课堂教学内容。它是对课堂所授知识的延续和补充，是教学的深化和升华。从近年的教学实践来看，学生在延续学习过程中存在如下问题。

2.1 部分学生的自主学习能力差，学习主动性不强

一些学生更适应知识的灌输而不习惯于自我的探索。由于学时紧，灌输的确可以使学生在较短的时间内掌握更多的知识技能，但是客观上也造成了学生过度依赖老师，缺乏主动思考的能力。因此在教学实践中，有些学生存在着学习目标不明确、自主学习能力差、习惯于被动教育等突出问题。很多学生拘囿于老师说什么做什么、老师考什么学什么，因而导致延续教学的效率大打折扣。

2.2 部分学生学习方法有待改进

与上述所述不同的是，部分学生有明确的学习目标，也能积极主动学习，但是抓不住学习的重点，学习效率低。

3 提升延续教学效果之我见

延续教学是学生对教师所授内容的内化过程。教学形式直接影响学生学习消化的效果。它强调以学生为主体，促进学生主动学习，培养学生终身学习的愿望和能力，满足每个学生终身发展的需要。针对上述问题，笔者认为可以从以下几个环节入手。

3.1 自主与监督相结合

对于一个大学生来说，自主学习尤为重要。在时间可以由自己支配的情况下，自主学习很大程度上决定着其学习效果的好坏。首先，针对自主学习能力强的学生，教师可以提供足够量的阅读材料来避免他们“吃不饱”。其次，针对一些习惯了“填鸭式”教学，缺少“我要学”的学习动

机的学生，可以将延续自学与各种形式的效果检验形式相结合，如句子翻译、单词理解、开放式问题、主旨把握、自主扩充词汇测试等激发学生的学习动力，并从学生的作业中了解其短板，然后通过教师的讲评、查遗补漏，提升延续教学的学习效果。

3.2 培养学生的深度思考能力

笔者在实际的教学过程中，常会接触到一些上课认真记笔记、下课积极问问题但是考试结果却差强人意的学生。深究其原因会发现，尽管这部分同学学习目标明确，但是学习方法需要改进。如：信息整理和思考哪个重要？什么才是我本次阅读需要掌握的重点？哪些词汇需要重点记忆？有些学生因为忙于记录，错过了思考和与老师互动的机会，思维跟不上，不能与老师同步，听课效果大打折扣。这样的习惯也会延伸到延续教学中。针对这一问题，教师可以设计讨论环节，让学生用自己的观点与他人的观点相碰撞，通过分享交流，深化和检验自己的观点。教师也可以设计有难度的阅读思考题，让学生解决问题。越是难解的问题对学生来说越是最好的老师，可以大大提高学生的深度思考能力，从而强化学生的逻辑思维。

简言之，在当今这个信息爆炸的社会，延续教学利用得当可以培养学生的自主学习能力，助其学习效果的提升。

功能对等理论下英文法律文献的人机翻译译文对比

杨怀恩[*]　郭彤彤[**]

摘　要　随着科技的不断发展，机器翻译成为人们获得翻译信息的有效工具。本文运用奈达的功能对等理论，对一篇英文法律文献中具有代表性的句子进行研究，从语义对等、语篇对等和风格对等三个方面对机器翻译和人工翻译的译文进行了对比分析，提出了法律学者如何更好地运用机器翻译来阅读法律文献。

关键词　功能对等；法律文献；人机翻译

1　引　言

机器翻译，又称为计算机翻译，是指利用计算机将一种语言符号转换为另一种语言符号的过程。机器翻译始于20世纪30年代，已经有近90年的发展历史。[1]机器翻译技术的不断成熟使得法律学者在阅读英文法律文献时更加轻松，但机器翻译的结果还存在一定缺陷。

2　奈达的功能对等理论概述

尤金·奈达是美国著名的翻译理论家和语言学家，他提出的功能对等理论在法律翻译领域具有重要意义。奈达在1964年的《翻译的科学探索》

---

* 杨怀恩，北京工商大学外国语学院教师。

** 郭彤彤，北京工商大学外国语学院国际法商英语专业2018级研究生。

(*Towards a Science of Translating*)一书中首次提出了“动态对等”的概念:“动态对等翻译是与源语言信息最接近的自然对等,其主要目的是反映内容上的对等,而不是形式上的对等”。“功能对等”是奈达理论的核心,指译本与原文本在功能上应当达到无限接近的程度,并不是绝对的对等[2],它强调使用接受语言信息接收者的反应和源语言信息接收者对信息的反应是基本相同的。功能对主要反映在三个方面:语义对等、功能对等、文体对等。法律翻译的标准是法律文本翻译必须完整、准确翻译原文的内容,同时使翻译通顺且符合法律语言风格。

3 人机翻译译文的对比和分析

本文选择的文献是发表于《哈佛法律评论》的《穿商标的恶魔:时尚产业是如何将商标原则扩展到损害自身利益的》。本文采用的机器翻译软件分别是知名度较高和使用者较多的谷歌、有道和百度翻译。人工译文由郭彤彤翻译。

3.1 语义对等

语义对等是指在表意层面,尽可能地使用准确的专业术语,使得译文所表达的内容应当与原文相一致,译者应当尽可能准确地表达原文的真实意思,使得译文接受者能够准确理解原文内容,与原文阅读者能有相同的反应,从而在此基础上更好地实现翻译功能对等。

例1:In analyzing Levi Strauss's trademark dilution claim, the district court considered whether the two marks were “identical or nearly identical.”[2]

谷歌:在分析 Levi Strauss 的商标稀释声明时,地区法院考虑了这两个商标是“相同还是几乎相同”。

有道:在分析李维斯商标稀释索赔时,地方法院考虑了这两个商标是“完全相同还是几乎完全相同”。

百度:在分析列维·施特劳斯的商标稀释主张时,地方法院考虑了这两个商标是“相同的还是几乎相同的”。

人工:地方法院在分析李维·斯特劳斯商标淡化的主张时,考虑到了这两个商标是“完全相同还是几乎完全相同”。

文献原文中出现了“trademark dilution”的专业术语，谷歌、有道和百度将其翻译为“商标稀释”，但在专业的法律领域应将其翻译为“商标淡化”，人工翻译的处理为语义对等的准确的专业词汇，避免了翻译时的语义模糊，有利于更好地传达法律文献内容。因此，在法律文本的翻译中，译者要注意选词的专业性和正确性，运用法律特定的正确术语来翻译原文。

3.2 语篇对等

语篇对等是指达到语内句式的表意功能对等。在英文法律文献中，句子逻辑严谨，句式较长，在翻译时，要准确传达原文信息，不使译文读者产生疑惑。例如下面的句子：

例2：While the Ninth Circuit could have read the TDRA in a way that would have made its intent more consistent with the “identical or nearly identical” approach, which the court had already set in its own precedent, as well as more consistent with a similarly strict standard embraced by other circuits pre－TDRA, it instead chose to read the statute in a way that departed from and loosened the standard previously applied.

谷歌：虽然第九巡回法院可以读取 TDRA 的方式使其意图更加符合“相同或几乎相同”的方法，法院已经在其先例中设定了这种方法，并且更加符合类似的严格要求在 TDRA 之前的其他电路所接受的标准中，它选择以偏离和放宽先前应用的标准的方式阅读法规。

有道：而第九巡回法院可以读 TDRA 的方式会使其意图更加符合“相同或几乎相同的”的方法，法院已经在自己的先例，以及更符合一个同样严格的标准受到 pre－TDRA 其他电路，它转而选择读法律的方式离开和放松之前应用的标准。

百度：虽然第九巡回法院本可以阅读 TDRA，使其意图更符合“相同或几乎相同”的方法，法院已经在自己的先例中设定了这种方法，也更符合其他巡回法院接受的类似严格标准。在 TDRA 之前，它选择了以一种背离并放松先前应用的标准的方式来阅读法规。

人工：尽管第九巡回法院本可以沿用自己的先例中设定的“相同或几

乎相同”的方法来解读《商标淡化修正法案》，这种方法不仅更符合法院的目的，而且也更符合其他巡回法院《商标淡化修正预案》所接受的类似的严格标准，但是第九巡回法院却选择了一种背离和放宽之前所采用的方式来解读法规。

在对比时，笔者发现，机器翻译在处理较为简单或一般的复合句时，都能够正确表达出句子的主从逻辑，读者可以根据机器翻译的结果明确地理解原文所表达的内容，但遇到个别像例 2 这样相对较难的复合句时，谷歌、有道和百度的机器翻译结果都不太理想。相比较之下，人工翻译就更为流畅、逻辑清晰，突破了原文形式的限制，用符合中文表达习惯的方式翻译出句子的含义。

3.3 风格对等

风格对等是指英文的法律文献在文体方面要正式、庄重，使阅读英文法律文献翻译的读者在翻译风格上和最初的读者可以产生相同的反应。例如下面的句子：

例 3：First and foremost，a design patent，like any other patent，can only protect an invention that is both novel and nonobvious.

谷歌：首先，与任何其他专利一样，外观设计专利只能保护既新颖又不显眼的发明。

有道：首先，和其他专利一样，设计专利只能保护一项既新颖又不明显的发明。

百度：首先，和其他专利一样，设计专利只能保护既新颖又不明显的发明。

人工：首先，外观设计专利和其他专利一样，只能保护既具有新颖性，又具有非显著性的发明。

例 3 中的“nonobvious”的含义为“不明显的，不显眼的，非显而易见的”，三种机器翻译对该词的处理也基本与它的含义一致，但是英文的法律文献的风格较普通文本而言更加正式和庄重，因此应当认为人工将其翻译为“非显著性的”更为合适。

4 结 语

综上所述，机器翻译可以使读者快速理解文献所表达的内容，但是如果要想得到更加准确的译文，机器翻译还存在以下不足：英文法律文献具有大量的专业词汇，机器翻译对此还不能准确地处理，在处理复合句时也会出现不太准确的情况。针对这些问题，法律学者要注意在使用时，不要盲目信任机器翻译。为了能够更好地使用机器翻译，法律学者在平时也要积累专业法律词汇，提高处理复杂句的能力。

参考文献

[1] 胡开宝，李翼．机器翻译特征及其与人工翻译关系的研究［J］．中国翻译，2016，37（5）：10－14．

[2] 赵丹丹．浅论奈达的功能对等理论［J］．文学教育（中），2011（3）：54－55．

组织文化与话语述评

富海燕[*]　刘红艳[**]

摘　要　《组织文化与话语》一书系统介绍了组织文化，组织话语以及两者之间的区别与联系。全书分为四个部分：第一部分是对组织文化的简介；第二部分介绍了组织文化研究方向；第三部分介绍组织话语；第四部分将组织文化和组织话语相联系进行讨论。作者认为，文化和话语具有相似性和重叠性，但是能够区分两者的不同，并且就当前组织研究的不同方法进行深入研究意义深远。最后笔者就其贡献进行了评价与展望。

关键词　组织文化；组织话语；区别与联系

1　组织文化简介

笔者认为，无论是组织界定、表达、描述相关身份，还是认识、理解、接受相应的身份，均与语言密不可分。话语分析引导研究者重新思考“身份认同”原本相对静止的界定，通过对话语文本的分析从相对动态的角度剖析该概念在组织与社会情境中经历的变化与再现。作者的观点是理解文化需要在社会环境下准确解读所使用的语言，考虑历史文化背景也会让话语研究顺利进行。作者对文化、意义和符号三个词语进行了细致的描述，为后文组织文化和话语做了相应的铺垫。

---

* 富海燕，北京工商大学外国语学院国际法商英语专业硕士研究生，研究方向为法商话语研究。

** 刘红艳，北京工商大学外国语学院教授，研究方向为基于语料库的话语研究、学习者语料库研究。

2 组织文化中的研究主题

组织文化的研究领域众多，难以界定，因此笔者选取了对于文化研究有重要意义的主题进行梳理，包括组织文化与语言、隐喻、组织文化及其分析层面、文化、权利与统治、含糊与碎片化。这些研究主题是组织文化研究中的主要问题，也对话语分析有启发意义。

主题一：组织文化与语言。作者首先关注文化的不同形式，选取了不同学者对于文化的分类并做详细解释。许多组织文化研究将语言看成与行为、环境、客观物质一样，都是文化中的重要因素，语言和交流表达了文化意义，创造或者重创了文化意义。

主题二：隐喻。有研究者将文化看作基本隐喻，利用人类学发展全新的理论和范式。他们认为，文化不是存在于组织之中，而是强调组织可以被看作文化。认为在组织中，隐喻使用得很明显，对于发现文化意义、意义构建或者做出控制很重要。

主题三：组织文化和层次分析。一些学者认为，组织是大的社会文化中较小的部分，另一些学者将工作群体看成具有自身特质，与其他群体有明显界限的完整文化。但大多数学者介于这两种观点之间。很多宏观因素考虑在组织生活中，包括职业、大众媒体、社会活动、性别意识等，正是这些因素限制或体现了某一地方的文化。

主题四：文化、权利与控制。这一主题主要探讨了企业管理文化。企业文化作为权利的一种体现，在员工中间通过系统的努力来推动建立一种特定的世界观、价值体系和思想情感。很多研究聚焦经理和及其他管理人员话语的使用，控制性文化也存在不足。通过引起员工情感共鸣，动态结合其他因素，企业文化可以是引领性、协商性的，而非一种控制力。

主题五：含糊与碎片化。该主题探讨组织文化的多样性特征。主流观点认为，组织文化创造了和谐的环境，能够帮助人们解决问题，但与之相反的观点是意义与价值的歧义性与不稳定性。不是文化创造了秩序，相反，文化是无序的，是不断变化的。

3 组织话语

“文化”一词涵盖甚广，“话语”比之有过之无不及。为了将组织文化和组织话语相结合，笔者简要介绍了关于话语的几个概念，指出话语研究的两个方面——强势话语与弱势话语的对比、局部话语与宽泛话语的对比。同时指出，“话语”不像“文化”一样，变成一个包罗万象的研究，研究太多而聚焦太少。

4 组织文化与话语的区别与联系

基于组织文化和组织话语重叠现象，需要仔细区分两者之间的差别。为了避免太过复杂，笔者的讨论主要集中在组织文化和话语的典型问题上。笔者认为，虽然有重叠部分，但文化分析关注意义而话语分析解决语言及语言使用的问题。从文化的角度来看，意义不仅仅只存在于语言，还存在于行为中，和人们无法表达的思想之中。从话语角度来看，没有话语，意义就会消失。如果某些单词不再使用，那么原则上这些单词所代表的意义也会随之消失。

从文化角度来看，语言的使用表达深层意义，而话语角度强调语言创造意义。语言可以揭示深层文化意义，当然这并非一成不变，语言的新使用会慢慢改变已有的文化意义。与话语不同，文化研究的范围更加广泛全面。话语分析强调话语的局部影响，为组织中多样性话语的实施提供空间。由于语言在实际使用的过程中经常变化，具有地域特征，而话语分析更加适合，更关注地域变化和多样性的社会。人类与语言这一部分则关注“人”的主题，重点分析人们怎样基于传统解释社会。文化意味着人类处于自己编织的意义网中。

5 评价与展望

《组织文化与话语》系统而详细地介绍了组织文化、组织话语以及两者之间的区别与联系，引用丰富翔实，为读者提供了广阔的思路。内容虽然相互独立，但前后联系紧密、层层深入，加深了我们对组织文化、组织话语的深入理解。结合社会学、人类学以及语言学等不同学科，为语言学跨学科发展、不同人群话语分析提供了强有力的支持，具有深厚的理论意义和现实意义。

商务英语教学中的跨文化交际能力培养*

赖　花** 陈芯妍***

摘　要　时代的发展对商务英语人才提出了新的要求，其跨文化交际能力不可或缺。本文基于跨文化交际能力的普遍定义，阐述在商务英语专业教学中，应从知识、情感和行为方面着眼，切实培养学生的跨文化交际能力。

关键词　商务英语教学；跨文化交际能力

1　引　言

当今世界各国之间的经济合作和文化交流频繁，各国都致力于与他国建立良好的经济合作关系以促进本国经济发展。具有跨文化交际能力的商务英语人才在国际商务合作中发挥着越来越重要的作用。

教育部最新颁布的《高等学校商务英语专业本科教学质量国家标准》旨在规范商务英语专业的人才培养目标、课程体系和培养标准，其中，跨文化交际能力被明确列为商务英语人才必备能力之一。[1]然而，目前的商务英语教学多是单纯的“商务＋英语”模式，学生跨文化交际意识依然薄弱，难以克服文化障碍，实现有效的跨文化交际。[2]因此，如何培养具有跨文化交际能力的商务英语人才是当下商务英语教学面临的重要问题。

---

* 本文为北京市教委项目“基于‘产出导向法’理论的商务英语教学研究——以北京工商大学为例”（编号：SM201810011007）的部分成果。

** 赖花，北京工商大学外国语学院讲师，主要研究方向为英语教学。

*** 陈芯妍，海南大学外国语学院2019级英语语言文学专业硕士研究生，研究方向为语言学。

2 跨文化交际能力的定义

跨文化交际学建立以来，学者们从多种角度，运用多领域理论研究跨文化能力，分析其构成要素，例如，借助语言学、人类学、心理学、传播学等。学者迪尔多夫（Deardorff）对具有代表性的跨文化交际理论进行分析和归纳，得出了一个普遍定义：跨文化交际能力是指运用跨文化知识、技能和态度进行得体和有效的交际。学者们普遍认为，跨文化交际能力包括认知、情感和行为三个层面，有效性和得体性是评价跨文化交际能力的重要标准。[3]这一普遍定义被广泛运用于跨文化能力的研究并处于主导地位。

与此同时，对于跨文化交际能力各构成要素之间的关系，现在越来越多的学者认为，情感、知识和行为三个因素同等重要。[4]缺少积极的态度和情感因素，交际者就难以主动接触和了解文化差异；没有知识体系的支撑，光靠热情难以突破文化差异，实现成功的交流；缺少相应的交际能力，再多的理论知识也难以运用到实践中去。因此，认识、情感和行为三者在跨文化交际过程中占据同等重要的地位，缺一不可。

3 跨文化交际能力的培养

基于学者们的研究，现实的商务英语教学中，对于学生跨文化交际能力的培养应当从知识、情感和行为三方面着眼和入手，有机结合，不可偏废。

首先，语言学习不仅仅局限于对语音、词汇和语法知识的学习，要实现有效的跨文化交际，必须学习语言的文化内涵。例如，在商务谈判或商务会议中，对言语文化内涵的忽视可能会导致误解、谈判破裂等结果，无法实现交际有效性。因此，教师在商务英语教学中应注重加强文化导入。

其次，商务英语的教学内容不仅是商务知识的输出、语言技能的培养，还应包括对情感因素的培养。在跨文化交际过程中，情感能力包括积极主动的交际态度、对自身文化的认同感和对文化差异的包容和理解。教师在课堂中需要有针对性地培养学生的跨文化意识，帮助学生树立正确对待文化差异的态度，鼓励学生与其他文化的人群交流，克服文化障碍。

最后，跨文化交际能力的行为因素表现在语言层面和非语言层面。语言层面是指跨文化沟通能力，非语言层面包括肢体语言、面部表情和语音语调等。语言交际能力和非语言交际能力都具有明显的地域特征。[5]因此，在商务英语教学中，教师须使学生对不同文化的语言习惯和非语言习惯有所了解，如不同交际对象的社会文化和思维方式和不同文化下的商务礼节、风俗习惯等，也要尽可能创造机会让学生进行跨文化交际的模拟演练和实践。

4 结　语

时代对商务英语人才提出了新要求，培养具有跨文化交际能力的商务英语人才需要商务英语教师把握跨文化交际能力的内涵，设计好教学方法与内容，从知识、情感和行为角度针对性地培养学生的跨文化交际能力。

参考文献

[1] 教育部高等学校教学指导委员会. 普通高等学校本科专业类教学质量国家标准（上）[M]. 北京：高等教育出版社，2018：90－95.

[2] 杨筱玲，邓毅群. 商务英语教学中跨文化交际能力的培养 [J]. 商场现代化，2007（27）：19－20.

[3] DEARDORFF D K. Identification and assessment of intercultural competence as a student outcome of internationalization [J]. Journal of studies in international education，2006，10（3）：241－266.

[4] 戴晓东. 跨文化能力研究 [M]. 北京：外语教学与研究出版社，2018：164.

[5] 柳超健. 商务英语专业跨文化交际能力框架与培养途径研究 [J]. 外语界，2018（3）：10－17.

组织话语研究述评

程俊玲[*]　刘红艳[**]

摘　要　本文主要是对 SAGE Publishing 于 2004 年出版的《组织话语分析》(*The SAGE Handbook of Organization Discourse*) 的知识点进行了梳理。该书的绪论部分，主要概述了组织话语分析的发展，其他四部分介绍了有关组织话语分析的定义、理论、研究方法、存在的问题及建议。

关键词　组织话语；研究方法；话语分析

自 20 世纪 80 年代开始，研究者发现，曾占主导地位的有关组织研究的主流理论和方法受到越来越多的挑战和质疑，研究者开始寻找新的方式，去描述、分析“组织”这一愈加复杂的过程和实践，并逐渐形成相关理论。此后，很多研究者将组织话语分析方法运用到语言和其他符号媒体当中，希望通过此种方法，能够分析、参与和解释各种与组织有关的问题。且研究者讨论及分析组织话语研究的方式多样化，与话语分析领域中的研究方法与理论密不可分，包括社会学、社会心理学、人类学、语言学、哲学、传播学、文化人类学，等等。

1　组织话语定义

书中对“组织话语”进行了定义，提到“组织话语”指的是说话和写

* 程俊玲，北京工商大学外国语学院国际法商英语专业硕士研究生，研究方向为法商话语研究。

** 刘红艳，北京工商大学外国语学院教授，研究方向为基于语料库的话语研究、学习者语料库研究。

作（以及各种视觉表现及文化产品）中蕴含着的结构化文本集，在这些文本产生、传播和使用的过程中，相关组织、对象随之形成。文本是话语的表现形式，也是话语的“单位”，这也是组织话语研究者要重点关注的地方。为了更加明确地解释说明组织话语，书中还引用了蒙贝（Mumby）和克莱尔（Clair）的话：“只要通过话语创造组织，组织就不会消失。这里想说明的并非组织仅仅为话语的观点，而是说，话语是组织成员创造连贯的社会现实的主要手段，这种社会现实构建了他们的自我意识。

2 内容概述

全书共21章，分为四部分。第一章为概要。第二章至第五章为第一部分。第六章至第十二章为第二部分。第十三章至第十八章为第三部分。第十九章至第二十一章为第四部分。

第一部分，话语领域，主要讲特定话语领域或组织话语“形式”。该部分内容指出，研究者对组织文本的特定领域或话语“形式”尤为感兴趣。

第二部分，方法与认识视角，详细介绍了组织话语研究的方法与认识视角，以及其他研究者的不同研究方法的分类。但在本书中主要介绍了以下几种方法：语言使用方法、语境限定方法等。其中语言使用方法还包括三种方法，分别为对话分析、互动分析及语言行为图。该部分中所包含的四章内容揭示了社会和历史语境以及互文性对学习组织话语的重要性。

第一部分和第二部分重点解决的是组织话语的理论和概念特点问题，验证了话语分析的方法论和认识论。因此第三部分关注的重点是话语与组织，涵盖了不同话语观点及视角，运用话语分析手段去分析特定的组织现象，以便解释话语行为是如何产生的，以及不同组织现象中的媒介差异，对不同特定的组织相关问题提出了新方向。

第四部分，也是本书的最后一部分，为回顾、反思。主要研究者考虑到组织话语研究对组织研究更广泛领域的价值，反思了书中其他章节存在的问题并对未来的研究方向给出了相关的建议。此外，该部分还提出了组织话语存在的几个重要问题及存在的争议，主要有意义协商、互文性、组织话语认识方法论及反身性。书中指出这些问题与争议对评估组织话语在组织研究中存在重要作用，并且为该领域以后的研究提出了方向。

3 主要特点

书中对组织话语进行了深入探究，并且综述了组织话语价值及目的、研究领域及研究方法，使得研究者从更广的领域去研究组织现象。组织话语研究也从多角度帮助我们更好地了解组织。其中，最主要的就是话语对现实社会构建的重要性。然而，尽管组织话语对我们了解组织做出了巨大贡献，但是有些领域还未进行开发。与此同时，还需将互文性和认知因素考虑在内，与其他理论如制度理论、意义构建理论以及已在心理学、社会学和政治科学中广泛应用的话语分析方法相结合，开展更多研究。

4 总 结

笔者认为，该书从各个方面系统了介绍了组织话语的形成及发展，让阅读者能够获得有关该领域的详细知识，而且该书作者是这方面的权威学者，奠定了该书的权威性及专业性。此外，该书还指出此领域的现存问题，为以后的研究指明了方向。

在法商英语阅读中培养思辨能力

李英杰*

摘　要　培养英语专业学生的思辨能力是高等教育的核心内容。鉴于思辨能力与法商英语阅读能力在很多特质上的吻合度很高，本文探讨在法商阅读中培养思辨能力的可行性。本文结合特尔斐项目组提出的双维结构思辨能力模型和克劳利（Crawley）与芒廷（Mountain）提出的阅读理解层级来分析为什么可以在法商英语阅读中培养思辨能力。

关键词　大学英语阅读；思辨能力

1 引　言

培养思辨能力是高等教育的核心内容。良好的思辨能力可以让一个只掌握一定技能、亦步亦趋的匠人变成一个富有创造性的人才。美国政府早在1993年就把对学生思辨能力的培养列入大学教育目标。我国在《高等学校英语专业英语教学大纲》中明确提出要加强学生思辨能力和创新能力的培养。但在当下，“思辨缺席症”在大学生群体中广泛存在。加强英语专业学生的思辨能力培养可谓刻不容缓。

培养思辨能力有诸多方法，而阅读则是行之有效的一种。本文通过双维结构思辨能力模型，来阐释思辨能力与阅读能力的相似度和吻合度，从而说明为什么倡导通过提高英语专业学生的法商英语阅读能力来促进思辨能力的发展。

---

* 李英杰，北京工商大学外国语学院讲师。

2 思辨能力

思辨能力的核心是进行有意识的思考并作出有理据的判断。20 世纪 80 年代以来，美国哲学会“The Delphi Project”（特尔斐）项目组提出了双维结构思辨能力模型——认知能力和情感特质模型（见表 1）。

表 1

认知能力						情感特质
阐释	分析	评价	推理	解释	自我调节	
归类、 理解意义、 澄清意思	分析看法、 找出论据、 分析论证过程	评价观点 评价论据	质疑证据 提出替代 假设得出结论	陈述结果 说明方法 得出论据	自我评估 自我纠正	好奇、自信、 开朗、灵活、 公正、诚实、 谨慎、好学、 善解人意等

该模型界定，思辨能力为认知能力与情感特质两个维度。其中认知维度可分解为阐释、分析、评价、推理、解释、自我调节 6 项能力，分析、评价与推理为核心技能。情感维度包括好奇、自信、开朗、灵活、公正、诚实、谨慎、善解人意等。

3 英语阅读

Crawley and Mountain 根据美国认知心理学家 Bloom 对学习的六个层次的分类将阅读理解分为表层理解即字面理解（literal comprehension），深层理解即推理理解（inferential comprehension）和批判性理解（critical comprehension）三大层次（见图 1）。李朝晖指出，思辨能力的培养主要通过对理解、分析和评价等高级阅读能力训练而得到实现。

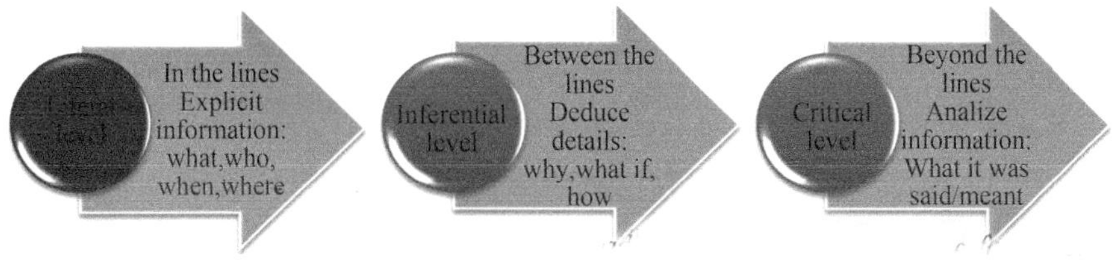

图 1

在法商英语阅读中培养思辨能力，注意点有：第一，阅读应从浅到深、循序渐进。第二，阅读中思辨能力是基于阅读文本的基础上的分析、推理、评价等的能力。学生需要运用自己的知识和经验判断和分析文本并且重新构建自己的新观点。第三，阅读中的思辨能力不是对阅读内容的机械记忆，而是从作者的角度认知、理解文本所蕴含的信息，并结合读者自己的生活经历和价值观念，建构出具有读者自己思想印记的深层意义。

阅读是一种运用心智和已有知识理解读物内容的心理活动，可分为一般和高级两个层次。一般层次的阅读属于认知层面的心理活动，目的是理解文章，熟悉、掌握阅读方法。在阅读的同时摄取信息，理解、判断、对冲突点进行推理阐释，这一过程中调动着理性思考、辨析的能力，更多地对应着层级理论的认知能力维度。而较高层次的阅读解决的不仅是说了什么的问题，更是如何说、为什么说的问题。要求我们不仅仅停留在词句和篇章的表层意义，还要挖掘文章的深刻内涵，去试图了解作者的心态、写作意图、遣词造句和谋篇布局等方面的匠心独具等。它促使我们开发智力、展开联想，去挖掘文章的主题思想。让我们站在一个感性的人的角度上去理解其中蕴含的深刻道理，去开掘我们的怜悯、公正等品质。在这个层次上，它更多地对应着层级理论的情感维度。

思辨能力与阅读能力在许多特质上是相似甚至吻合的。他们之间有着千丝万缕的联系。这也是我们将这两种能力放在一起，进行进一步探讨的原因。

而英语阅读能力又增加了信息处理的工序。因为英语、汉语属于不同的语系，表达习惯、构词、语法等皆有区别。比如在谋篇布局方面，英语文章的段落通常以一个表示中心意思的主题句开始，接着是若干围绕这个主题句的分述，总体发展似乎是沿着一条直线。而汉语文章有以总括句开头的，也有表达更为灵活、将意思蕴含在段落中的，或把中心总结于最后一句。两种语言下的阅读章法各异，这对于习惯接受汉字所传达信息的人来说，英语阅读给他们增加了一道工序，即把英语所传达的意思转换成汉语思维。这一过程使人在接收信息时，比做汉语阅读时要更仔细地去理解、分析，更锻炼思辨能力。

另外，英语阅读所阐述的内容往往是英语社会对于事物的理解。其中蕴含不同的经济、政治、文化、历史、社会等背景。我们阅读时要在这种语境下思考，明晰在不同价值观下的不同表达，分辨黑白对错，用英语思维去理解事物。

4 法商英语阅读与思辨能力培养

英语专业法商方向的学生培养目标，是以追求效率为目的的商业的方法与价值观和以追求公平为目的的法治的方法与价值观的高度融合。核心竞争力在于明辨是非的能力，以及依法办事、遵守秩序、崇尚规则的自觉性和主动性。

简言之，法商头脑重在思辨。在法商阅读中，大量的知识或信息涌入我们的大脑，让我们在此基础上进行分析比较、辨伪存真。所以法商阅读是思辨能力的必要前提。

另外，思辨也是阅读的内在要求。阅读是读者与语篇之间的互动过程。学会阅读，也就学会了构建自己的世界观。阅读的过程不仅包含理解，也包含批判，最终在批判的过程中形成自己的独有认识。这与思辨的内涵可谓一脉相承。在阅读的过程中，读者边理顺思路，边对文章做出预测、提出问题、寻找假设、明确作者要传达的要点并做出推理。阅读后读者先对材料进行归纳概括、分析综合，然后将材料与自己已有的经验知识进行类比或对比，得出结论。读者所进行的预测、推理、归纳概括、联系、对比、分析和判断正是思辨能力的表现。可见，大量阅读在锻炼阅读能力的同时也锻炼了思辨能力，在阅读中思考、辨析有助于思辨能力的提升。

通过阅读，学生不仅获得大量的法商知识，也能提升思辨能力。阅读是我们自身进行信息消化、思维判断的过程，同时，也是我们了解、借鉴别人思辨方式的过程。我们在阅读过程中能够感受到作者是如何对事情进行阐述剖析、推理判断的。我们可以通过大量阅读来看别人怎么看待、思考问题，接触不同人的思辨方式，最终磨合提升自己的思辨能力。

5 结 语

法商英语阅读有助于思辨能力的提高。其在人才全球化流通、大学生就业竞争激烈的当下更是尤为重要。本文从理论上探讨了为什么从法商英语阅读中培养思辨能力是可行的，以期为培养英语专业大学生思辨能力的实践提供一个视角。

组织话语研究语境述评

李妍聪[*]　刘红艳[**]

摘　要　本文为对《组织话语手册》中“组织话语研究：研究者语境的重要性”的内容评述，从自我定位、理论框架、调查策略、收集及分析方法和产出研究文本这五个角度对组织话语研究语境的重要性进行介绍和评价。

关键词　组织话语；叙事话语分析；批评话语分析

1　引　言

“话语分析”这一概念缘起于美国语言学家哈里斯（Z. Harris），他于1952年发表在《语言》（*Language*）杂志上的《话语分析》（*Discourse Analysis*）一文中首次提出了“话语分析”的概念。经过发展，这一领域不断朝着融合学科方向迈进，其适用的研究方法也不仅仅局限于语言学层面。哲学、心理学、文学和教育学等领域也与话语分析研究交融发展、互相补充。《组织话语手册》一书对话语分析涉及的研究方法和应用进行了详细介绍。该书撰写人均为话语分析相关领域的重量级学者和专家。本文仅对该论文集的第十章内容 *Doing Research in Organizational Discourse*：*The Importance of Researcher Context*（组织话语研究：研究者语境的重要性）进行评述。

---

* 李妍聪，北京工商大学外国语学院国际法商英语专业硕士研究生，主要研究方向为法商话语研究。

** 刘红艳，北京工商大学外国语学院教授，研究方向为话语分析、学习者语料库研究。

第十章是依照邓津（Denzin）和林肯（Lincoln）定义的话语研究过程五个阶段对组织话语的子领域进行介绍，旨在为组织话语研究初学者指明研究方向，也为已掌握该研究方法的研究者明确研究定位、获取更多研究方法提出帮助。依照邓津和林肯的分类方法，组织话语研究共包含五个选择点，故该章节一共分为五个部分：一，自我定位；二，理论框架；三，调查策略；四，收集及分析方法；五，产出研究文本。

2 内容梗概

下面将对这五个部分做逐一介绍。

一，自我定位。作者首先强调，进行组织话语分析研究先要考虑的是研究者的自身因素。这一部分作者围绕组织话语研究过程中可能出现的研究者条件产生的影响展开讨论。研究者定位与许多方面有关，如研究者的身体素质、收入状况、宏观的经济及政治影响等。作者提到，相比语言学、社会学、心理学或社会工作部门，组织话语研究通常选择在商学院进行，并且所选商学院的位置也对研究有一定影响。综合以上因素，研究者应慎重考虑研究定位。

二，理论框架。这一部分作者针对如何搭建研究框架展开介绍，着重展示了戴维·博杰（David Boje）、伊亚尼斯·加布里埃尔（Yiannis Gabriel）和安德鲁·布朗（Andrew Brown）三位专家在叙事话语分析领域的研究。David Boje 以迪士尼公司为研究定位进行了批评话语分析。他将工作组织视为压迫和剥削的架构，提出了涉及权力、不平等、压迫和剥削的叙事话语分析。不同于博杰的研究内容，加布里埃尔选择从心理分析角度进行批评叙事研究。其研究强调了故事叙述在组织中的颠覆性的特点。前两位专家的研究存在相互对立的部分，因而布朗将研究重点放在社会心理学领域。总的来说，研究者选择的定位是进行研究的关键一步，应着重考虑以上多种理论视角。

三，调查策略。作者强调，研究者必须选择一项研究策略，然后确定研究问题及调查领域和收集数据分析的方法。在进行话语分析的过程中，如何定义及处理“话语”至关重要。作者提到，米歇尔·福奇奥迪亚恩 Michel Foucauldian 对“话语”进行了界定，即“话语”这一概念不仅仅关乎语言思想和知识形式，还包括社会行为、主体形式和权力关系。

四，收集和分析方法。研究者应确定研究材料的收集和分析方法。本章主要探讨话语文本以及其中最具代表性和影响力的两种分析方法——内容分析（content analysis）和批评话语分析（critical discourse analysis）。以往的内容话语分析主要注重文本的交际层面，如今其主要的研究对象为媒体文本和组织文件，并可通过定性和定量方法进行评估。该研究方法可以依照实证主义研究框架进行，也无须将话语数据或话语分析重新理论化，故内容话语分析颇受研究者认可。批评话语分析领域最具代表性的专家为Norman Fairclough。他提出了使用数据库（corpus）辅助研究，也提醒研究者在收集和分析话语数据时，应该注意语言和社会进程中的复杂关系。

五，产出研究文本。由于研究涉及一系列复杂的行为实践，此部分作者对诸如报告、报纸、论文等公共文本（public texts）产出和解构（deconstruction）公共文本进行了介绍，对组织话语分析中的裂缝（cleavage）——批评性研究和解释性研究的差异展开讨论，并对解构这一分析形式进行解读。

3 简要评述

此文详细介绍了组织话语分析研究过程的五个部分，内容涉及面广，结构清晰，逻辑严谨，作者学科背景强大，有较强的跨学科优势。同时，其在研究方法上也存在一定的局限性：第一，研究方法过于程式化，切合实际程度较低。第二，作者对于研究目的的讨论过于简短。第三，所涉及的子领域在整个组织话语分析领域的代表性有待论证和检验。

功能主义翻译理论与法律翻译

袁　梦*

摘　要　随着对人口、商品、资本自由流动及文化交流需求的增加，法律翻译以各种各样的方式影响着我们的生活。但由于法律文本的特殊性，法律翻译需要特殊的方法及技巧才能保障翻译的可靠性。本文主要从功能主义理论着手，探讨其对法律翻译的指导与影响，以期对法律翻译的发展提供一些思路。

关键词　法律翻译；翻译理论；理论应用

1　引　言

目前，大多数学者对于法律翻译的研究都集中在如何解决法律术语翻译的问题上，这是因为有些人认为，法律术语的翻译决定着整个法律文本的翻译质量，却往往容易忽略法律翻译文本的语篇和语用因素，而不断发展的功能主义理论在法律术语、语篇和交际等方面都为我们提供了一些思考的方向。

2　尤金·奈达的功能对等理论

19世纪60年代，尤金·奈达（Eugene A. Nida）提出了“动态对等”的概念，指出翻译就是在译语中以最贴切、最自然的对等语再现原语的信息。这包括首先是意义上的对等，其次是文体上的对等。然而，此理论提

* 袁梦，北京工商大学外国语学院研究生。

出后引起了不少误解，被误认为只需顾翻译内容而不需兼顾语言形式。到1986年，奈达在《从一种语言到另一种语言》（*From One Language to Another*）一书中，将“动态对等”的说法替换成了“功能对等”，即将源语信息进一步界定为思想内容和语言形式，并指出功能对等不只是信息内容对等，也要尽可能形式对等，更加强调以适当方式将语义和结构重组来达到交际功能，进而达到功能对等。

谭福民、向红等学者认为，虽然功能对等理论在译界有颇多争议，但其提供的总方向是正确的。而且，法律术语上的翻译更要求法律功能上的对等而不是语言功能上的对等。所以，在译者对英汉法律文化有充分理解且对读者预期有充分认识的前提下，功能对等理论能对高质量的法律翻译起到指导性的作用。

3　德国功能主义翻译学派

奈达的“功能对等”理论应用到法律翻译上虽可达到一定的效果，但其依旧只把翻译放在了语言层次范围内，而没有意识到翻译不仅是语言层次的转换，更是建立在语言层面上的文化交际行为。20世纪六七十年代，德国功能主义翻译学派在此背景下开始活跃，核心人物主要有凯瑟林娜·赖斯（Katharina Reiss）、汉斯·弗米尔（Hans J. Vermeer）、贾斯特·霍兹曼·特瑞（Justa Holz Mantari）和克里斯汀·诺德（Christiane Nord），分别提出了功能主义翻译批评理论、目的论、翻译行为理论和功能加忠诚理论，其中，目的论又为此学派的核心。弗米尔在目的论中提出，翻译不仅仅是一个语言过程，更是一种目的性行为，翻译方法和翻译策略必须由译文预期目的或功能来决定。这就使得德国功能翻译理论大大拓宽了翻译的探研领域，摆脱了传统翻译理论中对于直译及以原文为中心对等的羁绊，原文文本在目的论中的地位也就比等值理论中的地位要低多了，转而以译者的视角来诠释翻译活动。

法律文本本身是一种特殊的信息应用型文本，信息应用文本翻译的主要目的就是准确传递原文信息，同时考虑到译语读者的接受度。把翻译从原语对等的束缚中解放出来的德国功能主义理论显然能够对法律翻译起到重大的指导意义。原芳莲、肖平飞等学者认为，在整个法律翻译过程中，功能翻译理论从思考决策、参与者的协商交流、确定翻译行为的目的，到最后的语言选择处理，都进行了宏观的指导，有利于译者的能动性的发挥。

4 沙切维奇的法律翻译观

苏珊·沙切维奇（Susan Šarĉević）的法律翻译观是以德国功能主义为切入点而衍生出来的。她认为，法律翻译的基本单位是文本，而非单字词，且法律翻译不是一个简单的解码过程，而是法律机制内的交际行为。在她看来，有效的法律交际要求“文本制作者”和“文本接受者”之间进行交互作用，此时对于“文本接受者”的研究就显得十分重要。译者的主体性得到了体现，译者从“忠实于源语文本原则”的束缚中解放开来，从而有责任选择一种建立在交际环境基础上的翻译策略。此外，传统的观点一般认为，法律翻译者是作为“文本制作者”和“文本接受者”之间的“信息传递者”，但从20世纪70年代，加拿大开始立法改革并引入双语起草模式后，法律翻译这一身份朝着具有广泛决定力的“共同起草人”（co－drafter）转变。

同时，沙切维奇还认为，源语文本的功能是决定法律翻译的决定因素。但她认为，赖斯关于所有“特殊用途文本”都属于“传达信息类文本”的判断是有误的。在她看来，法律文本是“特殊的文本”，因为法律语言仅严格地用于法律专业人士之间，它排除了法律人与非法律人之间的交流。但法律文本的交际功能并不是决定法律文本翻译策略的唯一因素，现实因素也应当在法律翻译中予以考虑。

此外，沙切维奇关于法律专门术语翻译的讨论也引发了广泛的关注。她的观点主要集中在，由于源语文本与目的语文本的法系不同或同一法系不同国家、地区的法律文化差异抑或其他原因，导致了“法律术语不完全对等现象及翻译”。如上文所述，法律翻译的基本单位是文本，而不是单字词，且文本的意义来自于一种或多种法律制度，那么法律翻译的本质就是翻译法律制度的过程。如此，法律翻译也并不是用目的语中的概念或制度来替换原来的法律体系中的概念或制度的简单过程，而是法律转换和语言转换同时进行的双重工作，所以，不仅要做到语言功能对等，还应照顾到法律功能的对等。

在面临大多数法律术语天生不对等的情况下，且综合了诸多导致法律术语不一致的因素后，沙切维奇提出了相应的解决办法。她先提出寻找对等词及测量对等程度的方法，可仍有若干术语在不同法系中存在内在的不一致，所以想要最准确地表达对应词还是困难重重。接着，她又提出“扩充词义”“描述性的释义与定义”等方法、手段来补偿术语不一致，且提出使用“替代性对等词”如“中性术语”“借译”“字面对等”，或“创造新词”等方法消除术语不一致问题。

屈文生认为，沙切维奇法律翻译理论中的法律翻译是狭义的法律翻译（法律法规翻译）。在实际的翻译过程中，译者应当区分广义的和狭义的法律翻译，且法律译者作为共同起草者的提法也只适用于法律翻译实践，而不适于指导法学翻译实践。

总而言之，沙切维奇首次提出的法律翻译功能对等理论对法律术语、文本及交际方面都起到了切实的指导性作用，特别是在立法文件等专业法律文件中起着更为突出的作用。不过，我们也应注意到其指导范围的相对狭隘及其他的缺陷。

5 总 结

从奈达的功能对等理论到德国功能翻译学派理论，再发展到沙切维奇的法律翻译功能对等理论，每一步都在前人的基础上取得了更进一步的突破。它们对于法律翻译的实践来说，也都起到了一定的促进作用与指导性的意义。今后，随着功能翻译理论与其他派系理论的深入，人们对于法律翻译的研究及实践能力必将进一步增强。

财经翻译研究概述*

闫 欣**

摘 要 随着国际贸易的发展，财经翻译的作用日益重要。本文概述了国内外关于财经翻译的研究成果，总结了该领域研究的发展与现状。

关键词 财经翻译；研究综述

1 引 言

当今经济贸易的全球化和一体化进一步深入，多边经贸合作日益紧密。在该国际化进程中，财经翻译的重要性日趋凸显，大量财经文件和信息资源需要国际化和本土化，各方对于财经翻译的需要猛增。这种趋势也引起学者对该领域研究的关注。

2 研究概述

2.1 国外研究概述

在关于财经翻译的学术研究中，国际学者们近些年发表了诸多相关的研究论文，主要包括从学术角度进行的财经翻译研究和反思财经翻译实践经验的专业研究。德班（Durban）在详尽分析了财务报告法英翻译实例的

---

* 本文为2018年北京工商大学“科技创新服务能力建设－基本科研业务费－青年教师科研能力提升计划”项目（编号：PXM2018_014213_000033）研究成果。

** 闫欣，北京工商大学外国语学院讲师，主要研究方向为商务西班牙语、西班牙语翻译。

基础上指出在客户同意的情况下改写源文本的必要性：使译文读者更易于理解其内容。皮札诺（Pizarro）对比分析了英国和西班牙财务报告相关法规以及两国财务报表格式的主要共同点和区别，并提出了译者在翻译过程中主要集中在术语翻译方面的常见问题。罗曼（Román）详尽分析了金融翻译领域不同子语篇的特征并附有大量示例，认为该类文本主要特征包括其动态性，多借用外来语（英语）词汇，含有大量半技术词汇、字母缩写词和缩略词等。其包含的术语的突出特征为其多义性，是该领域翻译人员最大且常见的挑战之一。赫里欧（Herrero）指出了金融文本的复杂性和多样性，在词汇、形态语法和文体等方面表现出足够自有的特征，同时对金融话语文本类型专业分类的可行性和实用性进行了论证。雷恩（Rynne）对西班牙语财务报告翻译进行了反思。作者指出了该类文件翻译的重要性：对企业的影响重大，译者肩负重要的责任，应具备该领域相关的专业知识以确保翻译质量。奥斯（Orts）一方面建议金融翻译领域的译者除掌握翻译技巧外还需具备金融专业知识，了解行业术语以确切解释其相关含义；另一方面提出考虑译文受众的接受程度的必要性，并建议译者针对不同目标受众应用不同翻译方法，如完全直译、改写翻译和结合翻译等。阿尔卡德（Alcalde）研究得出的结论是，金融翻译领域要求译者具备高度的专业素养，译者缺乏相关领域知识是该翻译领域将面临的主要挑战之一，应鼓励大力发展针对金融翻译人员的培训以确保财务沟通质量的专业性。且需要译者随着领域的发展不断学习、更新知识结构，以应对可能出现的新术语和概念。纳塔利娅（Natalia）对德语—西班牙语金融翻译领域的文本进行分类，应用语料库语言学新方法编纂了代表性文本构成的可比较的双语语料库，并从法律和语言文本的角度详细分析了语料。

2.2 国内研究概述

随着财经翻译需求的扩大，国内学者们基于实践经验于1980年左右逐步开始了财经翻译领域的研究，20世纪90年代研究数量开始增多但仍然有限。在21世纪初的十多年里，关于财经翻译的研究论文数量增长显著，开始出现相关著作。现有的大部分研究是从微观的角度探讨财经翻译的文体特点、语言特征、术语翻译、句式翻译和翻译技巧等。如徐涵初对财经英语文体的特点和实用性进行了探讨。她认为，“财经翻译工作者在介绍西方的财经政策和规章制度时，要首先了解其社会文化背景和当时的经济形势，吃透文献的实际含义和具体方法，不能就词译词，不知所云”。周兆祥和范志伟解释了财经翻译的定义和内容。他们认为，“每一类语篇都自有特色，翻译时一方面要注意任务背景的要求，另一方面也要按照语篇的特色来塑造译文的风格与体裁”，并从内涵范畴、语体、结构等方面分析了财经文本的特色和翻译时需要注意的问题。范志伟论述财经翻译材料中常用的长句的翻译方法，建议“以拆解（破）和重组（立）两个步骤”脱离英语原文的束缚，使得读者更易理解汉语译文。陈仕彬的《金融翻译技法》和李德凤的《财经金融翻译：阐释与实践》注重通过具体例证分析，从英汉语法对比的角度传授金融文件翻译技巧。唐志勇应用诺德理论的文本分析模式，选取了一段《经济日报》的汉语原文并予以翻译，验证出该模式也可应用于财经文本的翻译。

总体来说，虽然学术界日益关注该翻译领域，在近些年取得了一定的研究成果，但由于起步较晚，缺乏一定的历史积累，所以仍处于初级研究阶段。目前，大多数的研究还是基于研究人员个人的财经翻译实践经验，主要以总结反思翻译技巧为主，在研究内容上也多停留于语言转换层面，围绕词汇、术语、句法、文体等微观层面探讨翻译方法。

广告英语的文体和语言特征分析

刘江红*

摘　要　广告英语是应用在商业中的语言，具有一些显著的语言特色。如创新的词汇、精炼的句式、生动的描写等。这样做的目的是为了用艺术的形式实现商业的目的。广告英语的文体简洁，常借助各种修辞手法，语言新颖，读起来朗朗上口，从而形成一种新型视听阅读文学性语体，使广告英语形成了其自身的语言风格特点及特定的文化内涵。

关键词　广告英语；文体特点；语言特征

现在广告已成为人们日常生活的一个重要组成部分。广告作为争夺市场的策略，越来越显示出其重要性。英语学习也早已被人们提到重要的位置。广告英语只是英语整体中的一部分，有着自身的规律和特色，对于英语学习者及研究者来说，读懂并领会广告英语就具有了相当重要的意义。

1　广告英语的文体特点

1.1　文体简洁，且富于内涵

广告用语须通俗易懂，以拉近商品和消费者的距离，使广大消费者尽快得到信息。因此，简洁精练是广告所要遵循的原则，但也要通过简练的文字传递商品的优点和特征，从而让消费者产生购买的欲望。很多经典广告都得益于此。

* 刘江红，北京工商大学外国语学院讲师。

Take time. Any time.（无论何时，享受生活）这是一则宾馆的广告，短短4个词的广告语中，连用两个time。后一句语义对前一句加以强调，用词简洁、明快，读起来朗朗上口，同时也传递出对客人的热情和欢迎，让人产生宾至如归的感觉。

Impossible made possible!（使不可能成为可能，××打印机）。该广告语言生动简洁，构思精巧，不仅阐述了公司的经营理念，而且完美地传递了该品牌打印机的性能和特点，让消费者信服，非常有说服力。

Good to the last drop.（滴滴香浓，意犹未尽）这是××咖啡的广告语，用词通俗简练，从广告语就能体会到喝咖啡时的感觉，真的是滴滴香浓，意犹未尽！

1.2 巧妙运用修辞手法

广告的说服力很大程度上依赖于广告的创造者对语言的巧妙运用和掌控。为达到这一目的，广告商经常把修辞作为一种重要手段应用到广告中。正确运用修辞手法，可以让广告生动活泼、真诚有趣，且富有鼓动性和说服力。常见的修辞手法有双关、拟人、夸张、暗喻等。

Lose ounces, save pounds.（失去几盎司，省下几英镑）这是一则减肥食品的广告。不难理解，pounds一语双关，既是货币单位，又是重量单位，说明该食品价廉物美又能让人健美瘦身，两全其美。此外，本广告中“ounces”，与后面的“pounds”相对比，妙趣横生。

Unlike me, Rolex never need a rest 这是劳力士手表的广告，“rest”是人的行为，这个单词的运用赋予劳力士手表人的情感和行为。人疲惫了就会休息，但劳力士手表却不知疲倦，勤勤恳恳，日夜劳作。广告通过拟人手法的运用强调了劳力士手表的质量：永远不会坏，时刻工作着。

2 广告英语的语言特征

2.1 别出心裁的新造词

广告词富有创造性，总是可以使其宣传的产品显得与众不同，给人耳目一新的感觉。在突出产品的新、奇、特的同时，新造词又能引起读者对产品的兴趣，满足消费者追求新潮、追求个性的心理。

The Orangemostest Drink in the World · Orangemostest 是由 Orange + most + est 构成的，说明这是最顶级的橙汁，巧妙地表明了这种橙汁饮料质量非常高。

We know eggactly how to sell eggs. 该广告中的新词“eggactly”由“exactly”一词杜撰而来，该新词生动形象地强调了要销售的产品“eggs”，既突出了产品的形象，又增强了广告的记忆价值。

2.2 使用缩略词和省略句

广告词中经常使用缩略语和省略句，以节省广告篇幅，降低成本，这也符合现代人快节奏的生活习惯。在广告英语中，缩略词和省略句的使用比比皆是。例如：Where to leave your troubles when you fly JAL?（乘坐日航班机，一路无忧）JAL 是 Japan Airlines 的缩写形式。Quality first，Customers first and Prestige first.（质量第一，用户第一，信誉第一）。该广告省略了动词，从语法上看是不完整的，但读起来更有韵味，意义也更简洁清晰。

广告语言作为一种具有独特语言魅力的文体形式，已成为日常生活中一道不可或缺的亮丽风景。了解广告英语有利于熟悉英语国家的文化、价值观念，同时可以更加有效地帮助国产商品打入国际市场。在实际生活中，我们既可以通过广告英语来提高我们自身的英语水平，也可以了解现代广告理论。

翻译及语言学研究

语言获得天赋论：启动问题[*]

王晓庆[**]

摘　要　本文简述了语言获得的生物属性及过程，分析了语言获得中的语音、语义及句法启动问题，结尾讨论了语言获得研究的重要价值。

关键词　语言获得；语音启动；语义启动；句法启动

1　引　言

人类生来具有获得语言的能力。这种能力是人类特有的属性之一，是由人的基因决定的。它存在于大脑之中并且是可以遗传的。这是我们语言获得的生物基础。

2　关于语言的一些基本假设

人的大脑里面有一个能进行复杂符号运算的语言系统。这个假设是必要的，否则无法解释人们如何能创造性地进行传意沟通。这个存在于大脑的语言系统是众多大脑系统的一部分。它具有与其他认知系统不同的特点，具有相对独立性，但又与其他系统发生接触和联系。

人的大脑里的语言系统，从人出生到长大，有一个发展的过程。从一个初始状态发展成为一个成人语法系统。

---

* 本文为“生成语法框架下中国大学生英语疑问句的习得研究”项目（编号：QNJJ2018－32）成果。

** 王晓庆，北京工商大学外国语学院讲师，主要研究方向为理论语言学、语言习得。

3 语言获得的启动

在缺乏初始知识的情况下，学习者启动对一个新领域学习的机制，通常指学习者可以帮助自己确定某些事实的东西。在语言习得中包括语义、句法和韵律的启动。如何启动对目标语的获得（boot strapping into language）是一个重要的理论问题。

3.1 语音启动

儿童对某种重读模式可能会有偏好（重轻）。儿童会辨认韵律单位以确定音系词组（包含一到两个词和其黏附成分）。音系词组的边界可能会有边界前加长和边界调作为特征，以便辨认。如果可以，儿童可以单纯通过音系特征就能进一步识别边界一致的单词，而不需要参考词库。音系词组边界通常有功能词，如代词、连词等。通过整理常出现在边界的词，儿童可能获得一个常用功能词集合。这个过程也能帮助识别句法成分[1]。

3.2 语义启动

即使儿童能成功地把一个言语串切分成一串词的组合，也面临另外一个问题：如何把词归类。如果不知道每个词的词类（句法范畴），就难以判断句子的结构和语义。

儿童能不用语法规则了解实词的词义；聆听句子时，能利用句子当中的词的意思以及语境，建立句子的语义表达式。

3.3 句法启动

语境本身不足以让儿童明白句子的意思。有实验证据显示，儿童运用动词框架来判断意义。句法信息引导儿童正确地诠释经验世界。

4 结　语

在二语习得的过程中，学习者面临着一个类似于母语习得者的任务，需要在一个语言系统中对语言数据进行输入和产出。那如何来解释和论证这种输入和产出，对与建构我们语言的语法系统，探索句法发展的基本规律，具有积极的创新意义。

参考文献

[1] 李行德. 语言发展理论和汉语儿童语言 [J]. 现代外语，1997 (4)：59 - 91.

新时代文化自信的翻译策略探究*

马小雅** 梁桂霞***

摘 要 在当今时代，翻译不仅仅承担着单一的传播文化的职能，更在建设文化强国中起着重要的作用。这就更需要我们在翻译中树立文化自信。作为译者，我们可以通过采取“异化”的翻译策略来实现翻译中的文化自信，更好地传播我们的优秀文化。

关键词 新时代；文化自信；异化翻译

1 引 言

文化自信指的是一个民族、一个国家以及一个政党对自身文化价值的充分肯定和积极践行，并且要对自身文化的生命力有着坚定的信心。作为一名译者，我们更要肩负起翻译的重任，做好中国文化与外国文化交流的桥梁和纽带。由于翻译涉及不同的语言、文化背景，所以，翻译的文化自信是非常有必要的。如何选择恰当的翻译策略来实现翻译的文化自信成了一个重要的问题。

2 新时代翻译策略的选择

文化没有高低贵贱之分，更没有优劣之分，译者在翻译的过程中遵循

---

* 本文是北京工商大学“2019 大学生创新创业项目——新时代翻译面临的问题探究”（项目编号：B048）的研究成果之一。

** 马小雅，北京工商大学外国语学院英语 2017 级学生。

*** 梁桂霞，北京工商大学外国语学院副教授，主要研究方向为外语教学、文化与翻译等。

“信达雅”的原则，简单点儿说就是忠实、通顺。至于忠诚于原作还是忠诚于读者，取决于译者采取的翻译策略。但一味地以别的国家的趣味为趣味，别的国家的标准为标准，就会丧失自己国家的文化特色，就会弱化并逐渐泯灭自己民族的个性。归化理论和异化理论的概念是由美国著名的翻译理论学家劳伦斯·韦努蒂提出的，目的是针对英国和美国的民族中心主义。异化是指译者要尽可能不去“打搅”作者，让读者向作者“靠近”，即译者要向原作者靠拢，要向源语的文化背景靠拢。

3 新时代异化翻译策略的运用

近些年来，习近平总书记的发言引用了很多古诗文，虽然有的古文比较拗口难懂，但通过巧妙的翻译，既可向大家展现中国文化的博大精深，又可让外国的领导人、记者们领略到中国强大的文化自信。

习近平总书记曾提到“和而不同”，其翻译为“the superior man is affable but not adulatory”。affable 表示和蔼可亲的，adulatory 表示阿谀奉承的，意思就是君子是和蔼可亲而不是阿谀奉承的，以此来表示中国的立场是基于“和而不同”的。在 2014 年的 APEC 峰会开幕式上，习近平总书记提到“朋友多了，路才好走”，这句话被简单地翻译为“More friends，more opportunities”。“路好走”被翻译成了“more opportunities”（更多的机会）而不是“easy to walk”。

再以著名的翻译学者许渊冲先生所译的中国诗词为例：

望庐山瀑布

李　白

日照香炉生紫烟，遥看瀑布挂前川。

飞流直下三千尺，疑是银河落九天。

译文：

The Waterfall in Mount Lu Viewed from Afar

Li Bai　（Tr. Xu Yuanchong）

The sunlit Censer Peak exhales incense – like cloud;

Like an upended stream the cataract sounds loud.

Its torrent dashes down three thousand feet from high;

As if the Silver River fell from the blue sky.

许渊冲先生在尾联中将“疑”翻译为 as if，而不是 I doubt 或是 I think 这些直接翻译成“疑”的词语，用简单的 as if 虽然没有直接说明作者的疑惑，但却能让读者充分领略到其中的恍惚。许渊冲先生将“银河”翻译成了 the Silver River。这样的翻译更能体现出原文所表达的景象，让读者恍惚以为眼前的瀑布飞流而下就好似银河般，既夸张又自然。许渊冲先生的翻译充分体现了中国诗词所蕴含的文化美，不仅增强了中国人自身的文化自信，也让来自于其他文化背景的人能够感受到其中的文化美，体会到中国文化的源远流长。

4 结 语

翻译的本质就是文化间交流和传播的过程，在翻译中采用异化的翻译策略能够加强我们的文化自信，有利于中国特色社会主义文化的发展，有利于增强我们的民族自尊心、自信心和自豪感，有利于反对和抵制西方文化霸权主义和文化侵略。异化的翻译策略有助于我们在翻译的过程中实现文化自信。异化的译法能够最接近原文的风格，也能最大程度地再现原文蕴含的艺术意境。因此在这样一个新时代，翻译的文化自信是必要的也是重要的，我们要深刻意识到这一点。

顺应论视角下的政治演讲翻译

石笑秋[*]　刘红艳[**]

摘　要　演讲在各种政治交流活动中发挥着重要作用。本文以维索尔伦的顺应论作为指导，将顺应论与演讲翻译相结合，旨在改善政治演讲场合演讲辞的翻译。

关键词　政治演讲；顺应论；演讲翻译

演讲场合下演讲辞中所使用的词汇具有精确、正式的特点。此外演讲者通过遣词造句，增强演讲说服力和号召力，增加演讲者与听众的亲近感，最终实现话语人际交往功能。

政治演讲追求的目的是与听者产生共鸣，最终实现某种号召。所以政治演讲翻译应以顺应读者为中心，将演讲的号召力发挥到最大。如何在翻译中顺应语境的需求，达到交际的目的，如何使用目的语听众所熟悉的语言将信息准确有效地传递，都给译者带来了巨大的挑战。本文以顺应论为理论依据探讨政治演讲辞的翻译方法。

1　顺应论概论

杰夫·维索尔伦在《语用学新解》（*Understanding Pragmatics*）中提出顺应论。他指出，人们使用语言实际上是在选择语言，是一个对语言内部结构和交际语境不断顺应的过程。这种选择受语言内部和外部世界的影

* 石笑秋，北京工商大学外国语学院国际法商英语专业硕士研究生，研究方向为法商话语。

** 刘红艳，北京工商大学外国语学院教授，研究方向为话语分析、学习者语料库。

响[1]，即语言使用者在不同的语境下，必须自觉地选择适合语境的语言以达到说话人的交际目的。翻译作为语言使用的一种模式，也要遵循顺应规则。翻译的过程就是不断适应语境，做出动态调整的过程。[2]

2 顺应论指导下的英语政治演讲翻译

在顺应论视角下，翻译过程可概括为实现交际目标的过程。语境是在翻译过程中做出何种选择的重要原因之一。维索尔伦将语境分为语言语境和交际语境，前者指篇内的联系即上下文关系，后者则包括语言使用者和听话者双方的物理世界、心理世界和社交世界。

乔治·穆宁曾说，如今的翻译不再是简单地观察文本结构和语言意义、词汇和语法，而是它背后的国家、时代甚至是产生它的文明[3]。在政治演讲的语境中，译者要考虑到演讲者和听众之间的社会关系，如听众的认知水平和情感因素。若是涉及不同国家之间的政治演讲场合，还需要考虑到不同国家之间的语言文化差异，以及演讲地的地理和习俗因素等。本文着重分析在心理世界语境和社交世界语境影响下的演讲辞翻译方法。

3 心理世界顺应

维索尔伦认为，语言选择的过程始终要关注译者对于说话者愿景的评价以及情感。对于翻译后的版本是否能被接受或达到预期效果，很大程度上取决于读者的物理世界和认知能力。

3.1 认知世界顺应

政治演讲中有大量富含文化内涵的表达，为了克服文化差异和认知能力不同所带来的问题，在某种程度上应以顺应读者心理为中心。

例 1：促进社会主义精神文明建设。

译文：raise cultural and ethical standards.

例句中“精神文明”是指人类智慧、道德的进步状态。曾被译为 spiritual civilization，但是 spiritual 具有强烈的宗教含义，会传递给读者神灵的含义。这显然和精神文明真实含义不同。因此在顺应读者视角下，应翻译为 cultural and ethical，一方面贴切原文含义，另一方面保持客观。在十九大报告中“推动社会主义精神文明和物质文明协调发展”就被译为 both promotes socialist material well - being and raises socialist cultural - ethical standards.

例 2：亚洲四小龙。

译文：Four Asian Tigers.

“龙”在东西方文化中具有截然相反的含义。在东方认为是美好、财富的图腾，而西方把龙作为邪恶的化身。如果直译成“dragon”则将词语从褒义词直接变为贬义，大大降低原文传播意图。西方将老虎“tiger”视为力量和勇敢的化身，通过替代翻译我们可以取得更好的效果同时避免误解。

3.2 情绪世界顺应

政治演讲具有信息性和号召性文本功能，不仅在于传递信息更在于激发读者的兴趣，引发读者的共鸣。因此在政治演讲翻译中，译者应考虑目标读者的情绪、用词的接受度和偏好性，这样才能使译文产生最大的号召效果。

例 3：坚决反对任何形式的“台独”活动。

译文：We resolutely oppose separating activities for “Taiwan Secession” in any form.

例句关键词“台独”经常被错译为“Taiwan Independence”。在《朗文当代英语字典》中，independence 常见搭配为 Independent Day，war of independence 等词，具有积极意义。而“台独”是贬义词，所以从中方的情绪角度出发，应采用 secession 一词，因为 secession 的意思不只是 break away from a country 而是 betray a country。所以使用 Taiwan Secession 不仅传递了中方反对“台独”的坚定立场，更反映了讲话人对“台独”的反对情绪。

4 社交世界顺应

维索尔伦曾说，语言对社交世界具有很强的适应性。人类语言使用的条件取决于社会背景。顺应论是特定社会中的动态选择。在顺应论指导下，翻译过程也是一个选择的过程。人们生活在特定的社会环境中，不可避免地受到某些社会环境、制度等的影响。维索尔伦指出，译者选择语言时受到社会环境和制度的限制。为了避免误解，译者应根据目标社交场合，顺应社会背景选择语言。

政治演讲场合较正式，演讲者对词语的选择也非常重视，因此在翻译过程中要顺应文章语体的正式性。

例 4：加快构建社会主义和谐社会。

译文：Accelerate the building of a harmonious socialist society.

译文中将“构建”这个动词名词化，以实现源语言正式性的顺应。

语言公约是指居民具有相同文化背景的社区习惯用语，就像在英语中的一些俚语，在汉语中同样有着各种各样的传统词汇和表达。这些表达是在文明发展的过程中形成的，与当地的文化密切相关。在翻译过程中，译者应顺应当地的习惯，否则奇怪的译文会让原文效果大大降低。

例 5：各医院要加强对医生的医德教育，不得向病人索取“红包”。

译文：All hospitals should strength the ethical education for doctors and solicitation of under the table payment from patients is prohibited.

例句中关键词“红包”，在汉语中的含义是塞满钱的信封（作为礼物或奖励），在该句中引申为谋取私利。英语中“red envelope”并没有这种含义，所以需要意译。但译者也没有直接采用“bribery”等直接表达受贿的词语，而是用“under the table”，原因在于原文“红包”即隐晦地表达受贿，采用英语俚语“under the table”（非法交易的、私下交易之意），可达到相同隐喻效果。

5 结 语

演说自古以来就是人类社会的一项重要活动。演讲者通过宣传思想，让听众理解和接受自己的观点和主张，进而号召听众采取一致的行动。因此，译者要达到源语所预想的演讲效果，必须在顺应论指导下，结合目标语文化背景对原文文本进行有效翻译。

参考文献

[1] VERSCHUEREN J. Understanding pragmatics [M]. London: Oxford University Press, 1999.

[2] 陈茜. 从顺应论看会议演讲中的隐喻翻译 [J]. 绍兴文理学院学报, 2016, 36(3): 77-80.

[3] KATHARINA R. Translation criticism [M]. Shanghai: Shanghai Foreign Language Education Press, 2004.

归化与异化翻译策略在英译本《围城》中处理比喻句时的运用

王秀贞*

摘　要　深语中西文化的钱锺书，在其小说《围城》中，运用的比喻句多达400则。凯利、茅国权在把《围城》翻译成英文时，又巧妙地一一处理了这些比喻句，使得原文与译文相得益彰，常常让不少读者拍案叫绝。归化与异化，是在处理不同语言、传递不同文化的过程中经常被采用的两种基本翻译策略，翻译界也经常就应以哪种策略为主的问题展开讨论。本文从比喻句的喻体特点入手，选取《围城》英译本中的相关例句，印证在翻译过程中，应该针对不同的情况，采取相应的翻译策略。

关键词　归化；异化；比喻句；翻译策略

1　归化、异化与比喻句

百度百科中是这样描述归化和异化的：归化是要把源语本土化，以目标语或译文读者为归宿，采取目标语读者所习惯的表达方式来传达原文的内容。异化就是迁就外来文化的语言特点，吸纳外语表达方式，要求译者向作者靠拢，采取相应于作者所使用的源语表达方式，来传达原文的内容，即以源语文化为归宿。

对于比喻句，百度百科是这样概括的：是一种常用修辞手法，意思是打比方，用浅显、具体、生动的事物来代替抽象、难理解的事物。比喻句

* 王秀贞，北京工商大学外国语学院讲师，主要研究方向为英美文学、英语教育。

的基本结构分为三部分：本体（被比喻的事物）、喻词（表示比喻关系的词语）和喻体（打比方的事物）。

英译本《围城》之所以在西方读者中反响良好，其中一个重要原因就是译者的译文非常精彩。译者在处理原著中的比喻句时，归化、异化策略运用灵活自如，是译文中最为出彩、精彩的部分。

2 英译本《围城》中的归化与异化策略

2.1 英译《围城》中对比喻句的直接对应翻译

当比喻句中的喻体在源语和目的语两种文化中有完全对等的内容时，可以直接对应着翻译出来，因为喻体本身所能引起的联想在两种文化中也是完全一致的。如：

例1：忠厚老实人的恶毒，像饭里的砂砾或者出骨鱼片里未净的刺，会给人一种不期待的伤痛。

The viciousness of a kind, simple - hearted soul, like gritty sand in the rice or splinters in a deboned fish, can give a person unexpected pain.

此处，“饭里的砂砾”和“出骨鱼片里未净的刺”，在英文中都能直接找到完全的对应点，而且不会引起任何误解，采用直接寻找英文中的对应喻体是最简便的翻译办法。

2.2 英译《围城》中对比喻句的异化处理

当喻体在目的语中找不到恰当的对等内容时，比较适合采取异化的策略。

例2：苏小姐理想的自己是：“艳如桃李，冷若冰霜”。

Miss Su, who pictured herself in the words of the familiar saying, “as delectable as peach and plum and as cold as frost and ice”.

随后，译者又对自己的译文添加了注释，在文后的加注中这样补充道：A standard description of a woman who appears cold and stern. It usually describes a virtuous maiden or widow.

例3：……就像甘心出天花变成麻子，还得意自己的脸像文章加了密圈呢。

...They are like those people who have contracted smallpox and got pock-marked and brag about their faces as if they were starred essays.

文后补充注释：In correcting essays or compositions, Chinese language teachers frequently used a writing brush and starred the parts they considered excellent in red ink.

像“艳若桃李，冷若冰霜”“密圈”这样的比喻，在目的语中并无对应的喻体，要是直接翻译出来而不加解释，很容易引起目的语读者的费解、误解。因此，译文恰当地采取异化策略，不仅保留了原作的特色，也让目的语读者更多地了解了中国文化，而且补充的注释足够简练明了，非常有效。

2.3 英译《围城》中对比喻句的归化处理

当喻体本身自带目的语特色时，宜采用归化策略，可以使目的语读者更容易理解原著所要表达的内容。

例4：这车厢仿佛沙丁鱼罐，里面的人紧紧地挤得身体都扁了……

The bus was like a sardine can. The people were packed in so tightly that their bodies were flattened out.

例5：侍者上了鸡，碟子里一块像礼拜堂定风针上铁公鸡施舍下来的肉……

There on the plate was a piece of meat that seemed to have been donated by the iron weathercock on a church steeple.

“沙丁鱼罐”“礼拜堂定风针上铁公鸡”，其实并非源语文化中特有的东西，而是更接近目的语文化的内容，此时运用归化策略就显得自然而然了。

3 结 论

无论是直接对应翻译，还是归化、异化策略，目的都是更好地传达原著中的语言、文化。按需取用恰当的策略，是这部小说英文版成功的关键因素。

中美新闻批评性话语对比分析

石笑秋* 刘红艳**

摘 要 新闻语篇是大众获取信息来源的有效途径，但其在传递信息的同时也会向读者灌输作者的情感和意识形态，批评性话语分析着眼于语言和意识形态的关系。本文选取中美报纸对“特朗普政府将华为及其子公司列入实体管制名单”事件的新闻报道，运用费尔克劳三维度分析新闻语篇表现的意识形态的差异。

关键词 新闻话语；批评话语分析

新媒体的强势崛起使新闻话语权由精英阶层向草根阶层部分转移，相较于新媒体的良莠不齐，传统媒体具有客观公正的特点，仍是人们获取新闻的首选途径。国家主流媒体的新闻语篇在一定程度上代表了国家的政治立场和意识形态。

2019 年 5 月 16 日，特朗普政府宣布将华为及其 70 家子公司列入实体管制名单。多家国内外媒体对此事件进行报道。

1 研究方法

本文选取 14 篇关于“华为列入管制名单”事件（以下简称“管制事件”）的新闻语篇。7 篇选自《中国日报》，7 篇选自美国《华盛顿邮报》。

---

* 石笑秋，北京工商大学外国语学院国际法商英语专业硕士研究生，研究方向为法商话语。

** 刘红艳，北京工商大学外国语学院教授，研究方向为话语分析、学习者语料库。

这两家报纸均属于国家主流报纸，具有较高的权威性和代表性。

费尔克劳的三维模式分为描述、解读和解释[1]。因此本文也由三大部分构成，第一部分为文本分析（描述），主要分析新闻语篇中词汇的选择。第二部分为报道模式分析（解读），主要分析两家媒体新闻报道中转述引语使用的异同。第三部分为社会原因分析（解释），主要从政治、经济角度解释两家报纸意识形态差异的产生原因。

2 语篇分析

2.1 文本分析（描述）

词汇选择分析是批评话语分析中常用的基本分析工具。福勒认为，词汇选择是意识形态和命题描述的内在部分[2]。在新闻报道中词汇选择并不是一个随意或被动的过程，对于同一件事物选择不同的词汇描述会给读者带来不同的理解和心理感受。范戴克认为，词汇选择可以反映人们话语中隐藏的观点和意识形态[3]。换言之，新闻作者选择的每一个词语都明示或暗示其背后的意识形态。因此词汇选择研究对批评话语分析很有意义。

对管制事件两家报纸的新闻标题关键词对比如下：

《中国日报》：ripple effect，unwise，groundless；

《华盛顿邮报》：kick in the teeth，rare chance，dependency.

从标题关键词对比中可以看出，中国记者对此事件表达了强烈的谴责，用 unwise（不明智的）和 groundless（毫无根据的）来谴责特朗普政府的任性和鲁莽；ripple effect（连锁反应）突出事件影响的范围，一方面表现出华为对世界经济科技发展的重要性，另一方面则表现出特朗普政府的做法不利于世界的科技发展，体现其不顾世界发展大局的形象。

美国记者的词汇选择则体现出对特朗普政府的支持和美国实力的自信，用 kick in the teeth（重挫）来体现贸易禁令对华为的重大影响。Rare chance（机会渺茫）和 dependency（依赖）则向国民传递出中美两国实力悬殊的信号，中国在科技方面对美国的“依赖”，此兴使其“难以”在此次贸易禁令中翻身。

2.2 报道模式分析（解读）

引用一直被新闻媒体认为是行之有效的宣传模式，通过引用他人话语来增强文章的客观性和可读性。新闻语篇中的引用不仅仅起传递信息作用，也同样传达作者的态度和立场。费尔克劳将转述引语分为直接引语、间接引语和非直接引语三类，本文主要分析直接引语和间接引语。

直接引语是指逐字引用，对原文内容不做任何修改，通常指用引号引起来的部分。间接引语是指不使用引号，而是作者用自己的话将原文进行重组和再现。直接引语更加客观和忠实于说话者的意图，相比之下，间接引语使说话者的话语和意图趋于"模糊"，逐渐成为新闻作者话语和意图的一部分。

两家报纸所选新闻引用类型及出现次数对比：

《中国日报》：直接引用 12 次，间接引用 16 次，共计 28 次。

《华盛顿邮报》：直接引用 27 次，间接引用 28 次，共计 55 次。

一般来说，直接引语可以增加新闻的生动性，使文章更加真实，让读者相信新闻中的话语只是对事件的客观描述。然而，如上所示，无论是在中国报纸还是在美国报纸中，间接引语在新闻样本中所占比例最大，因为相较于直接引语的"通篇引用"，间接引语更有助于撰写者片段选取、内容重组和重新解释，更好地将意识形态融入新闻语篇中。这意味着记者们在报道新闻时已经悄悄地植入了他们各自的意识。

2.3 社会原因分析（解释）

通过对所选新闻样本的词汇和内容分析，中国媒体对近年来中国科技强国的战略发展成果给予了积极评价，也肯定了华为在 5G 领域为世界带来的积极影响；并对美国一意孤行，不顾双方友好发展和阻碍世界进步的行为提出了谴责。而美国政府的宣传主要从削弱华为的世界影响力，维护国土安全和己方贸易角度来解释贸易禁令的"合理性"以及多家企业跟从的"正确性"。

解释是费尔克劳三维模型的最后一步，它关注的是交际过程与社会语境之间的关系。只有将新闻话语置于特定的语境中，才能看出其语言的社会性和背后的意识形态差异。新闻话语受政治、经济、社会等因素的影响，本文主要从政治和经济因素角度进行分析。

在政治层面上，中美两国都处在世界舞台的中心位置，具有较大的国际影响力。在经济层面上，近年中美两国之间的经济贸易摩擦不断。特朗普执政期间多次不顾中方政府劝阻，掀起新一轮的中美贸易战，并对中国实施技术遏制。华为作为当今世界5G技术的领头羊，自然被美国政府视为眼中钉，被列入贸易限制名单。在这样的大环境下，美国媒体通常用有色眼镜看待中国，以偏见视角报道中国。

3 结 语

新闻报纸是意识形态的传播工具，很明显，中美两国的新闻报道与本国政府的主流意识形态是一致的。这就要求我们在新闻阅读中不断提高批判意识。

参考文献

[1] FAIRCLOUGH N. Critical discourse analysis [M]. London: Longman, 1995.

[2] FOWLER R. Language in the news: Discourse and ideology in the press [M]. London: Routledge, 1979.

[3] VAN DIJK T A. News as discourse [M]. Hillsdale: Lawrence Erlbaum, 1988.

新时代文学翻译本土化问题探微*

乔　樱**　梁桂霞***

摘　要　翻译研究伴随着时代更迭也在不断发展。由于各国的文化差异，翻译本土化问题一直存在，也将长久存在。本文通过比较不同文学翻译手法的译文，对新时代下文学作品如何本土化翻译进行了一些探讨。

关键词　翻译本土化；文化信息传递

1　新时代文学翻译本土化问题

为了提升文化自信，弘扬本土文化和规避文化同质化，文化翻译无疑起到了既捍卫本民族文化特色，又让各民族文化相互交流沟通、彼此借鉴的桥梁作用。翻译本土化的研究至关重要，并要随着时代的变化而发生改变。翻译是个永无止境的工作，在新时代，我们应该对以往版本进行更新，使得翻译文本与时俱进。

2　新时代文学翻译本土化策略研究

2.1　新时代文学翻译本土化的归化策略

翻译首先要考虑目标语读者，应该做到有效地传递原文信息。时代在

* 本文是北京工商大学“2019 大学生创新创业项目——新时代翻译面临的问题探究”（项目编号：B048）的研究成果之一。

** 乔樱，北京工商大学外国语学院商英 2017 级学生。

*** 梁桂霞，北京工商大学外国语学院副教授，主要研究方向为外语教学、文化与翻译。

发展，翻译也应该适应新时代的新要求，在尊重原文的基础上，更多地运用归化策略把源语本土化，以目标语或译文读者为归宿，采取目标语读者所习惯的表达方式来传达原文的内容。只有这样才能更好地帮助读者理解文本内容。翻译本土化即是归化的体现，在保留原文独特文化色彩的基础上，运用本土化的语言文字进行翻译，使得文章更加贴近读者所在文化土壤。

如今全球化浪潮势不可挡，不同文明都竭力捍卫其文化特色。新时代语言文化桥梁的翻译者更应该深入研究翻译本土化问题，厘清归化与异化的关系，掌握翻译的平衡。

2.2 本土化经典——哈姆雷特独白英译中翻译示例

原文：

To be, or not to be: that is the question:
Whether'tis nobler in the mind to suffer
The slings and arrows of outrageous fortune,
Or to take arms against a sea of troubles,
And by opposing end them? To die: to sleep;
Must give us pause.

梁实秋译文：

死后是存在，还是不存在，——这是问题；究竟要忍受这强暴的命运的矢石，还是要拔剑和这滔天恨事拼命相斗，才是英雄气概呢？死，——长眠，——如此而已。

朱生豪译文：

生存还是毁灭，这是一个值得考虑的问题；默然受命运的暴虐的毒箭，或是挺身反抗人世的无涯的苦难，通过斗争把它们扫清，这两种行为，哪一种更高贵？死了，睡着了；什么都完了。

通过两种译文对比可以看到，梁实秋先生的译文委婉细腻，文学色彩更强烈。在忠于原文的基础上采用了对仗的句式，由此可见，译者受中国诗歌句式工整的影响，译文更具中国特色。朱生豪先生的译文更加直白易于理解，译文在传达原意的基础上也保持了句式工整。如果说，在中国的莎剧翻译史上，朱生豪译本可算是第一个里程碑，那么梁译本就应该说是第二座里程碑。两者都是在忠于原文的基础上联系文化背景做出的本土化翻译。

2.3 莫言《影响我一生的母亲》中译英翻译示例

原文：母亲是小脚，跑不动。

译文：Mother，who had bound feet，could not run.

“小脚”是一个有中国色彩的词，他并不单单指脚的尺码，而是指缠足女子的脚，是一种因足部在发育过程中被外力束缚变得畸形的呈“弓形”的脚。所以译者没有直接将“小脚”译为“small feet”，而是用“bound feet”来代替，这是在充分理解原文所表达含义上的翻译，忠于原文的本土化翻译使得译文更加易于目标读者理解。

再如对原文“你要就要，不要就滚!”这一几乎带着粗口、富含口语特色的句子，葛浩文不囿于原文，改写为英文中对应的口语体“If you don't want them，you can get the hell out of here!”。译者在此句的翻译中改写了一部分，很好地保留了原文的口语特色。将原文略带粗口的语句对应英文中的口语化表达。这样的本土化翻译使得句子更加生动。

2.4 诗歌《江雪》中译英翻译示例

原文：

江雪

千山鸟飞绝，万径人踪灭。

孤舟蓑笠翁，独钓寒江雪。

译文：

Fishing in Snow

From hill to hill no bird in flight,

From path to path no man in sight.

A lonely fisherman afloat,

Is fishing snow in lonely boat.

在将如此短小精炼的诗词翻译成英文的过程中，许渊冲先生就做了很好的本土化处理，如“千”“万”是否需要完全对应译成英文数字。这里古诗词中的“千”“万”是诗歌中常见的虚数，意在描绘场景之宏大或情义之深刻等。许渊冲先生的翻译用同样的两个句式把虚化的两个词具体化，寂静不止千山万径，而是无所不在。许渊冲先生的翻译做到了与文化背景结合的本土化翻译，很好地传达了原文的意境和诗词内涵。“From hill to hill no bird in flight，From path to path no man in sight.”这两句遵从了诗歌对仗的句式，朗朗上口，颈联和尾联中两个“lonely”相呼应，在传达诗歌内涵的基础上使译文更具独特的中国文化色彩。

3 研究翻译本土化的意义

民族主义与全球化并非势不两立，民族主义对抗全球化的策略是有条件的，其抗拒效应也是有限的。人类社会的飞速发展，使得全球化发展趋势不可逆转，促进了各文明相互交融，彼此借鉴，文化同质化现象开始出现。因此，保留本土文化的独特性至关重要。

翻译肩负着文化使命，本土化翻译是保留自身文化色彩的重要途径。通过翻译本土化，可以更好地弘扬本民族文化，使得民族文化更好地被接受被理解，促进世界文明的包容性提升，这也是本土化翻译的意义所在。

翻译美学视域下《还乡》两译本比较研究

——以王守仁和孙予汉译本为例

王　沛[*]　刘红艳[**]

摘　要　当今世界，各国文化相互融合，相互促进。西方著作和文艺作品大量引进。《还乡》是英国著名小说家托马斯·哈代具有特色的小说之一。翻译是一种跨文化的交际活动，译者不仅需要具有良好的文学功底，还需全面深入了解原文，在理解的基础上准确表达。在翻译美学视域下，本文对王守仁和孙予的《还乡》汉译本进行了比较研究，深入分析了其在文字表达、翻译策略、情感刻画上的异同，用具体例子分析并概括了两译本的特点，让读者感受文字与语言魅力、人物刻画与环境渲染中翻译的魅力，为读者挑选汉语译本提供参考。

关键词　《还乡》；翻译美学；王守仁；孙予；比较研究

1　文献综述

《还乡》已经在中国出版的汉译本译者有张谷若、王守仁、孙予等。其中王守仁、孙予的译本颇受欢迎。通过文献阅读，笔者发现目前关于《还乡》的研究大多是文学赏析与批评。例如《哈代的宿命论》，从《还乡》的人物角度进行研究与分析。在翻译领域中，研究者们往往关注单一文本的分析，例如，张谷若《还乡》译本中对译者主体性的研究，张谷若

* 王沛，北京工商大学外国语学院翻译专业硕士研究生，主要研究方向为英语口笔译研究。

** 刘红艳，北京工商大学外国语学院教授，研究方向为基于语料库的话语、学习者语料库。

《还乡》译本的生态学视角下的翻译研究。然而，从翻译美学的角度下对《还乡》汉译本的比较研究却相对较少，目前并没有具体化比较分析王守仁与孙予两汉译本的研究。本文在前人研究的基础上，从翻译美学的视域对王守仁和孙予《还乡》两汉译本进行了比较研究。本研究的目的在于两方面：一方面是让中国读者感受源语文化魅力，感受外国人的思维方式、意识形态、行文习惯与文化内涵，并为中国读者传递书中的思想精髓，陶冶读者文学情操。另一方面是让中国读者了解并感受翻译的魅力。不同译者对同一个文学作品的两种不同风格的翻译，通过对两种译本的比较分析，读者可以获得不同的阅读体验，并根据自己的喜好进行选择。以上就是本研究的意义所在。

2 译本分析

例1：Along the road walked an old man. He was white - headed as a mountain, bowed in the shoulders, and faded in general aspect[1].

孙予译文：老人走在这条古道上，他满头银发如同雪山。双肩佝偻，脸容憔悴，身形衰老。他头戴一顶上过浆的帽子，穿一件式样很老的船员大氅和一双鞋子，衣服的铜扣子上都刻有一个锚[2]。

王守仁译文：沿着公路走来一个老人。他身体佝偻，面容枯槁，头发像是雪山一样，全白了。他戴一顶磨光料的帽子，披一件老式的水手斗篷，穿一双皮鞋，铜扣子上刻着铁锚的标记[3]。

王守仁和孙予都用准确的句子和段落来表达原文的意思，用带有文学色彩的语句描绘出了暴风雨前的荒原、压抑的环境气氛和阴郁的人物形象，使读者沉浸在荒原的灰暗氛围中。在描写老人形象时，王守仁使用了比喻的修辞手法，使人物形象更加生动具体；在句子结构上，王守仁的句子结构更加松散，符合汉语竹节式排列的行文习惯；在文化意象上，王守仁使用“水手”来形容斗篷，符合中文文化，让读者更贴近故事情节；在翻译手法上，王守仁使用了归化的翻译手法如“磨光料的帽子”。用具有中文文化色彩的词汇描写帽子，王守仁习惯用平实的句子来表达丰富的含义。孙予更擅长于使用华丽的词藻来翻译句子。在用词方面，如在形容“路”时，王守仁简单地用了“公路”，而孙予使用了更有文学色彩的

“古道”，使文章更有意境；在修辞格方面，孙予同样使用了比喻，用“满头银发”这样带点儿文学色彩的词汇描绘老人的形象；在词汇表达上，孙予连续多次使用了四字格短语：“双肩佝偻，脸容憔悴，身形衰老”，增强了语段文学性，使文字更加有张力。在具体阐释双肩和脸容后，又使用“身形衰老”来概括总结，符合中文表达习惯，易于被读者接受。在翻译手法上，孙予使用了异化的翻译手法，如“船员大氅”，保留了具有源语文化色彩的词汇，更易于引起读者的阅读与求知兴趣，达到了传播源语文化的效果。

例 2：the untamable，ishmaelitish thing[1]

孙予译文：桀骜不驯，一副遭人唾弃的样子[2]

王守仁译文：以制服，以实玛利人[3]

这里选用原文形容人的词语。王守仁更注重对原作的准确表达，直接使用“实玛利人”，传播西方文化，刺激读者求知兴趣。孙予更注重传达信息的通俗易懂与文学性，采用意译的方式来表达。

例 3：Their Tartarean situation might by some have been called an imprudent one for two unattended women. [1]

孙予译文：两个女人在无人照顾的情况下，孤独地走在这阴森森的地方，这很可能会被人称作是一种冒失而不谨慎的行为。[2]

王守仁译文：假如有两个女人不要陪伴，来到这阴森森的塔特罗斯，人们会觉得她们大胆轻率。[3]

分析发现，王守仁直接使用异化的翻译手法。“塔特罗斯”具有源语文化色彩的词汇，让读者直接接近源语言的思想，体验不同的文化故事，引起读者了解西方文化的兴趣，促进中国和西方之间的文化交流。而孙予则采用了归化手法，使用修辞方法使读者对源语言的文化特征有了更深刻的理解，使读者更容易读懂并接受西方文化思想。两位译者都把自己的情感融入自己的中文译本中，传递文学力量，提高读者的阅读和写作能力。

3 结 论

本文在翻译美学视域下对王守仁和孙予两种汉译本进行比较研究。两种译文都准确传达了源语文章信息、情感，并尽可能使中国读者与源语文章读者有相同的阅读感受与文学熏陶，但是不同的译者有其表达特色。本文从词汇、修辞方法、句子结构、意识形态、翻译手法和文化意象等方面深入分析了两个版本的异同，为读者提供了足够的空间来比较和选择自己喜欢的版本，同时感受文化和翻译的魅力。

参考文献

[1] HARVEY G. The complete critical guide to Thomas Hardy [M]. Routledge: Taylor & France Group, 2003.

[2] 托马斯·哈代. 还乡 [M]. 孙予，译. 上海：上海译文出版社，2006.

[3] 托马斯·哈代. 还乡 [M]. 王守仁，译. 南京：译林出版社，1997.

在词语搭配理论的框架下审视“深化改革”的英译

罗密密[*]　苗天顺[**]

摘　要　语料库语言学揭示了词语搭配的内在关系，即一个节点词与其搭配词之间需要一定程度的语义兼容性。相互缺乏兼容性的搭配可认定为误配。由于中英之间方方面面存在着差异，汉英翻译中译者很可能会把汉语的搭配句型迁移到目标语中。本文对 deepen 和 reform 各自的搭配作了深入调查后发现：这两者在自然英语中并未形成搭配。因此，“深化改革”译为 deepen reform 违反了目标语的搭配。为了实现译文的地道性，本文在对自建的新闻英语语料库调查的基础上，提出若干与“改革”相关的自然英语搭配，以供读者参考。

关键词　词语搭配；汉英翻译；深化改革

1　引　言

在如火如荼的改革年代，“深化改革”成为热词。汉英翻译界常将其译为 deepen reform，并一用就是数十年。但该动宾搭配已经遭到外语界的质疑。例如，戴炜栋、陆国强从概念的角度进行了研究，认为这一“译文的概念结构在语义的衔接和概念连贯上均有缺陷”，因为这两个词项“缺乏语义相容性（semantic compatibility）”。他们的最后结论是：“在英语概

---

* 罗密密，北京工商大学外国语学院 2018 级英语翻译硕士。

** 苗天顺，北京工商大学外国语学院副教授，研究方向为翻译、语言学。

念结构中 deepen 与 reform 的搭配使用是不成立的”。本文将在词语搭配理论的框架下审视 deepen reform 搭配在自然英语中是否合理；同时，根据语料库研究发现，建议若干符合英语搭配的习惯表达式。

2 词语搭配与翻译

语料库语言学的一个重大发现就是词语搭配。麦卡锡（McCarthy）和奥德尔（O'Dell）认为，“搭配是一对或一组经常一起使用的词语。这些组合在本族语使用者听上去很自然，但……往往很难掌握”。有些组合虽然看上去语义、语法并无大碍，但在英语母语的使用者听来不是错误的就是别扭的。例如，形容词 fast 可与 cars 或 food 搭配，但就是不能与 glance 或 meal 搭配；可与这两个词搭配的是 quick，如 a quick glance/meal。

词语搭配是根据词项之间的语义相容性所形成的同现现象，是有一定范围的。对此，麦金托什（McIntosh）运用“搭配范围（range）”来描述词语之间相容性的容忍度（tolerance of compatibility）。一个词项的搭配范围即是该词潜在搭配词的总数，也是一个词项在语义上能兼容其他词项的范围。因此，molten（熔化的）的搭配或兼容范围包括 metal/lava /lead 等，但不包括 postage，因为两者之间缺乏语义相容性。

众所周知，正确的词语搭配是流利自然的英语的基础。进一步说，流利自然的英语储存于心理词库（mental lexicon）中，而不在双语词典里。译文应该是译者心理词库的自然流露，而非根据双语词典列出的翻译对等词拼凑词句。其主要原因是，语言搭配的力量极为强大，在绝大多数情况下，即使换一个同义词，词语搭配所表达的语义或概念也会产生变化。例如，即使“年”与“岁”在汉语中可算得上是绝对同义词，而且同是 year 的精确翻译对等词，但若将“I'm teaching a boy English. He is fifteen years old.”译为“我在教一个男孩英语，他 15 年了”，听/读者肯定会感到茫然。不过，在英汉翻译中，此类译文可完全避免，因为我们有强大的语言直觉，可不断自我修正。但在汉英翻译中，我们则完全丧失了这种优势。其结果是只能机械地、逐字对应地翻译，完全顾不上目标语的语义兼容性或词语搭配范围。例如，将“深入发展”译为 deepening development，译者可能自认为是精准的翻译，但英语母语使用者却很可能不会买账，因为

deepening 超出了 development 的搭配范围。而实际上，在他们的心理词库中，deepening 一般与危机义类、冲突义类和关系义类词项搭配，而 development 则通常与 further 搭配。

汉英翻译中词语误配的例子比比皆是。譬如，“总结经验”并非 sum up experience，而是 draw upon experience；“现代化建设”也不是 modernization construction，而是 modernization campaign/drive；“经济林”也绝不是 economic 与 forests 的拼凑，而是 cash trees。凡此种种，不一而足。

以上例子的译文反映了第二语言习得者一种典型的常规思维方式，即在用词和结构形式上一味追求词性、词序和词义的机械式对应。从汉语的思维方式来看，此类译文无懈可击，但从英语的思维方式来分析，其在搭配和意义上均存在着问题。下面，我们将从语义和词语搭配的角度讨论 deepen reform。

3 “深化改革”的翻译方法

3.1 reform + go deep (er)

当“改革”处在主语位置上，谓语动词“深化”可用 go deep (er) 来表达。在这一句型中，谓语动词位置上尽量避免使用 deepen，因为该词有“恶化”之嫌。若将“随着农村改革的深化”译为 As rural reforms deepen，此句在目标语中至少会产生歧义。而 As rural reforms go deeper 则不会引起误解。

例 1：农村综合改革继续深化，集体林权制度改革全面推开。

原译：Comprehensive rural reforms continued to *deepen*, and reform of collective forest rights was instituted throughout the country.

改译：Comprehensive rural reforms continued to <u>go deep</u> while reform of collective *timber* rights was instituted throughout the country.（改译中的下画线斜体字为笔者修改内容，下同。）

例 2：中国特色社会主义法律体系基本形成，依法治国基本方略切实贯彻，行政管理体制、司法体制改革不断深化。

原译：A socialist law system with Chinese characteristics was basically in place. The rule of law was effectively implemented as a fundamental principle. Reform of the government administration system and the judicial system continued to *deepen*.

改译：A socialist *legal* system with Chinese characteristics was *largely* in place. The rule of law was effectively implemented as a fundamental principle. Reforms of *the executive* and *the judiciary* systems *went* increasingly *deep*.

“法律体系”在英语中一般用 legal system，但当 law 前有一个形容词修饰时可直接与 system 搭配，如 the common - law system，the civil - law system。另外，本文主要讲述“三权”，因此用 the executive，the judiciary（及 the legislative）来表达“行政管理”和“司法”更为合理。

3.2 deeper reform

经过上文的搭配句型调查，我们可以确定 deepening 与 worsening 是同义词，因此在译文中尽量避免使用 deepening + noun 的搭配，改用 deeper reform，以避免误导。

例 3：随着农村改革的深入发展和国家扶贫开发力度的不断加大，中国贫困人口逐年减少，贫困特征也随之发生较大变化，贫困人口分布呈现明显的地缘性特征。

原译：Along with the *deepening* of the rural reform and the constant strengthening of development - oriented poverty relief, the number of the poverty - stricken people has shrunk year by year; great changes have taken place in the features of poverty; and the distribution of the poverty - stricken population shows obvious geographical characteristics.

改译：Along with the deeper rural reform and the *ever - stronger anti - poverty development*, the impoverished population has shrunk year by year. *Patterns of poverty* have greatly changed and the distribution of the poverty - stricken population shows *notable* geographical features.

3.3 “深化改革”作为标题

“深化改革”作为标题翻译可采用英语中常见的偏正结构，即形—名搭配 deeper reform，无须使用动名词，以避免误解。例如，若“深化农村改革”作为标题译为deepening rural reform 的话，就容易落入英语 deepening + noun 搭配和思维的窠臼，而 deeper reform 则不会。

例 4：深化价格改革

原译：Deepening price reforms.

改译：Deeper price reforms.

例 5：深化流通体制改革。

原译：Deepening reform of the distribution system.

改译：Deeper reform of the distribution system.

3.4 verb + deeper reform（of/to）

大多数情况下，源语的动宾搭配在目标语中可能需要一个谓语动词。这时，我们可选用 verb + deeper reform（of/to）或 further reform（*vt.*）+宾语。例如，“深化收入分配制度改革”可译为 We will make deeper reform to 或 further reform the income distribution system。为实现自然地道的英语，尽量避免使用 deepen reform。

4 结　语

无论是词典定义调查，还是词语搭配调查，都证明 deepen reform 是一对危险的组合，因为在英语母语使用者的心理词库中，deepen 主要用作贬义，即有“恶化”之嫌。即便不是“恶化”之意，它也不是典型的搭配。产生这一译文的原因可能是英汉/汉英双语词典之“过”，即要么在 deepen 下未列出“恶化”义项，要么在“恶化”条目下未列 deepen；汉英译员的对号入座的翻译与思维方式，导致他们把第一语言的搭配句型强加于第二语言的搭配句型，其结果是语法结构绝对正确，而译文在形式和意义上不相匹配，形成了“中国式英语”。

英汉同声传译中应对“极限原语”的策略研究

王致虹*

摘 要 英汉同声传译中常遇到“极限原语”，即语速快、语法结构复杂、专业术语多的原语，对目的语输出造成极大障碍，而对该问题的应对策略研究尚缺。本文将论述英汉同声传译中应对极限原语的策略及原因。

关键词 英汉同声传译；极限原语；口译策略

对母语为汉语的同声传译员来说，英汉同声传译中常遇到难度极高的“极限原语”。这大多是由于原语语速快、语法结构复杂、专业术语多、口音重等，其中口音问题的应对策略本文不做探究，仅研究应对语速快、专业术语多的原语的一般性策略。

应对“极限原语”的策略主要有：减少任务数量、缩短 EVS（ear - voice span，听说时差）、缩短断句意群长度、抓主干、加快语速、调整预期等。下面对减少任务数量、缩短断句意群长度、缩短听说时差这三个核心策略进行重点论述。

第一，减少任务数量。同声传译采用多任务处理模式，译员需同时进行听辨、短时记忆、双语转换、监听等任务。然而译员的精力是有限的，任务数量越多，分配到每个任务的精力就会减少。面对“极限原语”，听辨的难度大大增加，因此译员应当专注于听辨，适当减少其他任务的精力

* 王致虹，北京工商大学外国语学院讲师，主要研究方向为口译理论。

消耗，并剔除非必要任务。在该情况下，常见的非必要任务包括视觉输入、辅助笔记，其中视觉输入主要指看发言稿、幻灯片，译员甚至可以闭上眼睛，彻底切断视觉输入，将注意力集中于听辨。

第二，缩短断句意群长度、缩短听说时差。听说时差指的是从原语输入到目的语输出之间的时间差，适当拉长听说时差有利于提取并理解更完整、全面的意群。面对“极限原语”，经验不足的译员常下意识地拖长听说时差，试图通过增加原语输入来改善原语理解。但该策略仅适用于原语专业术语不多的情况。当原语专业术语多时，该策略则会加重译员的短时记忆负担，从而导致信息大量遗漏。因此，面对“极限原语”，译员应当缩短听说时差，即听即译。这就要求译员缩短断句意群长度。顺译是同声传译的基本方法，而顺译的核心就是断句，因而做好断句对于同声传译来说具有重要意义。断句通常以意群为单位进行。面对“极限原语”，应当在不破坏意思完整性的前提下尽可能缩短断句意群，这样才能真正实现即听即译。

词无定义　译有“定”法

张艳华[*]　周　洁[**]

摘　要　翻译是两种语言间的意义转换，因此翻译不应拘泥于语言形式，而应注重语言意义。本文通过具体的英语句子中的非最高级形式，翻译成汉语“最”高级的例子，探讨了翻译中采取灵活、变通的方法，才能达到“忠实、通顺”的翻译标准。

关键词　翻译；忠实；通顺；最高级

纵观中外翻译史，上下几千年，各家各派，纷纷提出了各类标准。近代严复所提的“信、达、雅”，朱生豪的“神韵”说，钱钟书的“化境”说，鲁迅的“保存原作丰姿，力求其易解”，张今提出“真、善、美”，辜正坤的“翻译标准多元互补论”，王芳分五个等级的双向标准，吕俊据哈贝马斯的普遍语用学理论提出后现代文化语境中的翻译标准，李晓敏的“得体”标准，以及郑海凌“和谐”的标准，等等。国外翻译理论家的类似提法有英国的泰特勒翻译三原、苏联费道罗夫的“等值论”、巴尔胡达罗夫的“语义等值”论、美国奈达的“等效”等，林林总总。

但是，由于语言文化差异的存在，翻译中的两种语言文化错位无法校正，空缺无法弥补，冲突无法调和，价值观取向相左，社会历史环境不同，绝对意义上的“标准”，只能是一种不可企及的理想。“不增”“不减”“不改”的翻译只能是书生的理想。那么，翻译中译者应遵循什么标

* 张艳华，北京工商大学外国语学院副教授，主要研究方向为语言学、翻译理论与实践等。

** 周洁，北京市西城经济科学大学外语系教师，主要研究方向为经贸英语。

准呢？正如余光中先生所言："翻译如婚姻，是一种两相妥协的艺术……以求两全之计，至于妥协到什么程度，以及哪一方面应该让步，神而明之，变通之道，就要看每一位译者自己的修养了。"

所以翻译应是两厢兼顾的艺术，是追求字对句照还是感同身受？语言符号的任意性、多义性、非理性、模糊性就决定于译者的灵活性。数理学家蒙塔古（Montague）也指出：语言不仅仅是语言形式（Language is more than language form）；威特根斯坦（L. Wittgenstein）认为，词不存在词意，只有用法（the meaning of a word is its use in the language）；奈达（Nida）则更直白地说"翻译即是翻译意义（Translation means translating meanings）。因此，翻译过程不是翻译词汇，而是翻译概念；不是翻译语言形式，而是翻译语言意义（The process of translation is one of translating not words but concepts，not forms but meanings）"，"翻译不应只注重词句本身，而是应注重原文的思想"。从傅雷"重神似不重形似"、瞿秋白"等同概念"，到奈达的"功能对等（functional equivalence）"或"动态对等（dynamic equivalence）"，到戈尔莱（D. Gorlée）的"指称对等（referential equivalence）""意义对等（significantial equivalence）""质量对等（qualitative equivalence）"。翻译时，都把原文的"真正意义"放在翻译首位。

英汉文字不对称、不对应、不对形、不对等现象比比皆是。这也是两种语言本质属性、特点使然。汉语中的"都"对应的英语可以是"all"，但"都"还可以译成 each，every，everything，any，nothing，none，no none，both，neither，either，等等，反之亦然。所以我们必须以"忠实、通顺"为前提，采用灵活、变通的翻译方法，确保得"意"忘"形"。

英语表达形容词最高级时，通常在单音节形容词后加 est，在其他规则的多音节形容词前加 most，如 oldest（最老的、最旧的）、most difficult（最困难的）等。但英语中表达最高级的远非上述两种形式。因此，面对具体似非而是的最高级情况，我们应该看清庐山真面目，灵活变通，酌情译成汉语里的"最……"，使译文"意义相等"，达到异曲同工之妙。

（1）名词的重复使用。英语中的…N of Ns…结构，相当于汉语里的"百里挑一""……之最""……之首"。

The loss of self - confidence is *the fall of all falls*. 失去自信是最大的

失败。

（2）as ... as ... can be 结构，表示“尽……”，达到“无以复加的程度……”。

①It is *as simple as simple can be*. 这事最简单。

as ... as ... can be 意思是“极其”，“最为”；as... as need be 和 as ... as any 均是同样的结构，有时 can（could）be 可以省略。

②He is *as brave as any man alive.* 他是世界上最勇敢的人。

as... as... 意为“与……同样”，继而也可解释成“比……不差”。

③He is proud *as proud can be* in our class. 他是我们班最骄傲的人。

（3）肯定句中的比较级。

They are *all kinder than kind.* 他们都是最善良的人。

（4）否定句中的比较级。

There is *nothing easier than* this. 这事最容易（没有比这更容易的事情了）。

（5）词后加 most。在方向、方位、地理位置等词后加后缀 most 构成复合词，表示最高级。

①The post is in the east northeastmost tip of our country. 这是我国最东北偏东的岗哨。

②There is a letter A in the *lowermost* right corner. 在最右下角有一个字母 A。

（6）everything。本身含有“最重要的事物”“最宝贵的东西”之意。

In any difficulty, self - confidence is *everything.* 在任何困难中，保持自信最重要。

（7）定冠词 the。它用来加强特指意义，从“独一无二”“无与伦比”的角度来表示“最优秀”的“最典型的”等意思。

Her wedding was *the* event of the town this month. 她的婚礼是本月城里最重大的事件。

（8）形容词 very。它起加强语气的作用，有“极端”“达到极限”的含义。

She died at the *very* height of her fame. 她在声望最高时去世了。

（9）表示顺序的词。

first 和 last 分别有“第一位的”“首要的”和“最后的”“末尾的”的

词义。

①This is the *last* place I would like to visit. 这是我最不愿意来的地方。

②The *first* happiness is health in body and mind. 身心健康是最大的幸福。

（10）一些短语。

①We will settle the issue *once and for all*. 最后，我们要解决这个问题。

②The news will be made public *in the near future*. 这条消息最近要公布于众。

（11）一些名词。

这些名词本身已具有"最……"的含义，因而可表示最高级。

①After he lost election, his spirits sank to their *nadir*. 竞选失败后，他的情绪降到了最低点。

②He scored a *possible* at 100 meters. 他在一百米比赛中取得了最好的成绩。

③He came so late that he missed the *cream* of the match. 他来晚了，错过了最精彩的比赛。

这类用法较多，如 culmination（最高点），ultimatum（最后通牒），summit（最高级会议），superlative（最高级或最好的人、物），等等。

（12）一些形容词。

The *initial* stage has been smooth. 最初阶段一直顺利。

类似的形容词有 fundamental prerequisites（最基本要求）、supreme（最高的）、ceiling price（最高价格或最高限价）、ultimate（最后的）、final（最终的或最后的）、optimum（最优的或最佳的），等等。

（13）一些副词。

Many new films will be released *soon*. 最近要上映许多新电影。

类似的词有 eventually（最终）、extremely（最……）、lately（最近）、recently（最近），等等。

（14）一些动词。

①His composition *topped* the rest in his class. 他的作文在班上最好。

②China has a civilization which *antedates* that of any other existing country in the world. 中国的文明是世界上最早的文明。

（15）习惯用法。

For reasons of geography, language and family ties, *the lion's share* of Hong Kong investment has been directed into Guangdong Province. 由于香港的地理位置、语言和家庭联系，它最大的投资一直在广东省。

新时代特色词汇翻译研究*

孟　畅**　梁桂霞***

摘　要　本文对新时代大环境发展背景下特色词汇的翻译问题进行了研究，努力探寻新时代特色词汇的有效应对翻译策略。

关键词　新时代；特色词汇；翻译研究

1　新时代中国特色词汇翻译研究背景

习近平总书记在十九大报告中指出："经过长期努力，中国特色社会主义进入了新时代，这是我国发展新的历史路径。"自"新时代"以来，中国与世界各国的交流更加频繁，文化、政治、经济等各方面的信息不断涌入。新时代的翻译也呈现出其独有的特点。特色词汇是其中一个非常重要的内容。特色词汇即专业语言，具有极高的专业知识性质。它区别于普通的社会性符号，特色词汇的翻译也逐渐被国内外学者重视起来。吴岩曾经在一次专业设置会上强调，"高校专业设置的第一准则是社会需求，这是王道"。面对新技术、新需求，翻译专业不能以不变应万变，"自娱自乐，跟社会脱节、跟经济脱节"。从文学和政治文献翻译向为各行各业提供语言服务的转型是不可阻挡的历史潮流，不调整就出局。

* 本论文为北京工商大学大学生科学研究与创业行动计划大学生创业项目"新时代下翻译面临的问题研究"（项目编号：B048）的部分研究成果。

** 孟畅，北京工商大学外国语学院 2017 级学生。

*** 梁桂霞，北京工商大学外国语学院副教授，主要研究方向为外语教学、文化研究与翻译。

2 特色词汇翻译探究

2.1 文化差异导致偏差

新时代互联网渗透到每个人的生活中，也由此衍生出了一系列的互联网“职业”。这些新兴的职业非常热门，在全世界年轻人的圈子中迅速壮大，并逐渐发展完善。而其中一种流行的职业就是“vlogger”。这个单词由“vlog”衍生而来，意思是视频博客，但是单单称其为博客，意思又浅了些。网络时代的vlog更多是一些普通人分享给网友的日常生活。他们的分享渐渐被网友知道，而他们也被大众了解。他们就是“Internet Celebrities”。中国也渐渐吸收了vlog文化，有数字媒体平台供普通人向大家分享自己的生活。然而vlog却没有很好地翻译出，没有采取归化与异化任意一种，而是只保留其英文模式。新时代的翻译所面临的事物是新奇多样的，固有文化和语境本身的差异使得网络英语外来词的翻译存在偏差。

2.2 词汇含义多样

很多词汇有诸多含义，并且其含义不相通。例如在经济方面，不了解商务英语词汇的人对于“security”一词的了解也就仅是知道它是安全、保镖的意思。但是它在经济学中、在商务英语中的意思为“证券”。再例如，“资产负债表”一词，其英文为“balance sheet”。同样，对于不了解商务英语的人来说，它的意思可能误为“平衡床单”，这样翻译就会闹出笑话。这样的词汇还有很多，例如bound、issue coins、deposit等。在翻译时要注意专业特色词汇的含义，具体意思要结合语境来分析翻译。

2.3 实时新闻层出不穷

网络的发展，让我们足不出户便可以了解身边发生的大事。普通人虽然不参与其中，但是可从各大社交媒体网站上即时看到、了解到发生的新闻大事，从而增添一份参与感。每天社交媒体的热搜都在变化，国内外大事不断在上面更新。每天我国外交部都不断与外国交流，同时也在回应大众感兴趣的外交话题。这要求高素质的翻译人才对其进行翻译，而且准确度要非常高。

3 新时代特色词汇翻译应对策略

在新时代大背景下，应对特色词汇翻译应从多方面入手，多点攻破，将特色词汇翻译细化，从而达到特色词汇翻译的信、达、雅。

3.1 具备一定专业知识

特色词汇，作为一种特殊词汇，要求有相应的专业知识。翻译时不单单对词汇理解有高的要求，而且对于将专业词汇放入语境中的翻译通顺度、流畅度要求也颇高。此外，对于新时代环境下新生的“实时词汇”，翻译时要求译者不光要具备高素质的专业翻译知识，而且对于新闻及不断更新的专业信息也要有相应的学习与了解。

3.2 了解特色词汇的社会文化背景

翻译时必须考虑特色词汇所处的社会文化大背景。新时代下的特色词汇带有强烈且明显的时代特征。特色词汇的不断更新与增加是随着世界的发展而变化的。专业特色词汇知识也在随着时代的发展而更加丰富。作为新时代的特色词汇不光具有很强的专业性质，而且与全球的大环境背景挂钩。因此，翻译新时代的特色词汇，需要在了解其专业知识的基础上，将其带入相应的时代背景，使两者充分结合。译者要了解社会生活，才能译出大众能理解的专业特色词汇。

3.3 将特色词汇翻译地道化、生活化

在翻译时要“地道”地将特色词汇同本国语结合，充分将特色词汇与本国的文化融合，促进双方的交流更进一步；也可将其生活化，将一些枯燥的语言“活”起来，让学术风气生动活泼，不再单一。

审视口译研究的新视角

刘红艳[*]　何　勰[**]

摘　要　西方学者和国内学者从新的视角审视口译，扩充了口译研究的新途径。传统口译研究主要集中在口译训练方法和口译技巧等方面，基于学习者口译语料库的研究为广大口译和对比研究者提供第一手的学生口译素材，深入研究可帮助我们发现学习者薄弱的环节，找到症结所在，从而在课堂教学中采用科学高效的技能训练方法，提高学习者的水平。

关键词　口译研究；学习者；口译语料库

1　引　言

西方口译学者把口译作为一门专业来研究已近70年，已形成一些成熟的系统化口译理论。肖晓燕将西方的口译研究总结为四个阶段：即预研期（20世纪50—60年代）、实验心理学时期（20世纪60—70年代）、实践期（20世纪70—80年代）和续展期（20世纪80年代至今）[1]。口译研究在中国起步较晚且由于一些历史原因发展缓慢。据刘和平所述，中国的口译研究可以分为三个阶段。第一阶段是1996年之前，主要集中在初步研究；第二阶段是从1996年至2002年，主要为有关动态研究和描述研究；第三阶段是从2002年至今。在这个阶段，国外的研究成果引入中国[2]，使得

* 刘红艳，北京工商大学外国语学院教授，研究方向为话语分析、学习者语料库。

** 何勰，北京工商大学外国语学院学生，研究方向为口笔译。

跨学科研究和实证研究成为趋势。

2 审视口译新视角

口译界最具代表性的“巴黎学派”在20世纪60年代末70年代初发展了“释义理论”，即“把口译看做一个本质上基于理解的认知过程”[3]。丹尼尔·贾尔（Daniel Gile）在认知学的基础上建立认知负荷模型（听力理解、翻译和短期记忆）[4]。西方学者和国内学者从新的视角审视口译，扩充了口译研究的新途径。

2.1 口译是意图明确的互动和人际交往

当口译涉及有意互动时，我们就可以假设从两种行为方式中进行选择以避免以一种特定的方式采取行动或不采取行动[5]。我们把口译看作是一种有意的互动，意味着口译的首要目的是改变现有的状态。口译交往中所涉及的参与人有一定的功能或角色，这些角色通过复杂的关系网联系起来。口译者的角色在翻译过程中显得尤为重要。从表面上看，口译员在翻译过程中是专业的，可以快速、准确、流利地向听话人传达讲话者的意图。在此意义上，口译员有权选择用不同的方式传达讲话者的意思和意图。口译的目标听众也是口译过程中的一个重要方面。口译的目标就是让听众能听懂，因此口译员必须了解听众的社会文化背景、期望、敏感性。

2.2 口译是跨文化交际

跨文化交际指那些在文化认知和符号系统上存在差异的不同文化背景人群之间的交流，包括反映讲话者意图的言语或非言语行为[6]。口译员用语言表达思想，但往往不能充分表达思想。因为表达时受到单词和语法限制或者讲话者并没有明确表达其实际思想。同一种语言的使用者也会发生误会。不同语言使用者受个性、情景及文化背景的影响，交流过程中更易产生误解。奈达（Nida）指出，熟悉两种文化甚至比掌握两种语言更为重要，因为语言的选择只有在其相应的文化背景中才有意义[7]。

从目的论的意义上来看，标识语的使用目的在于一个特定的目标。为了获得预期的目标，使用同一种语言的讲话者和听话人必须对标识语意义有一些认同。标识语是传统和具有文化特色的。若讲话者和听话人来自不同的文化背景，则他们不需要对标识语有相同的理解。讲话者的任何举动（也许是一个微笑或短暂的沉默）可能都会出现所表达意图被听话人误解的情况。即使是偶然事件都可以解释成一个有意义的标识，仅仅一个标识都可能在听话人潜意识里形成一个意义。当一位讲话者发言时，他会有一些面部表情、手势等非言语的行为，这可能给来自不同文化背景的听话人造成误解，因为不同的非言语行为在不同文化中可能有不同的含义。口译员应当忠实转达这些跨文化非言语行为的正确含义，这对口译员跨文化意识和跨文化知识提出很高的要求。

2.3 口译是动态的心理过程

贾尔认为，口译过程需要认知处理能力[8]。他在《口笔译训练的基本概念与模式》一书中也介绍了这一过程。交替传译中，工作记忆中已经形成的意义单位转入长时记忆或记录为笔记。需要下功夫的是，把握好在听到信息与写下笔记信息或工作记忆转入长时记忆的那一刻之间的时间，要把记忆的功夫下到回顾口译员长时记忆中连续的源语料或辅助口译的笔记，并了解其中的含义。

口译实践中，口译员对口译信息回忆和重现，这些心理语言学的步骤不是一个个接连出现的，重叠和代替几乎也会同时出现。交替传译过程分为聆听阶段和重构阶段。在聆听阶段，口译员听讲话者叙述并做笔记；在重构阶段，口译员用目标语言重构意义，前提是口译员掌握的语言和知识应该达到口译任务难度所匹配的相当水平。仲伟合提出了口译员的知识储备应包括语言知识、百科知识和专业口译技巧、艺术表达技能[9]。

3 基于学习者口译语料库研究的意义和价值

目前国内外对口译教学的研究主要集中在口译训练方法、口译技巧等方面，较少研究学习者口译实际语料。目前国内外学习者口译语料库尚处在起步阶段，数量和规模较小。

3.1 学习者口译语料库建设意义

学习者口译语料库对学习者口译的全过程进行剖析，即源语输入、信息解码、信息记录、信息编码及信息表达。展示口译五个环节的全貌，一定程度上反映（中国）英语学习者口译水平现状，为口译教学研究领域提供客观语言数据及信息支持，在大规模语料统计基础上分析学习者口译的总体表现，力图发现学习者的薄弱环节，找到症结所在并针对性地进行解决，以更好地指导口译教学。

学习者口译语料库的建设能够迎合口译研究科学化、客观化的趋势。基于口译语料库的研究有助于研究人员及教师获取大量客观语言运用数据，以这类数据为依据的研究可以更客观地对学习者口译话语进行描述和分析，进而得到更科学可靠的研究结果。口译研究借助口译语料库的技术优势，在这一强有力的研究工具的帮助下，采用客观的研究数据、科学的研究方法，为口译教、学质量的提高服务。

学习者口译语料库是口译教学的新资源。王克非等指出，当今的口笔译教学与培训，将不可避免地使用新工具、新技术。占据前沿工具和技术就意味着获取了创新的资源[10]。项目组希望借助语料库及相关技术对中国英语学习者口译的总体表现进行客观、量化的描写，既关注中国学习者口译能力强势所在，也关注学习者口译中面临的困境，从而为大纲制定、教材开发、教学实践提供参考。

3.2 学习者口译语料库建设价值

基于语料库的研究对口译的教学实践有很大的指导作用。我们可以在课堂教学中探索有效的训练方法，例如，如何培养学习者从“被动听入”转化到“主动听入”，口译中如何协调“脑记”和“笔记”的关系，如何从点状式的局部记忆法转化到网状式的整体记忆法，如何处理既呈线形排序又呈层次交叠的原语信息码，如何按照目标语的习惯表达形式有效编码等。将语料库运用到课堂教学在我国仍处于起步阶段，建成的学习者口译语料库将来可以为广大口译和对比研究者提供第一手的学生口译素材。借助检索、统计和分析软件我们可以较以往更快速、更有效地归纳出学生在口译中的常见问题，从而在课堂教学中采用科学、高效的技能训练方法，提高学习者口译专业素质，更好地应对经济社会发展带来的对高素质口译的市场需求。

将语料库运用到课堂教学在我国仍处于起步阶段。建成的学习者口译语料库可以为广大口译研究者提供第一手的学生口译素材。借助检索、统计和分析软件我们可以较以往更快速、更有效地归纳出学生在口译中的常见问题，深入研究可帮助我们发现学习者薄弱的环节，找到症结所在，从而在课堂教学中采用科学、高效的技能训练方法，提高学习者口译专业素质。

参考文献

[1] 肖晓燕. 西方口译研究：历史与现状［J］. 外国语，2002（4）：71－76.

[2] 刘和平. 口译理论研究成果与趋势浅析［J］. 中国翻译，2005，26（4）：71－74.

[3] PÖCHHACKER F. The role of theory in simultaneous interpreting［M］. // DOLLERUP C，LODDEGAARD A. Teaching translation and interpreting. New York：John Benjamins，1992：211－220.

[4] GILE D. Basic concepts and models for interpreter and translator training［M］. New York：John Benjamins，1995.

[5] NORD C. Translating as a purposeful activity：Functionalist approaches explained［M］. Shanghai：Shanghai Foreign Language Education Press，2001.

[6] PORTER R E，STEFANI L A. Communication between cultures［M］. Beijing：Foreign Language Teaching and Research Press and Thomson Learning Asia，2000.

[7] NIDA E A. Language and culture：Contexts in translating［M］. Shanghai：Shanghai Foreign Language Education Press，2001.

[8] GILE D. Les flux d'information dans les réunions interlinguistiques et l'interprétation de conférence：Premières observations［J］. Meta，1989，34（4）：649－660.

[9] 仲伟合. 口译训练：模式，内容，方法［J］. 中国翻译，2001，22（2）：30－33.

[10] 王克非. 双语对应语料库：研制与应用［M］. 北京：外语教学与研究出版社，2004.

以“大话语”为工具的文学话语案例分析

王红莉[*]　李常鹏[**]

摘　要　本文以詹姆斯·保罗·吉（James Paul Gee）的“大话语”为工具，以鲁迅的小说《故乡》中的话语片段为案例，从“语言要素”和“非语言要素”两方面出发，分析鲁迅和闰土两个人各具特色的语言表达方式，总结其社会身份的辨识与语言表达、个人价值观以及时间、地点等因素间密不可分的关系。

关键词　话语分析；大话语；鲁迅；《故乡》

1　引　言

近年来，话语分析研究兼容并蓄，成了现代语言学研究的新领域，具有显著的跨学科特点，研究范围广泛，分析内容丰富多样，研究方法呈现多元态势。吉的话语分析理论和方法就提供了一个综合分析的框架和方法。吉认为：话语是一种普遍的社会文化现象，参与交际的人通过话语从事某种社会行为。话语分析不仅要了解话语的表达层，还要深入意义和动作层，考察语言的功能以及语言使用者的编码和解码过程，注意社会文化语境和认知的作用。他引入了“大话语”（Discourse with the capitalized D）

---

* 王红莉，北京工商大学外国语学院副教授，主要研究方向为普通语言学、认知语言学、话语分析等。

** 李常鹏，北京工商大学外国语学院2018级国际法商英语专业硕士研究生。

的概念，认为社会活动和社会身份不单单是靠语言本身建立起来的，还涉及其他非语言材料，如身体、衣着、手势、动作、交际事件、做事方法、符号、工具、技术以及价值观、态度、信仰和情感等。具体的时间地点也起一定的作用。[1] 本文尝试以吉的“大话语”为工具，以鲁迅的小说《故乡》中的话语片段为案例，从“大话语”所涉及的“语言要素”和“非语言要素”出发，重点分析人物的社会身份与其本身的价值观和信仰、时间地点等因素间的密切关系。

2 文学话语案例简介

本文的文学话语案例选自中国现代文学史上的小说名篇——鲁迅的《故乡》。这里主要选取两个片段进行案例分析。

话语片段一，发生在鲁迅和闰土儿时的第一次会面：

> 我于是日日盼望新年，新年到，闰土也就到了。好容易到了年末，有一日，母亲告诉我，闰土来了，我便飞跑的去看。他正在厨房里，紫色的圆脸，头戴一顶小毡帽，颈上套一个明晃晃的银项圈，这可见他的父亲十分爱他，怕他死去，所以在神佛面前许下愿心，用圈子将他套住了。他见人很怕羞，只是不怕我，没有旁人的时候，便和我说话，于是不到半日，我们便熟识了。
>
> 第二日，我便要他捕鸟。他说：“这不能。须大雪下了才好。我们沙地上，下了雪，我扫出一块空地来，用短棒支起一个大竹匾，撒下秕谷，看鸟雀来吃时，我远远地将缚在棒上的绳子只一拉，那鸟雀就罩在竹匾下了。什么都有：稻鸡，角鸡，鹁鸪，蓝背……”
>
> 我于是又很盼望下雪。
>
> 闰土又对我说：“现在太冷，你夏天到我们这里来。我们日里到海边捡贝壳去，红的绿的都有，鬼见怕也有，观音手也有。晚上我和爹管西瓜去，你也去。”
>
> “管贼么?”
>
> “不是。走路的人口渴了摘一个瓜吃，我们这里是不算偷的。要管的是獾猪，刺猬，猹。月亮底下，你听，啦啦的响了，猹在咬瓜了。你便捏了胡叉，轻轻地走去……”

我那时并不知道这所谓猹的是怎么一件东西——便是现在也没有知道——只是无端的觉得状如小狗而很凶猛。

“他不咬人么?”

“有胡叉呢。走到了，看见猹了，你便刺。这畜生很伶俐，倒向你奔来，反从胯下窜了。他的皮毛是油一般的滑……”[2]

话语片段二，发生在鲁迅和闰土都成人后再次相见时:

这来的便是闰土。虽然我一见便知道是闰土，但又不是我这记忆上的闰土了。他身材增加了一倍;先前的紫色的圆脸，已经变作灰黄，而且加上了很深的皱纹;眼睛也像他父亲一样，周围都肿得通红，这我知道，在海边种地的人，终日吹着海风，大抵是这样的。他头上是一顶破毡帽，身上只一件极薄的棉衣，浑身瑟索着;手里提着一个纸包和一支长烟管，那手也不是我所记得的红活圆实的手，却又粗又笨而且开裂，像是松树皮了。

我这时很兴奋，但不知道怎么说才好，只是说:

“阿!闰土哥，——你来了?……”

我接着便有许多话，想要连珠一般涌出:角鸡，跳鱼儿，贝壳，猹，……但又总觉得被什么挡着似的，单在脑里面回旋，吐不出口外去。

他站住了，脸上现出欢喜和凄凉的神情;动着嘴唇，却没有作声。他的态度终于恭敬起来了，分明的叫道:

“老爷!……”

我似乎打了一个寒噤;我就知道，我们之间已经隔了一层可悲的厚障壁了。我也说不出话。

他回过头去说，“水生，给老爷磕头”。便拖出躲在背后的孩子来，这正是一个廿年前的闰土，只是黄瘦些，颈子上没有银圈罢了。“这是第五个孩子，没有见过世面，躲躲闪闪……”

母亲和宏儿下楼来了，他们大约也听到了声音。

“老太太。信是早收到了。我实在喜欢的不得了，知道老爷回来……”闰土说。

“阿，你怎的这样客气起来。你们先前不是哥弟称呼么？还是照旧：迅哥儿。”母亲高兴的说。

“阿呀，老太太真是……这成什么规矩。那时是孩子，不懂事……”闰土说着，又叫水生上来打拱……[2]

3 文学话语案例分析

3.1 语言要素：遣词造句

“大话语”指的是语言要素与非语言要素联结在一起帮助辨识人的身份。所以，语言要素在话语分析中的作用非常突出。如上面的话语片段里的鲁迅来自地主阶级，闰土是底层农民的一员。他们的社会身份截然不同，他们在话语交际中的用词和表达定然有所不同。例如，片段一中，闰土的语言生动活泼，孩子气十足，如描述怎样捕鸟时他用了动词“扫”“支”“撒”“缚”“拉”，栩栩如生，很有画面感。透过闰土的语言，看不出他跟对话人（鲁迅）间有任何因社会地位上的不同而存在的距离或隔阂。片段二是成年后他们的再次相见。这时的闰土自知自己社会地位低下，在用词上明显地顾忌与对话人间在身份地位方面的上下关系，恰当地使用“老爷”“水生，给老爷磕头”“老太太真是…… 这成什么规矩”等表达。他在主子面前，谨守本分，遵从礼法，举止言谈保守木讷，不敢擅言，与儿时那个侃侃而谈的小闰土判若两人。相反，鲁迅却不在意他们之间因当时社会背景造成的地位上的悬殊，不理会社会身份的差异，因为在他心里闰土一直就是自己亲如兄弟的伙伴朋友，一见闰土情不自禁地像儿时一样脱口而出“阿！闰土哥，——你来了？”

3.2 非语言要素：价值观与信念

个人价值观与信念是“大话语”中的非语言要素，在极大程度上从心理上影响着说话人的遣词造句和意思表达。如话语片段一中，闰土是个天真无邪的孩子，不谙世故，尚未被物质世界里诸如高低贵贱等概念深刻地影响到，还不太明白穷苦民众要给地主等贵族阶层叩头跪拜等礼数。所以，第一次相见，他把鲁迅视作朋友，把自己的有趣故事和生活经历和盘托出，生动地给生活在城里的鲁迅描述乡下趣事，“我们沙地上，下了雪，我扫出一块空地来，用短棒支起一个大竹匾，撒下秕谷，看鸟雀来吃时，我远远地将缚在棒上的绳子只一拉，那鸟雀就罩在竹匾下了。”“月亮底下，你听，啦啦的响了，猹在咬瓜了。你便捏了胡叉，轻轻地走去……”此时，闰土的价值观和信念是两小无猜间的平等对话与快乐分享。但随着各自长大，闰土逐渐接受了社会现实，形成了自己的价值评价体系，看清了自己与鲁迅之间的阶级差异和身份地位悬殊。片段二里，闰土心里有根深蒂固的价值判断，全盘接受了人与人之间的不平等，下人必须守礼法给主子下跪叩头以示尊重。他强迫儿子，“水生，给老爷磕头”，还向鲁迅的母亲道：“老太太真是…… 这成什么规矩。那时是孩子，不懂事……”

3.3 非语言要素：时间与地点

除了价值观和信念外，“大话语”所涉及的非语言要素还有很多，如时间、地点等要素在话语分析中依然不可忽视。回到两个话语片段中，其背景是封建专制统治和西方列强侵略和压迫下的旧中国。时间的印记可从小闰土之父以及成人后的闰土的外貌描写窥见一斑。具体地说，在时间上片段一描述的是 19 世纪 90 年代，片段二描述的是 20 世纪 20 年代的情况。所以，片段一展示了相对轻松的生活状态，西方列强的侵略和压迫当时虽已存在，但尚未达到片段二所展现的令人发指的严酷程度。随着 19 世纪末的西化运动的失败，甲午战争导致的《辛丑条约》的签订，人民生活每况愈下。这些都可以从两个片段的不同用词和表达里清楚看到。

关于地点，两个片段均发生在鲁迅家里，这个地点要素自然影响到闰土的话语表达与行为举止，即便在儿时，他因到了一个生地方，表现比较腼腆害羞，“他见人很怕羞，只是不怕我，没有旁人的时候，便和我说话”。这是天性，无可厚非，试想如果对话发生在闰土自己家里，他肯定会更健谈也更自信。

4 结束语

吉的“大话语”所涉及的语言要素和非语言要素很多，限于篇幅，这里仅对一部分要素进行了粗略的案例分析，证明了说话者的身份地位与其语言表达中的遣词造句密切关联，其个人价值观以及时间、地点诸要素也都会直接影响其在话语交际中的用词与表达方式。可见，“大话语”是非常有用的话语分析工具，当然，还可以与其他分析工具结合起来进行各种类型的话语分析尝试。

参考文献

［1］GEE P J. An introduction to discourse analysis：Theory and method［M］. New York：Routledge. 2000.

［2］鲁迅. 故乡［M］. 北京：中国青年出版社，2012.

影视作品中话语权的构建

——以《哪吒》为例*

刘美娟** 田 莉***

摘 要 本文分析了电影《哪吒之魔童降世》中话语权的构建，并指出未来可以借助更多的影视作品实现中国话语权的构建。

关键词 话语权；哪吒；影视作品

1 话语权与影视作品中话语权的构建

话语权是行为主体追求其表达语言的含义能够被确认的权利。因此，话语权的本质不是“权利”（right），而是“权力”（power），即讲话者通过言语或其他方式对议程设置及其结果进行影响、控制，谋取舆论的主动，从而达到既定目的。其言语的影响力大小就是话语权的大小[1]。过去，话语权更多地与国家经济实力、国防力量等息息相关，而如今，文化、舆论在话语权之争中所占地位不同凡响。电影作为一种传播文化的媒介及载体，贴近民众生活。电影中涉及的众多元素，如角色的构建、台词的选择、台词的表达方式、故事的讲述方式、影视配乐等能充分满足人们的视触听觉等功能，引导观众走入剧情，引发思考，从而传播电影故事背后的文化。因而，借助电影这一媒介，讲好中国故事、弘扬中国文化，对于提高中国话语权有很重要的意义。

---

* 本文为北京工商大学大学生科研与创业行动计划（项目编号：B035）的阶段性成果。

** 刘美娟，北京工商大学外国语学院商务英语专业2016级本科生。

*** 田莉，北京工商大学外国语学院讲师。

然而，长期以来话语权问题在中国影视界没有得到足够的重视，有些影视作品中甚至存在自我话语权毁损的现象，错位渲染了他人的话语主导、过度放大了他国规范[2]。最近几年，随着我国实力的不断增强，人们的文化自觉自信不断提高，我国影视作品在话语权的构建方面逐渐开始发生变化。国产动画《哪吒之魔童降世》（以下简称《哪吒》）就是一个很好的例子。

2 《哪吒》中话语权的构建

《哪吒》一经上映，便备受好评，票房突破 40 亿元人民币，稳居国内动画电影的首位。《哪吒》的爆红，与其源于传统文化但又推陈出新是分不开的。该电影正是通过对传统故事的改编，突出展现了中国传统文化和价值观，实现了话语权的构建。

首先，从选题上看，整个影片围绕哪吒这一家喻户晓的人物展开。哪吒是我国古代神话传说人物，也是经典的艺术形象之一，曾出现在《西游记》《封神演义》等多部文学作品中。其“项套乾坤圈，臂绕混天绫，脚踏风火轮，手持火尖枪”的形象深入人心。影片《哪吒》不是旧话重说，没有重现哪吒闹海、割肉还母、剔骨还父的旧有情节，而是基于传统文化，开创新的视角，重塑人物形象，塑造了一个被误解但心怀善意的顽童形象。这一形象的成功印证了中华传统文化的生命力与可塑性。同时，影片中山河社稷图内的山山水水、太乙真人的昆仑仙术、哪吒指点江山时的侠士风度，都是中华传统文化元素的体现，在一定程度上有助于中华文化的传播。

其次，该影片将骨肉亲情以及父母对孩子的无私奉献一展无余。父亲李靖摆脱了传统形象。作为总兵大人，他心系百姓，保卫百姓安宁，并对哪吒严加管教与约束，让哪吒勤练本领、造福百姓、重获尊重。他早就向神仙承诺，愿意以命换命，护哪吒周全。而李夫人性格豪爽，是能独当一面的英雄，但她同时又是一位爱子心切的母亲。李靖夫妇二人，从未视其为异类。在与哪吒相处的短暂的三年里，他们小心翼翼地将其“软禁”在家，以避开人们的攻击、敌视，给了哪吒最深刻的爱与关怀。在哪吒救下女孩却被误认为是妖怪时，李靖发觉哪吒手中的绿苔藓，便挨家挨户去求情、去辩解，小心谨慎地维护着儿子的清白。他们所做的一切不过是为了让自己的孩子能够幸福快乐地成长。影片中的李靖夫妇无疑是无数中国父母的缩影，默默付出，愿意为孩子奉献一切。这样真挚而无私的感情让人动容。哪吒终于明白了父母的苦心和对自己深深的爱。为报答父母之恩，他最终做出了正确的选择。这种骨肉深情是我们中华传统文化的重要组成部分，在西方影视作品中并不多见。细数西方影视作品中的英雄，我们可以发现，无论是蜘蛛侠、钢铁侠、哈利·波特还是超人，其父母都因为某些原因而缺席。而中国影视作品中，这种亲情却随处可见。《小别离》《银河补习班》以及《小欢喜》等主题就是父母和孩子之间的关系，就连《我不是药神》中的男主角参与药品买卖的初衷也是为了给父亲治病。家庭教育在孩子的成长中扮演着重要的角色。

在西方个人英雄主义泛滥的今天，我们不应放弃自己传统文化中的精华，而应通过影视作品对父母和孩子进行正确的引导，促进下一代健康成长。

3 结 语

《哪吒》的热映一方面体现了我国影视业在艺术审美、科技特效等方面的迅猛发展，另一方面也说明中华传统文化具有强大的生命力和可塑性。我们要矫正心态、树立文化自信，而不是一味追捧外来文化、接受西方观念的洗礼。我们应该思索自身的数千年文化，思考如何让中华文化走出国门，走向世界。同时，我们也期待政府、影视行业从业者，能借鉴这些国产影视的经验，打造更多精品，传播中国文化，构建文化话语权。

参考文献

[1] 邹应猛. 国际体系转型与中国国际话语权提升战略［J］. 东南亚纵横，2010（10）：85－90.

[2] 李艳飞，熊欣. 美国影视中的话语权构建对中国影视国际传播的反思［J］. 河池学院学报，2019，39（1）：124－128.

基于信息传递的博物馆解说词英译探析

——以北京孔庙和国子监博物馆为例

李岚燕[*]　刘　婧[**]

摘　要　本文以北京孔庙和国子监博物馆文物解说词为研究对象，通过实地考察，分析解说词英译的优点和不足，从信息传递的角度探讨博物馆解说词英译时可采取的原则及注意事项，结合英汉语言的差异，针对博物馆解说词英译提出一些可行性建议，以提高我国博物馆解说词的英译质量。

关键词　博物馆解说词；英译；信息传递

1　引　言

北京孔庙和国子监博物馆由孔庙和国子监两个部分构成，是北京市AAAA级旅游景点。随着中国国际化进程的不断加快，越来越多的国外游客慕名而来，感受中国古代的科举文化。所以，该博物馆的解说词英译就显得尤为重要。博物馆解说词属于公示语，广义上包括博物馆指南、地图、宣传册、广告、标签、指示牌、示意图、电子语音、讲座等一切由博物馆官方制作、以书面和口头语言的形式、为博物馆游客提供服务和便利的文本，是博物馆与游客沟通的重要桥梁[1]。而本文所论述的博物馆解说词是狭义的，即对展品个体的书面诠释性文本（interpretive texts）。解说词

* 李岚燕，北京工商大学外国语学院2018级翻译硕士研究生。

** 刘婧，北京工商大学外国语学院副教授。

的英译不仅传播中华文化，更会影响外宾和游客眼中的中国形象。鉴于此，本文以博物馆解说词英译信息传递的作用为切入点，以实地拍摄的中英双语解说词图片为佐证，对北京孔庙和国子监博物馆的解说词英译实例进行探讨分析，并借助相应的翻译方法对译文进行修正，使其更好地发挥对外宣传的作用。

2 博物馆解说词英译基本原则

博物馆解说词和文物介绍是以标牌等形式向游客提供相应文字说明，传递相关文化信息，所以，博物馆解说词翻译时，译者不仅要遵循基本翻译原则，更应考虑目的语读者的需求。尤金·奈达主张，翻译是一种为目的语读者服务的交际活动，译文应注意信息给读者带来的整体影响[2]。彼得·纽马克强调，译文应以目的语受众为中心，认为交际翻译的目的在于尽可能地再现原文读者感受到的效果[3]。故笔者认为，博物馆解说词翻译应以目的论为指导原则，翻译时充分考虑读者的感受，保证信息传递的有效性。

3 北京孔庙和国子监博物馆解说词英译存在的问题

笔者通过实地调研和考察，查阅相关文献资料，并与国家博物馆等官方英文译本作对比研究后，认为译文整体质量较高，但仍存在用词不当、用词冗余、译文前后不一致等几类问题。

3.1 用词不当

在国子监所展出的众多石碑中，许多石碑是为纪念平定叛乱的有功之臣，如御制平定回部告成太学碑、御制平定朔漠告成太学碑等。英译本中，“平定（叛乱）”一词均采用 suppression of the riot 的表述方式，以御制平定朔漠告成太学碑（Stone Stele Made by Order of the Emperor to Mark the Successful Suppression of the Riot in Shuo Mo and Placed in the Imperial College）为例，根据牛津英语词典，riot 意为“a situation in which a group of people behave in a violent way in a public place, often as a protest”，更偏向于“针对某一事件进行游行抗议”的意思，但是此处所平定的叛乱实为篡

夺皇权。此种语境用 revolt（a protest against authority，especially that of a government，often involving violence）更为合适，否则容易引起目的语读者的误解。不过此种错误仅为个例，北京孔庙和国子监博物馆的解说词整体翻译质量较高。

3.2 用词冗余

在文物翻译的原则方面，国内学者进行了诸多探讨。例如，师新民就曾提出了文物英译的四原则：民族性、简洁性、信息性和回译性[4]。结合英汉语言的差异，汉语较为简洁而英语较为复杂，所以我们在英译文物名称和解说词时，应考虑译文长度，去掉中文冗余词汇，用尽量简洁的方式完成译文。以御制平定回部告成太学碑（Stone Stele Made by Order of the Emperor to Mark the Successful Suppression of the Hui Riot and Placed in the Imperial College）为例，英译本中使用“successful suppression”来表达“平定”的意思，据牛津词典解释，“suppress”一词表示“to put an end, often by force, to a group or an activity that is believed to threaten authority”，即“成功镇压或阻止”，所以笔者认为此处的“successful”即可进行省略和简化。曾利沙对汉语对外宣传材料进行分析后，认为从文字功能来看汉语材料具有以下特点：追求辞藻华丽，套话、空洞口号、繁复的公文程式，汉语文化色彩浓厚、结构整齐划一等[5]。然而，博物馆解说词翻译一般具有内容客观、文字简练、目的明确等特征，“信息型”是其主要特点。如此一来，旅游介绍文字的英译势必要删繁除杂，围绕信息有效传递这一目的，应采取省略方法进行翻译。

3.3 译文前后不一致

郦青、胡雪英根据前人研究及调研提炼出博物馆解说词翻译新四原则，即信息明确、行文简练、语法规范、译名统一[6]。在北京孔庙和国子监博物馆中，不同石碑名称中经常出现“御制”一词，这里指的是“由宫廷造办制造的物品，通常由皇帝亲自主持”。据笔者考察，石碑共出现七处“御制”，其中六处译为“Made by Order of the Emperor”，另一处译为“by Emperor Kangxi”强调了康熙年间制碑。笔者认为，既然均属一类石碑，且中文名称并无差异，此处翻译应采取同样的翻译方法，可在解说词正文部分强调朝代和皇帝。

4 北京孔庙和国子监博物馆解说词英译赏析

贾文波指出，旅游资料是一种“信息型” + “诱导型”功能文本，其前提是有效传递旅游信息，目的是诱导游客积极参与旅游活动[7]。北京孔庙和国子监博物馆解说词整体上很好地实现了信息精准传递的功能，让目的语游客可以更加深入地了解中国文化。

一方面，翻译时注意到了音译在前、意译为次，这样可以最大限度上保留中国文化意象，也可以保证目的语游客在浏览解说词时不会产生疑惑。如“柏上桑”译作“Bai Shang Sang（Mulberry - on - Cypress）”，这样可以保证博物馆解说词信息传递的有效性。

另一方面，翻译时注重英汉句式、语态、人称转换，将汉语中流散的短句转化成英语中聚合的长句[8]。这样的结构转化不仅可以有效提高信息传递的效率，还提高了解说词对目的语读者的易读性。

5 结　语

北京孔庙和国子监博物馆作为北京乃至中国文化外宣的重要窗口，其解说词翻译的重要性不言而喻。本文从优势和不足两个方面，以信息传递为目的，从英汉语言结构差异着手，对馆内部分解说词英译进行了分析。笔者认为，博物馆解说词整体翻译质量较高，但依然存在问题，可参照英美国家博物馆解说词平行文本[9]，使译文尽量符合目的语语言习惯，提高接受性。

参考文献

[1] 陈江琳. 博物馆解说词撰写中的易读性和参与性——系统功能语言学视角［J］. 汕头大学学报，2018（3）：26 - 34.

[2] NIDA E，TABER C. The theory and practice of translation［M］. Shanghai：Shanghai Foreign Language Education Press，2004.

[3] NEWMARK P. Approaches to translation [M]. Shanghai: Shanghai Foreign Language Education Press, 2001.

[4] 师新民. 考古文物名词英译探讨 [J]. 中国科技翻译, 2007 (3): 61-62.

[5] 曾利沙. 论旅游手册翻译的主题信息突出策略原则 [J]. 上海翻译, 2005 (1): 19-23.

[6] 郦青, 胡雪英. 博物馆文物展品英译研究——以浙江省博物馆为例 [J]. 中国科技翻译, 2011 (3): 46-49.

[7] 贾文波. 应用翻译功能论 [M]. 北京: 中国对外翻译出版公司, 2012.

[8] 连淑能. 英汉对比研究 [M]. 北京: 高等教育出版社, 2004.

[9] 邱大平. 大英博物馆文物解说词对中国文物英译的启示 [J]. 中国翻译, 2018 (3): 108-112.

摘译《偷走我人生的女人》论功能对等中的“对等”

石宝华*

摘　要　本文对《偷走我人生的女人》进行了摘译，并从功能对等所要求的“对等”来分析相应的翻译策略。

关键词　功能对等；异化；归化

1　翻译理论探索

翻译理论是不断发展的，是在批判中不断前进的。中国的翻译理论从严复的“信、达、雅”、傅雷的“神似”，到林语堂的“忠实、通顺和美”，也是百花齐放。从20世纪下半叶开始，国内外的翻译理论迅速发展。尤金·奈达作为当代翻译理论的重要奠基人，在这一时期提出了功能对等理论。

功能对等的前身是动态对等，后因怕产生误解，而改成功能对等。奈达对此是这么解释的：“动态对等是根据‘最接近的自然对等’来加以讨论的。但是术语dynamic被一些人误认为仅指某种富有感染力的东西。因而使许多人认为，如果译文具有很强的感染力，那么它一定是动态对等的范例。由于这种误解，为了强调功能这一概念，评述译文得体程度时，使用‘功能对等’这一术语似乎更为令人满意。”

奈达对于动态对等所下的定义为：“所谓翻译，是在译语中用最切近

* 石宝华，北京工商大学外国语学院讲师，主要研究方向为英语翻译。

又自然的对等语再现原语的信息，首先是意义，其次是文体”。本文以奈达的功能对等理论为指导，探讨翻译文学作品的具体策略。笔者认为，想要达到“切近”，首先要做到吃透原文，准确地理解原文的信息。想要达到“自然”，就要先认识到原语与译语的差别，使译语更符合语言习惯。而要达到最终的“对等”，就要谨慎地平衡异化和归化，将以上的两点结合。本文将结合译文，对“对等”加以探讨。

2 “对等”的应用

异化和归化是翻译的两种策略。异化法更加贴近作者，模仿作者的语言特色；而归化法更加贴近读者，采取读者习惯的表达方式。笔者认为，翻译应该反映原语的文化特征，所以应该采取谨慎的异化。这样能让读者体验到一定的异国情调，也给汉语自身的发展带来一些新鲜的血液。过分的归化既会使读者产生文化错觉，也无法了解到原语当中的文化特色。但是，异化也要有一定的限度，包括译语语言文化的限度，以及读者的接受能力。一旦超出这个限度，译文就会出现翻译腔，让读者感到不知所云。所以，笔者采用的策略是谨慎的异化，以异化为主、归化为辅的策略。

例 1：But the wheel of fate has turned again and I find myself in very different，more humbling circumstances.

译：但是命运之轮又再次转动，我发现自己身处完全不同却又更加艰难的处境当中了。

评析：原文的 wheel of fate 源自于塔罗牌，是塔罗牌中的一张。笔者在翻译时保留了轮子这个意象，因为“命运之轮”是中国读者能够理解的一个比喻，轮子的转动代表命运的改变。这样读者就能体会到原汁原味的原语文化，而不会造成任何理解上的偏差。通过查询平行文本，笔者发现，现在很多年轻的作家都已经用到了“命运之轮再次转动”这种说法，从而也证明了语言是不断发展的，与时俱进的，也在不断地吸收其他文化中的元素。

例 2：Abruptly my bubble pops and I'm faced with the fairy - dust - free facts：I wrote ten sentences today. That's not enough.

译：幻想的泡沫突然破灭了，面对我的是无比清晰的事实：我今天只写了十句，根本不够。

评析：原文的 bubble pops，译为“泡沫破灭”，是种异化，但是这是读者能够接受的，能产生更有画面感更生动的译文。如果只意译的话会失去一份灵动。而 the fairy - dust - free facts 这个词组笔者用的是归化也就是意译的方法，直接译成了“无比清晰的事实”。因为如果用异化法的话，“无尘的事实”这种说法是读者很难理解的，超出了读者的接受能力。

例 3：He stopped saying，“Ryan Sweeney an artist? Piss - artist，more like!”

译：他再也不说，“瑞安·斯威尼算什么艺术家，我看也就是厕所艺术家!”

评析：原文中之所以用到 piss - artist（尿艺术家）这个词，是因为瑞安是浴室设计师，而瑞安的岳父为了嘲笑他用了这个词。这里如果采取直译的话，则过于粗俗，因为汉语中的“尿”这个词要比英文的 piss 重一些，所以笔者意译成“厕所艺术家”，去掉了尿这个意象，保留了原文语气中所带的讽刺感。

例 4：It had taken nearly twenty years of toiling with high - grade Italian sanitaryware for his genius to burst into bloom but finally it had.

译：二十年来，他的工作都是研究意大利高级卫生用具，时至今日，他的才华终于开花结果。

评析：原文的 burst into bloom 是“开花”的意思。但是以汉语的语言习惯，更经常使用的是“开花结果”这种说法。如果只说“才华开了花”，是很难理解的。所以笔者将异化法和归化法相结合，既体现了原文开花的这个意象，又照顾了读者的习惯。

例 5：Tonelessly，he says，“I'm concentrating. Or rather，I was.”

译：他语气平淡地说，“我正专心致志呢，都被你打断了。”

评析：异化法不应该是字对字的字面翻译，而是要做到真正的语义上的对等。只追求表面的异化，不顾汉语的语言习惯，会导致译文晦涩难懂。原文的“or rather，I was”如果直译成“或者还不如说，我曾经是”，读者会感到费解。这种异化违背了汉语的语言习惯，是不可取的。

在追求对等的过程中，还会遇到归化还是异化的选择题。根据对等理论的要求，既要照顾原文当中的意象，又要考虑译文在读者当中的接受程度。由于不同的语言有一定的语言共性，所以在很多情况下，异化的翻译方法所在译语的读者当中是可以接受的。而当语言中的个性、差异比较大时，还是要选择归化，照顾读者的感受。

翻译质量评价综述

孔海龙[*]

摘　要　如何鉴别译文翻译质量的优劣是当前的一个热门话题。这一问题涉及如下三个方面的内容：原文与译文的关系；原文文本特征与译文文本特征的关系以及译者、作者和受众的感知方式；译文与其他文本类型产出的关系。本文主要介绍豪斯的翻译质量评价模式，以期读者对译文翻译质量能够做出客观公正的描述、分析与判断。

关键词　豪斯；翻译质量；评价

翻译质量的优劣对于翻译作品来说至关重要，将直接影响其可读性与可理解性，但如何鉴别翻译译文质量的优劣实属难事。实际上，翻译质量的优劣隐含了翻译的本质、翻译理论等许多内容。本文将着重介绍豪斯的翻译质量评价模式，以期为读者评价译文翻译质量的优劣提供借鉴。

1　对等与意义

豪斯的语言、功能—语用学观点认为，翻译受到双重限制：原文和受众的交际情景。这构成了原文与译文对等关系的基础。正确评价的一个目标就是要通过区分不同的对等框架将上述对等关系细化。这些区分框架包括语言外部的情景、内涵意义与美学价值、受众意图以及通过实证调查平行文本和对比语用分析而形成的文本规约。

* 孔海龙，北京工商大学外国语学院副教授，主要研究方向为英美文学、翻译、商务英语教学。

功能语用框架下的对等认为，意义存在于两种不同的文化和语言中，主要包括语义、语用和文本三个层面。恰当的译文应在语义和语用层面上与原文对等，或者说译文与原文应该保持功能对等。此处的功能从语用学层面上讲是指将文本应用于某个特有的语境中，而不是指语言功能。因此文本也指包含文本的特有语境情景，可分为不同的“情景维度”（situational dimensions）。该模式的运作首先需要根据上述不同情境维度分析文本，而情境语境的语言关联则是实现文本功能的方式。文本功能是在不同维度层面进行语言学、语用学分析的结果。每个维度都形成了观念和人际关系两个功能要素。所有的维度综合起来便形成一个具有特有功能的文本介绍。而译文的文本介绍与翻译同原文的文本介绍与功能的对等程度便成为衡量译文质量优劣的标准。这种对等或匹配又可以分为语境维度的匹配和非语境维度的匹配两种。前者主要指语用错误，后者指在翻译过程中与指示意义相关的错误，也包括违背目标语言规约方面的错误。

2 显性翻译和隐性翻译

翻译质量评价需要区分显性翻译与隐性翻译。前者不需要直接提出翻译的受体。也就是说，翻译就是翻译，并非第二个源文本。源文本以一种特有的方式与其语言文化相连，并且在其源语言接受群体中有业已确定的价值。这些源文本要么是明显与某个历史时期相关，要么是超越历史的艺术创作。

隐性翻译是指译文在目标文化中赢得源文本的地位，译文本身已成为一个独立的文本。在隐性翻译中，源文本并没有具体指向特有的源文化受众。源文本及其隐性翻译文本有对等目的，两者都需要在源语言群体和目标语言群体找到一个可以比较的受众。因此我们需要在隐性翻译文本中保留源文本的功能对等。这就需要“文化过滤器”这一概念来解释两种语言群体内的文化差异，其结果会造成源文本与译文文本的大相径庭。

在显性翻译中，译文文本嵌入一个新的言语事件中，也具有了一个新的框架。显性翻译就是“所说的语言”的一种情况，类似于引用。源文本及其显性翻译文本在语言、语域和文类层面达到对等，但在单个文本层面的功能对等则是另一回事。在显性翻译中，译者的工作清晰可见、至关重要，因为译者就是要让目标文化受众能够理解源文本。

在隐性翻译中，译者试图重构一种对等的言语事件。隐性翻译旨在目标文本重现源文本在其话语和框架世界内。隐性翻译在其目标文化的话语和框架世界内作用明显。从一定意义上说，隐性翻译更具有欺骗性。译者的任务就是要故意背离原文，必要时需要调整译文以适应目标受众的需求和知识水平。

显性翻译和隐性翻译对于翻译质量评价的要求不尽相同。由于不需要考虑“文化过滤器”，显性翻译的评价难度降低，但是其难点在于找到语言—文化层面的对等词，从而使翻译具有一定的主观性。

2.1 文化过滤器

文化过滤器一词旨在描述源语言文化群体和目标语言文化群体之间在期待范式和文体规约方面的社会文化差异。这一概念主要强调译者对源文本进行操纵的实证基础，而对源文本的变化是否存在实证基础需要体现在翻译质量评价中。鉴于隐性翻译需要达到功能对等的目的，译者在改变源文本之前需要仔细审视文化差异的各种假设。

2.2 语言分析和社会评价

翻译质量评价还需弄清分析与判断的区别。豪斯的翻译质量评价语言学模式旨在为系统的语言—文本分析提供基础，将影响译者决策的要素明晰化，进而为评价某个翻译特例提供支撑。豪斯的语言学评价模式将语言置于其所处的社会文化语境中，本身并不能直接让评价者对翻译译文的优劣直接做出判断。评价离不开翻译过程批评中的分析、对比。例如，隐性翻译还是显性翻译不仅取决于译者、源文本、译者对源文本的主观阐释，还离不开翻译的原因、对译者的指导、隐含读者群、发行与营销政策等。因此，我们一定要注意区分语言学分析和社会心理评价，不可将二者混淆。

翻译质量评价的核心概念是翻译质量。如果我们只涉及个人的价值判断，便是个问题概念。我们需要从宏观分析转向微观分析，需要考虑宏观层面的意识形态、功能、文类、语域，还需要考虑微观层面搭配的交际价值，然后再回到宏观层面。从这一双重、互补的视角，翻译批评者可以大致重构译者的选择，明确译者的选择过程。翻译质量评价包含两个功能要素：概念要素和人际要素。这就意味着需要两个步骤：一，也是最主要的是基于知识和研究而做出的语言学分析、描述和阐释。二，是价值判断，相关的社会、伦理问题以及个人品位等。在翻译研究中，两者缺一不可。只评价不分析是不负责任的做法，而只分析没有评价则毫无意义可言。

2.3 豪斯模式的改良版本

豪斯结合对比语用学、跨文化交际以及语料库研究的相关发现改善了其语言学评价模式。对比语用学与跨文化交际对于深入“文化过滤器”这一概念愈发重要。当然，我们尚需持续关注其变化可能性。语料库研究拓展了评价者对于处于同一文类相似文本系列中作为范例的单个文本的理解，这样评价模式中的文类概念就更加具体。语料库研究还为评价者提供单一文本信息，看文本是否或者在多大程度上与目标文化文类的规约与传统一致。豪斯的语言学模式在语域、语旨和模式维度上也进行了改良。在语旨和词法、句法选择方面，我们增加了立场、社会作用关系、社会态度和参与。在模式维度上，除了媒介（书面性与口语性）之外，我们还可以考虑主题与韵律、衔接与连贯。

3 结　语

翻译质量评价模式将会随着电脑与交际技术的发展而持续得到验证，但我们需要清醒认识的是，评价离不开语言学分析，分析与评价缺一不可。只有这样，我们才能较为客观地评价译文翻译质量的优劣。

跨文化交际中的语用失误分析

陈秀珍*

摘　要　不同文化的人之间进行交往时，时常会产生误解或者出现未能达到预期目标的情况，即语用失误（或语用失败）。这是因为人们习惯用本文化的准则和社会规范作为解释和评价别人行为的标准。有些情况下，即使能够用流利的、语法近乎完美的英语与母语为英语的人进行交流，也会产生误解。所以，英语学习者在掌握基础的词汇、语法和句法知识的同时，也需要有意识地了解英语国家的文化背景、价值取向和社会规范。

关键词　跨文化交际；语用失误

目前，在各级学校的课程中，英语作为一门外语已经成为主要科目。随着国际交往的不断深入，人们使用英语进行沟通和合作的场合也越来越多。学习英语的过程中，人们除了要掌握基础的词汇和语法及句法知识，还要清楚来自不同文化背景的人由于价值取向、社会规范等方面的不同，可能对相同事件存在理解上的差异。在不考虑语法错误的前提下，这些理解上的差异稍不注意就可能会引起语用失误，导致交流上的误解和失败，影响人际关系。本文以跨文化交际中的两个个案为例，着重分析引起语用失误的原因，旨在帮助英语学习者顺利达到跨文化交际的目的。

---

* 陈秀珍，北京工商大学讲师，主要研究方向为跨文化交际。

1 语用失误

“语用失误或语用失败（pragmatic failure）是语用规则（也有的学者称之为讲话规则）迁移（pragmatic transfer）所造成的，即来自不同文化的人们在相互交际时直接把自己语言的话语翻译成目标语，而不考虑这些话语应该遵循的交际规范，其结果是一种语言行为的施为之力在不同文化中失去作用。”语用规则（或讲话规则）包括如何称呼对方，如何向对方打招呼，如何向对方提出意向和要求，如何接受或拒绝对方的要求和邀请，如何告别，讲话时的先后次序以及体态语等很多方面。

2 跨文化交际语用失误个案分析（案例中提到的外籍人士母语皆为英语）

例 1：“You”还是“They”。

国内某大学，美国教师 Bishop（毕晓普）女士与外国语学院院长赵女士某次谈话后，对赵女士的谈话内容非常气愤，原因是赵女士对她说：“Some colleagues think you are impolite. They said you were rude sometimes. Perhaps you should watch your behaviors...”而当毕晓普女士问她是谁这么认为，想要找到别人认为她不礼貌的原因，赵女士却支支吾吾不肯明言。双方不欢而散。毕晓普女士认为，赵女士其实是在表达个人观点，但是却不肯承认，还假借别人的观点，显得很不真诚。而赵女士则为了避免直言观点的尴尬，在语言上尽量不与外教产生正面冲突，没有明确表达出是她个人的观点。在这次误解事件中，赵女士的语言没有任何语法问题，时态和选词都没有错误，但是双方却都没有明白对方的真实意图。我们可以认为，赵女士应该是能够流利地使用英语进行交流的。此处发生语用失误的原因在于双方都未能理解对方文化中习惯于如何表达比较强烈的个人观点。毕晓普女士成长于美国，习惯于直面问题，勇于挑战权威，通常会直截了当地表达个人观点。而赵女士因为受到中国文化的影响，想要含蓄地表达批评，避免与外籍同事当面发生冲突。如果赵女士能够直接表明是她个人的看法，并举出具体的事例说明，然后进行批评的话，毕晓普女士就可以针对具体事实分析出是否是因为自己的语言或行为不当给他人造成不礼貌的印象了。很可能有了具体的例子，毕晓普女士还可以进一步解释自己当时的言行在本国文化中是否属于不礼貌。如此双方会增进相互理解，达到顺利沟通的目的。

例 2：I want to be your friend.

笔者曾经在与一位美籍外教（下文称 K 女士）交谈时，听她讲述过这样一件令她困惑和不愉快的事情。一位她任教班级的学生的朋友（不在 K 女士的任课班级）从她学生那里要了她的手机号码（我们此处暂不讨论那位同学把自己老师的手机号码告诉别人其实属于不尊重老师隐私的行为），给她打了电话。电话里闲聊几句，其中有一句话让 K 女士十分不理解。因为那位致电的"陌生人"跟她说了一句"I want to be your friend."这位外教为人和善，讲话柔和，并不想引起任何不愉快。她不知道如何回应这位同学，后来说了句"Well，that takes time…"之类的话应付了一下很尴尬地挂了电话。在中国文化中，人们刚开始交往时，有时会礼貌性地说一句"交个朋友吧"，同辈人之间或者相同社会地位的人之间说这样的话是可以令人接受的。师生之间，如果相互熟悉了，也容易让人理解，不至于引起困惑或者不愉快。但是，与来自英语国家的人交流时，这样的表达就不妥当了。其一，打电话的同学对 K 女士来说是"stranger"，母语为英语的人们对于"friend"这个表达是很认真的，对于"be friends"更是认真的。K 女士并不知道这只是中国学生的寒暄之词，以示友好。她认真地认为，一个陌生人，素未谋面，就想做她的朋友，这是不可以接受的。她当时对笔者曾这样说"It takes time，trust，understanding and a lot of other things to be friends."其二，学生作为晚辈，跟长辈提出做朋友，并且是不熟悉的情况下，这也是不妥当的行为。

3 结束语

跨文化交往中，语用失误的例子不胜枚举。本文仅以两个较常见的个案说明，在与不同文化背景的人交往时，双方都需要了解对方文化的一些规范、习俗和行为准则，从而避免误解，加强相互之间的了解，促进人与人之间的和谐交往。

认知心理角度下的篇章阅读理解的心理过程

黄清如*

摘 要 本文旨在通过论述认知心理学和语言学的关系，探讨阅读过程中的心理机制。认知心理学研究的是人类认识外界事物的心理过程，而感知外界事物的心理过程往往又是通过语言的形式外显出来。从另外一个角度上看，语言的习得过程必然体现了认知心理机制，因而研究两者之间的关联对语言的学习，也对篇章阅读的学习大有裨益。

关键词 认知心理学；篇章阅读；连贯性；衔接机制

1 导 言

认知心理学（cognitive psychology）兴起于20世纪50年代中期，是一种高级心理认识过程，如注意、知觉、表象、记忆、创造性、问题解决、言语和思维等。其方法是采用信息加工观点研究认知过程。认知心理学开始就与语言有着难以割舍的联系。对于认知科学家来说，他们研究的原始材料就是思想。而语言不仅能表达思想，还能从其结构中体现思维运行的痕迹。一些认知心理学家和语言学家都意识到，必须借助对方的理论才能使自己的学科得到全新的发展。比如，语言学中有关语法运行机制的理论表明，思维在处理概念时会执行某些复杂的心理操作。乔姆斯基等语言学家在其儿童语言习得的研究中，认为语言本身是后天经验所致。大脑的结构可使孩子们自发地从他们听到的语言中提出规则并加以应用。儿童心理

* 黄清如，北京工商大学外国语学院讲师。

学家皮亚杰在对儿童思维过程的研究里说，语言和思维之间存在着很强的相互作用。菲利普·利伯曼认为："具体的语言不会先天地限制人类的思维，因为两种能力（语言和思维）所包含的大脑机制似乎紧密相连。"

2 阅读理解心理过程

"理解"这一概念在心理语言学中，既表现为根据语音、语义来建立意义，又要根据书面符号检索出词、词组和句法知识来建立句子结构。阅读理解是一个心理过程，即读者与作者相互作用、相互影响、相互交流的过程。大量的阅读活动是在头脑这个无声的世界中进行的。理解过程就是对书面话语即一系列语言文字符号的辨别信息和处理信息相互交织的心理过程。文字符号作为信息输入读者的大脑后，自始至终和大脑相互联系和相互影响着。读者获得信息后并根据需要处理信息，在思维领域内通过自己的大脑中已有的经验展开活动，根据大脑中原储存的语言知识、世界知识、语境知识，运用思维能力搜寻头脑中相关的抽象事实，以补充词语表达的不足，从而形成准确的理解。由此可见，阅读理解就是对语言文字符号进行加工处理的心理认知过程。

3 篇章阅读理解的心理机制

真实的阅读理解毫无疑问是篇章的理解，即语篇连贯性的理解。篇章的连贯性主要是由语篇各部分之间的衔接、语篇与世界之间的衡接这两个方面构成的 。语篇的连贯性程度是有赖于读者的参与的。读者依据语句所提供的信息和自身所具有的内在性认知世界知识，结合语境补充相关信息，通过激活机制在上下文的概念成分之间发现照应关系，并着力寻求命题发展线索，就能发现语篇的连贯性。王寅认为，通过跨越时空的互动，读者与作者共同建构语篇的连贯性。其中的心理暗示即作者与读者都预设篇章是具有连贯性的言语表述。正是基于这种共有的思维模式构建了两者之间的有效互动，从而理解篇章。

3.1 篇章的连贯性

一个可读的篇章必须具有连贯性，或者说文本的各个部分必须连贯一致。文章的连贯性体现在两个方面：统一性和粘连性，互为统一，缺一不可。篇章的统一性指的是语篇的中心思想在语篇各个部分相互联系中的集中体现。具体来说，文中的每个句子、观点、例证都必须佐证语篇的主旨。语篇的统一性其实是一种思维特点，判断语篇的统一性是读者解码文字符号时的内心活动。篇章的粘连性指的是意思上的流畅感，句子与句子之间的连贯，也就是说，每个句子是如何与下个句子连接的。通常，句子先是读者所熟知的信息（或者是前一句所提供的信息），然后才是新信息，进而取得连贯效果。

例：

But the daily or weekend newspaper is still a great tradition for many people. "Sunday wouldn't be Sunday without the Sunday newspapers," is a comment which occurs regularly in UK – based surveys. Other opinions draw attention to the convenience of the paper over the laptop: "My newspaper's battery never dies," "If I drop my newspaper, it doesn't break," "The flight attendant has never told me to put my newspaper away," and, reminding us of the traditional wrapping of the UK's national takeaway food, "You can swat flies with them, and they can still be used to wrap fish."

该语篇的第一句就说明了主旨。其后所有的句子都围绕着这个主题发展述说，而句子之间体现了主位和述位的关联，旧信息和新信息承前启后层层展开，从而构建了主题连贯的一致性。

3.2 连贯的衔接机制

篇章连贯手段靠衔接机制来体现。衔接是指话语中任何地方出现了在解释一个部分时需要参考其他部分的现象。韩礼德先生认为，英语的衔接机制可分为指称、替代、省略、连接和词汇衔接。下面略举数例说明用法。

（1）指称。I hope *Jimmy* has done half as well. *He* was a kind of plodder, though, good fellow as he was.（*he* 指称前面所说的 *Jimmy*）

（2）省略。Hardly anyone has been encouraged, much less trained, to think for themselves, and their teachers and parents and bosses weren't either.

（省略了 encouraged to think for themselves）

（3）替代。In the 1990s a new leisure creature evolved, *one* who thinks that lying on the sofa watching sport or DVDs on the television is the most exciting inactivity they can manage.（这里的 one 替代前文 a new creature）

（4）连接。*For all* his great effort, he came out poorly in the competition.（for all 表示转折连接关系）

4 篇章阅读的心理机制对英语教学的启迪

心理活动与语言的关系密不可分，思维模式在解码文字符号时的心理机制显得尤为重要，是心理学和语言学研究必不可少的途径。这也为英语阅读的教与学提供了一个全新的视角，既为老师的教学带来启示，也为学生在英语的学习过程中更好地把握语言的规律。

首先，英语阅读的心理过程是对文字的解读过程。这不仅仅是在字面上的理解，更是对语篇深层结构的理解、构建。因而在英语阅读的教与学的过程中，不单单是词汇层面的认知和理解，更重要的是对语篇结构的解码和理解，也是对篇章连贯性和衔接机制的深层认知。对于英语作为第二语言学习的人们，这种心理层面的思考甚为关键和必要。

其次，心理活动在语言操作上的重要性揭示了思维与语言的相互关联。但由于文化背景的不同，地域和习俗的迥异，不同的人群必然形成有差异的思维模式，而这种思维上的差别很容易导致母语负迁移现象的发生。比如说，英语的行文结构更倾向于主题领先，论据殿后，层层铺开，有理有据。而汉语的文章结构习惯于前文铺垫，迂回曲折，曲径通幽，最后画龙点睛道出主题。再比如，英文中多用代词指代前文；汉语喜欢重复前文的表述。这些英汉思维模式的差异如果在英语阅读的教与学中被忽视，学习的效果必定大打折扣，难以获得理想的效果。

5 结 语

心理学和语言学虽各属不同的学科，但由于两者之间的天然联系，必然相互关联。特别从 20 世纪 70 年代起，两个学科的相互促进和对对方的解释都为各自理论的发展提供了宝贵的机遇，也促进了学科研究更上一层楼。通过研究这两个学科的共同之处，采用两个学科的理论来规划英语阅读的教学，无疑是教学过程中的新尝试，能推动英语阅读教学的改革。

论语义韵的共时性与历时性

唐义均[*]　张丽虹[**]

摘　要　自洛（Louw）正式提出语义韵概念以来，语料库语言学界对此探索不断，且硕果累累，但语义韵的共时性与历时性至今尚未有系统论述。本文拟从这两个角度探讨语义韵的实质。经过对相关文献及英汉语料的研究与分析，本文认为，语义韵的共时性是指词语近距离频繁同现而产生的语义迁移或语义传染。而语义韵的历时性则指词与词相伴，意义互染，直到传染意义成为语言使用者的意识的一部分这一过程，需要很长一段时间，短则数十年，长则数百年。语义韵的共时性与历时性共同作用，引起语言的狭义化或广义化，不断地淘汰或产生词义，使语言保持活力。

关键词　语义韵；共时性；历时性

1　引　言

自从洛正式提出语义韵概念以来，对语义韵的研究一直没有间断过。但绝大多数的研究集中在语义韵的概念、研究方法、语义趋向、评价力、义韵冲突、跨语言视角下的近义词的语义韵等，几乎没有人专门从翻译的视角，尤其是汉译英的视角来探讨这一主题。因此，本文拟在这方面做一次尝试。

* 唐义均，北京工商大学外国语学院副教授，研究方向为翻译、语言学。

** 张丽虹，北京工商大学外国语学院研究生。

2 语义韵的共时性

洛在其论文的摘要中将语义韵定义为“前后一致的意义氛围，受搭配词浸染的某个词与该意义氛围相一致。”这一定义的关键是“前后一致”和“搭配词”。洛第二次给语义韵下定义时还是运用了这两个关键词：“语义韵指的是意义的一种形式，该意义形式是通过一系列相互紧邻的、前后一致的搭配词建立起来的，往往可描绘成积极或消极。”他的意思是，相同性质的词项同现于就近的语境中，就会建立起某种语义氛围，同一语义氛围中的词语相互“浸染”，其结果是词语之间的相互“着色”。他在论文中提出，某个词习惯上与某一类词搭配，会产生意义迁移。他引用了 Bréal 的“传染”一词来解释语义迁移现象，称传染为“习惯搭配之产物”。

洛将语义韵这一术语的提出归功于辛克莱（Sinclair）。他认为，有些词“通过传染而接纳（adopt）周边词汇的某些意义。”这种词与词之间的“意义外溢，不仅仅会呈现周边词语的部分意义，还会形成一个新的词项或新的意义单位，这个单位要求多个词的同现。例如，set in 已经通过我们不知不觉的语义迁移过程获得了一个先前没有过的消极意义。造成的事实是，这个新词项现在几乎只能与其他的不良词语同现，如“rot，decay，malaise，despair，ill - will，decadence，impoverishment，infection，prejudice，vicious（circle），rigor mortis，numbness，bitterness，mannerism，anticlimax，anarchy，disillusion，slump”。他声称：“这种演变的过程是显而易见、不可避免的。”

在此值得一提的是动词 cause。它是语义韵文献中一个研究最充分的例子。语料库语言学研究人员已经确定，cause 是个具有典型消极语义韵的词。布勃利茨（Bublitz）认为：“cause（通过搭配）与明显不良的消极词语混用，其结果是，在某一时刻，该词自身获得（acquired）了不良的消极内涵意义。”他总结道：“根据词语语义学，我们知道，某个词持续用在同一种语境中，最终会导致意义转变：该词接纳了邻近词项的语义特征。”这种“转变”有时可看作是“传染”的结果。

斯图阿特（Stewart）也用 cause 来解释语义韵的本质。他说：“可用例子来说明语义韵，像 cause 这样的词与具备某种意义的词语有规律地同现，结果后来获得了这些词语的某种（些）意义。这种获得的意义就是语义韵。”现在，我们来看一看汉语通过传染而“获得”邻近词项意义的情况。本文选两个词：“女士”与“小姐”。《现代汉语词典》（第5版）对这两个词的解释如下：

小姐：①旧时有钱人家里仆人称主人的女儿。②对年轻的女子或未出嫁的女子的称呼。

女士：对妇女的尊称。

可见，这两个词都是积极词项，在很多情况下可换用，如“张小姐、张女士”“孙丽小姐、孙丽女士”。但由于这两个词与完全不同性质的词项搭配或同现，这两个词的命运也截然不同。

当然，绝大多数的词汇是清白的，尤其在辞典上，但令人遗憾的是，这些词语具有入污泥而染的倾向。亨斯通（Hunston）和汤姆森（Thompson）也认为：“某些词与短语经过不断重复使用后已经变得与消极语境或积极语境紧密相联了。”

综上所述，我们可得出这样的结论：意义可“传染”“附加”“呈现”“接纳”或“获得”，因为这些描述词表明，词语的某些意义来自其他什么地方。如同斯图阿特描述的那样：“就语义韵的文献而言，大量的隐喻暗示，通常经过一段不确定的时期后，某种东西从一者迁移到另一者。”这就是语义韵的共时性，即在横向面上的语义迁移，也是语义韵的实质。

3 语义韵的历时性

洛认为：“毋庸置疑，语义韵是通过历史变迁、长期提炼（refinement）的产物。”辛克莱也认为：“不断重复使用”后，词语会相互“融合（fuse）”。由此可见，某个词的语义韵发展受到历时演变的影响。

语义韵久而久之会演变。一个词项可以获得或逐渐具备某种先前没有过的评价力（evaluative force）。为了证明这一论断，一些学者对 fraught with 的语义韵作了历时研究。由于“历时演变的过程无法从共时语料库的观察中得知”，他们发现该短语最初仅表示“满载”和“充满”之意，并多次用于非消极语境中，如 Every event is therefore *fraught with* moral import, *fraught with* much fabulous matter, full *fraught with* most nourishing food 等。

但是，他们通过检索发现，该短语基本上与消极词项同现，而且这些消极词项分为以下四类：

① danger/s（67），risk/s（21），peril（10）hazards（2）；

② difficulty：difficulty / – ies（75），problem/s（26），pitfalls（9）；

③ uncertainty /complication：uncertainty/ies（7）；complications（4）；complexities（3），contradictions（3），paradoxes（2）；

④ tension：tension（10），anxiety（5），paranoia.

笔者研究发现，gay 的最初意思是 full of joy，light – hearted，exuberantly cheerful，merry 等，但在十七、十八世纪禁欲主义仍然盛行的基督教文化中，寻欢作乐视同“放荡”“不检点（loose）”的委婉语。后来，gay 与性频繁同现后，该词便逐渐染上了淫乱或不道德的性行为的意思。Gay 专指男同性恋，但它修饰女性时则表示 living by prostitution（卖淫为生），如 gay women（妓女）。

由此，我们可以清晰地看到语义韵形成的历时性。其历时性是指词与词相伴，意义互染，直到传染意义成为语言使用者的意识的一部分这一过程，需要很长一段时间，短则数十年，长则数百年。词语不断重复使用，语义日久生变。其中，语义变窄者有之，如 fraught 与 set in，语义变宽者亦有之，像 gay 与“小姐”。总之，词如万物，量变引起质变。

4 结束语

在共时的横向面上，语义韵是词语搭配或近距离频繁同现而产生的语义迁移或意义转变。这种转变是语义传染之产物，而传染也是使一定范围内的语义韵趋于一致的有效途径。受传染的词项将永远具备那种语义色彩，如 set in 与 fraught with。因此，语义韵的本质就是语义迁移。但语义迁移往往要经过语义韵的历时纵向发展。一个词要获得某种先前没有的意义，需要与其他词项长期近距离同现，久而久之，词语的意义自然而然地相互浸染，日渐趋同。语言使用者也需要与之“屡屡接触”“不断重复使用”、持续“累积”“长期提炼”，才能使某个词项的新义成为意识或知识的一部分。语义韵历时性的纵向发展，其结果一方面是狭义化，即由多义状态逐渐转变为单一语义；另一方面是广义化或语义分叉，即由最初的单一语义逐渐发展成多义倾向，如 gay。一言以蔽之，词语搭配在时间的作用下、以语义韵的方式改变着语言，也持续不断地给语言输入新鲜血液，使其保持活力。

目的论视域下中国儿童文学“走出去”翻译策略浅析

——以曹文轩《青铜葵花》为例

陈明利[*]　刘　婧[**]

摘　要　中国文化“走出去”的大潮风起云涌，中国儿童文学应乘此东风打破现有发展瓶颈，将优秀的中国儿童文学作品向外传播。本文以曹文轩《青铜葵花》一书英译本为切入点，从目的论视角下分析其译文可取之处，并结合中国儿童文学发展现状对中国儿童文学“走出去”的途径进行了探讨和分析。

关键词　中国儿童文学“走出去”；目的论；《青铜葵花》英译

1　引　言

随着“一带一路”等国际交流活动的不断增加以及综合国力的提升，中国文化“走出去”以及如何提升中国文化自信成为各界学者关注的重点。中国儿童文学作为起步较晚的一个文学分支，在“走出去”方面有很大的发展空间。许多优秀的作家作品无法走出国门成为越来越多学者研究和关注的问题。笔者认为，在儿童文学翻译过程中，应充分考虑译入语读者的接受度，即采取目的论指导中国儿童文学的翻译有助于其发展和传播。翻译目的论代表人物克里斯蒂安·诺德认为，任何译文都由给定的目

---

* 陈明利，北京工商大学外国语学院2018级翻译硕士研究生。

** 刘婧，北京工商大学外国语学院副教授。

的而产生并服务于这个目的，并经进一步完善提出目的论三原则，即目的原则、连贯原则和忠实原则。此外，诺德针对目的论存在的文化差异和作者意图传达的缺陷，提出了忠诚原则，关注翻译过程中译者与原作者、客户、译文接受者等参与者之间的关系。[1]

本文以国际安徒生奖获奖者曹文轩的《青铜葵花》的汪海岚英译本为例，探究中国儿童文学“走出去”的途径。

2 中国儿童文学“走出去”现状

中国儿童文学起步远晚于其他文学形式，因而中国儿童文学的市场和现状也并没有想象中的乐观。长久以来，中外文学作品交流始终呈现出引进多、输出少的局面。中外儿童文学的交流也并非均衡，输入到英美等国的中国原创少儿读物数量甚微，而我国大部分儿童文学翻译作品均来自欧美发达国家。[2]据笔者在中国知网的检索结果来看，中国儿童文学的研究数量很少，且所分析的具体文本体裁和内容很有限。英译汉、汉译英儿童文学研究的比例竟高达 7∶1，且文章数量远少于对其他文学翻译的研究。究其原因，还是中国译者和学者对儿童文学的翻译和研究的力度不够。

3 《青铜葵花》的译介

《青铜葵花》是当代作家曹文轩创作的长篇小说，自 2005 年出版之后 9 年间，印刷百次，销售达到 200 万册。截至 2017 年 7 月，《青铜葵花》实现了在 13 个国家的版权输出。作为中国儿童走出去的成功范本，这不仅得益于作者本人的创作具备国际视野，也得益于译者的再创造。他们将原创作品以目的语受众能接受的讲述方式“再创”，使《青铜葵花》这个故事走进了更多国家、地区孩子的世界。而一个作品能否走向世界，一个非常重要的考量指标，就是是否经得起翻译。“是否经得起翻译”就是原创者应当心系世界范围内的儿童受众，创造出能够为世界范围儿童精神共享的文学作品。创作内容具备了“可翻译性”后，需要熟悉目的受众语言、文化的传播者通过“再创作”进行符号转化。[3]

《青铜葵花》的成功译介，得益于汪海岚的国外汉学家的身份以及其主观能动性的充分发挥。从《青铜葵花》的英译本来看，译者以目的论为指导，就英文与中文在表达上的差异对原文做出了适当的调整，相比原封不动的直译更加符合英语习惯，也更易被国外读者所接受。

4 译例分析

笔者在读完《青铜葵花》的译文后，认为译本以目的论为指导理论，采用了音译加意译的方法以及归化的翻译策略。这样的译文更加符合目的语的表达习惯，也让目的语受众能够感受原语文化的意境。

4.1 文化地域特色词汇的处理

《青铜葵花》是以作者童年生活的乡村为背景。《青铜葵花》中葵花和青铜一家的故事发生在一个叫大麦地的村庄。这是一个坐落于中国南方水乡的村庄。因此原文中常会出现一些有地域特色的词汇，这些特色对于有共同文化背景的中国读者来说，理解起来非常容易，但对于英语读者却常常是一头雾水。

比如译文中“大麦地”，译者翻为“Damaidi，which means the barley lands”。译者采用了音译加意译的方法，既保留了原语的特色又让目的语受众能更好地理解。

再如原文中的河蚌在中国水网交错的乡村是很常见的，也是餐桌上的一道美味。而在汪海岚的对应译文中，河蚌被译为“crab ”，表面看似乎是译错了，但却是合理的。因为英国是一个四面环海的岛国，像河蚌这样生长在淡水中的贝类并不常见。英国读者对于河蚌在水中的爬行没有概念。而螃蟹是海边常见的水生动物，也是一道美食。译文用目标读者熟悉的意象“螃蟹”来替代河蚌，帮助读者理解原文所表达的情景。

4.2 归化的翻译

英语讲究开门见山，借助从句及其他句法手段加以解释说明使整个表达更加有逻辑。汪海岚采用归化的翻译手段将松散的汉语转化为严谨的英语。这样的译文更能让目的语读者接受。比如，在小说第二章开头有这样一段：

祖祖辈辈都从事劳动的大麦地人，怎么也搞不明白这些城里人的心事：为什么不好好的、舒舒服服地待在城里，却跑到这荒凉地界上来找苦吃？劳动有什么好呢？大麦地人，祖祖辈辈都劳动，可还祖祖辈辈做梦都不想劳动，只是无奈，才把这一生缚在这土地上。

译文：

The people of Damaidi, who had been doing it for generation after generation, couldn't understand this. Why didn't these city people stay where it was nice and comfortable instead of moving to this bleak wilderness where life was hard? What was the attraction of physical labor? The villagers had no choice; their lives were bound to this land.

原文采用描述性的手法来描述大麦地人的状态，而在译文中，译者采用非限制性定语从句，与第一句话开头的主语“祖祖辈辈都从事劳动的大麦地人”合并在一起。译文改变了原文的表达顺序，更加符合英语逻辑严密，结构严谨的特点，让读者能够流畅地阅读小说。而原文中出现了三次的“祖祖辈辈”在译文中却只出现了一次，这样的表达更加符合英文简洁的表达方式。

5 结 语

随着中国文化“走出去”的步伐日益稳健，专家学者对汉译外的研究也日益增加。中国儿童文学更应乘此东风走向世界。笔者认为，儿童文学“走出去”不难，但要摆正观念、找对途径、抓住时机。笔者认为儿童文学“走出去”的途径有三翻译方法、传播主体和传播客体。儿童文学的受众是儿童，相对于成人读者已形成的阅读习惯和阅读爱好，童书领域的读者更具有兼容性和可塑性。[4]因此，更要加大儿童文学“走出去”的力度。

参考文献

[1] CHRISTIANE N. Translating as a purposeful activity: Functionalist approaches explaine [M]. Shanghai: Shanghai Foreign Language Education Press, 2001.

[2] 鹿华颖. 目的论视域下的儿童文学英汉翻译研究 [J]. 教育观察, 2017 (24): 133-135.

[3] 张晓. 传播主体理论视角下中国儿童文学“走出去”译介研究——以曹文轩作品为例［J］. 翻译论坛，2018（92）：18－23.

[4] 朱璐. 中国儿童文学图书“走出去”的现状、障碍和解决之道［J］. 编辑之友，2011（8）：6－12.

Study on the Sexism in English Expressions

周　洁[*]　张艳华[**]

Abstract: As a phenomenon of society, language reflects all the sides of human society naturally. Sexism is a phenomenon that takes a male – as – norm attitude, trivializing, insulting or rendering women invisible so it is inevitably reflected through language. The thesis summarizes the phenomena of sexism in English expressions by using universal evidence, and they are shown and discussed in six aspects. In nature, sexism in language reflects sexism in society. The two are closely related. Social connotations of sexism in English tell the relationship between phenomenon of sexism in language and essence of sexism in society. Finally, a large part of the thesis is contributed to how to change sexism in English.

Key words: the definition of sexism; the reflection of sex discrimination; methods of avoiding sexism in language.

1　Introduction

Sexism in English languages is a reflection of the traditional ethics that men are superior to women. With the progress of times and improvement of society, more and more women realize that they can also create the same working value as men. With the raise of women's liberation, and broad spread of mass media, the

* 周洁，北京市西城经济科学大学外语系教师，主要研究方向为经贸英语。
** 张艳华，北京工商大学外国语学院副教授，主要研究方向为语言学、翻译理论与实践等。

whole English world starts a social revolution to eliminate the sexism in the English language.

With the awakening of awareness of women and feminist movement, gender discrimination in the English language has decreased, but as a result of its profoundly historical and cultural background impact, sex discrimination still largely exists in the language of English.

2 A definition to sexism in English language

According to *Webster Ninth New Collegiate Dictionary*, sexism is prejudice or discrimination based on sex, especially, discrimination against women.

Sexist language expresses unfair assumptions and differences, and it can be either explicit, such as in the prejudicial use of male or female pronouns, or implicit. Using universal evidence, the thesis here reveals how often English expresses sexist assumptions about differences between men and women.

3 The reflection of sexism in english Expressions

3.1 Discrimination in Interpersonal Title

The gender discrimination in English and American culture is clearly demonstrated in people's title. It is seen from three aspects: the intimate title, the name and the work title.

A. Intimate title.

In the West, when the male supervisors call their subordinates women, they always use some of the nicknames to show their intimate relationships, such as sugar, darling, sweetie, girlie; in turn, subordinates women can not use these nicknames to refer to their superiors, and even female superiors can not call their male staff like that.

B. The title of the name.

The English language distinguishes women's courtesy titles on the basis of marital status, but not those of men. There is only one form of address for men,

"Mr.", regardless of marital status. However, the marital status of women is distinguished by "Miss and Mrs.", reflecting the notion that whether a woman is in marriage or not. From the addresses to men and women, one can clearly see the submissive position of women and women are merely an extension of their husbands or part of their husbands' estate. Once upon a time there was a saying that woman is just like man's cloth. That is, women have to rely on men and are appendixes to men.

C. The title of the work.

English itself has no difference in gender. But in this man – centered society, people are used to believing that those prestige people are always males. However, a woman who once receives great popularity is regarded as a special exception.

Many professionals such as doctors, professors, engineers, lawyers, pilots, judges, and surgeons can be used to indicate both males and females. But when indicating females' positions, professionals, etc., these words are created by adding a bound morpheme or by combining them with a word referring to female. These satisfactory jobs are traditionally viewed as ones qualified only by males. Women are just the appendixes to men. But other professionals like secretaries, nurses, typists, receptionists, dressmakers, are often used to indicate females. When they are used to refer to males, you should add male or man before them, such as: male nurses, male typists, and male secretaries, which makes it clear that men monopolize the high status professionals, while women can only do service work or low social status work.

3.2 Discrimination in generic reference

A. Generic pronouns.

Generic pronouns are pronouns that are said to refer, with equal likelihood, to women and men. But the English language ignores women by allowing masculine terms to be used specifically to refer to males and commonly to refer to human beings in general. Although the total number of woman exceeds 50 percent, the proportion of "he and she" existing in literature is 4 : 1 according to the statistics. The most significant manifestation of the sexism is in the use of generic masculine pronouns "he" and its variants "his", "him" and "himself" in sentences.

B. Generic nouns.

A well – known example of generic masculine terms is "man". "Man" in *Oxford Advanced Learner's English – Chinese Dictionary* (Extended fourth edition) are as follows: ① adult male human being; ② human being of either sex; person ③ [sing] (without the or a) the human race; mankind. There are some examples taken from the dictionary. ① All men must die. ②Growing old is something a man has to accept. ③Man is mortal. From these definitions and examples, it is easy to see that "man", and "men" can be used generically to refer to both male and female. But 'woman' and 'women' cannot be employed in reference to men.

3. 3 Discrimination in word order

Sexism in language is also reflected in word order. When male and female come forth at the same time, the order of man and woman mostly follows the rule of male – as – norm "man is before and woman is after." Making females come second reflects the sexist attitude that men are superior to women. Such a language phenomenon seems to appear as unquestionably natural as to be widely accepted as a language norm.

However, there are also cases in which male – female order is reversed, for example, "bride and groom", and "ladies and gentlemen". The former shows that marriage is important to women and the latter is influenced by the notion that men should protect women. Putting ladies before gentlemen doesn't show that women are more superior to men or ladies first, but indicates that in men's mind, women, the same as children, are the weaker ones.

3. 4 Discrimination in word formation

English is a kind of super masculine language. This can be easily seen in compound words formed by "word plus man" structure, such as "chairman, businessman, congressman, postman, newsman, statesman, salesman, mailman, policeman, and spokesman, Englishman, Frenchman" and so on. From these words, we can easily know that these English terms are based on occupations with "man" as the suffix, although there are many women doing the job. It truly reflects that males are the center of the society. These jobs are certainly taken by males and women are completely excluded.

In addition, there are some female professionals formed by adding the bound morphemes " - ess, - ine" to the root. This kind of word - formation seems to tell us that women are derived from men and attached to men. These discriminatory practices often make women invisible and thus treated as secondary.

3.5 Discrimination in semantic meaning

A. Semantic collocation.

In English, a word may have different connotations when it is used to describe different sexes. Bachelor and spinster both indicatethat a person is up to marriage age but remains unmarried, but their meanings are different. The former indicates decency, independence, and sex freedom, while the latter means ugliness, frigidity and disability (Showing merciful color).

B. Semantic change.

In the history of English language, word meanings referring to females have changed a lot from their original connotations. For example, "master" and "mistress" referred to the male and female school teacher, but now the word "mistress" refers to a woman who is having a sexual relationship with a married man, and so do many other words, "lord and lorry", "sir and Madame", "temper and temptress" etc. The female words have changed their former meanings and they have been endowed with a belittled meaning, which is the sexist reflection in English language. Words that begin with either neutral or positive connotations over time, acquire negative implications and finally end up as "sexual slurs".

C. Metaphor.

Language exists to allow us to communicate with one another. To this end, language serves two purposes: to communicate what our reality is and also what we wish it to be. So, if we identify a trait in a language, such as sexism or other forms of prejudices, this only reveals a prejudice that exists in society. Language, in particular metaphor, helps form social reality. There are many metaphors to describe a female. But often it has a totally different meaning.

(a) Food metaphor.

Women are considered as delicious food in the society, and some food words are used to refer to females. Men often use these words to express their appreciation to women. It even includes the meaning that men treat women as dolls.

(b) Animal metaphor.

There are also many words showing contempt for women. They embody sexual discrimination but still enjoy great popularity. These pejorative terms for women all derived from animals, because animals are considered to be inferior to human beings on the earth. So, using animals to refer to females indicates that females are inferior.

D. Semantic degradation of woman.

In semantics, many words specialize in referringto males or females. The former has commendatory trend, but the latter usually has derogatory sense and deteriorative trend.

In English some words arranged in pairs or groups with male usually have the positive meanings; contrarily, when arranged with female they have the negative meanings. Consider the compound words "call boy" and "call girl". The former refers to a waiter in hotels or the person who calls the player ready to stage in theatre; the latter means the prostitute summoned by phone calls. These words have manifested the discrimination of language towards female from the angle of word matching. The semantic derogation of women helps to construct female inferiority and because women are confined to negative terms, women continue to be devalued.

3.6 Discrimination in proverbs and Idioms

Discriminations towards women in English language can also be found in some proverbs and idioms. Women are always described as loving chatting and stirring up trouble. A lot of English proverbs from different aspects of social life reflect the discrimination against women, and denigrate the image of the phenomenon of women, which is not an occasional occurrence but has deep historical, cultural and social foundations.

4 Methods of avoiding sexism in English expressions

Along with the social development and women's liberation movement, people began to realize the importance of the language reform and improvement of female social status. The main strategies here to eliminate sexist language are advocating some neutral words, avoiding the use of generic masculine, and addressing terms and coining new words.

A. Sexist words transformed into nonsexist words.

The key to eliminating gender discrimination in the English language is not to use the sexist words, but to use the neutral words as much as possible. That is to say to spread the neutralization of words and expressions. Generally, four methods of lexical neutralization can be employed in the use of English language.

(a) Try best to use the gender - free words which are the words including both sexes.

(b) Try to avoid using compound words that just consist of man to refer to both genders.

(c) Try to avoid using gender - suffixes which reflect women's lower rank and avoid using prepositional attributes like "woman, lady, madam" when there is no necessity to show their sex.

(d) Try to avoid giving examples that are traditionally regarded as of male or female.

B. Avoiding using generic masculine pronouns.

As a solution to the problems that the generic masculine can create, a number of proposals have been made. A major category among these solutions is to avoid using generic masculine. Some alternatives to avoid generic masculine are offered as follows:

(a) Using plural forms toreplace single forms.

(b) Changing the whole sentence into plural form.

(c) Using "we /us/ our" to rewrite the original sentence.

(d) Rewriting with the second person pronoun.

(e) Completely omitting the pronoun.

(f) The generic masculine "he, his, him" should be replaced with "he or she", "his or her", "him or her", and the like some, "one, the one, no one and others" to replace the third person pronouns.

(g) Trading off with masculine words and negative words to keep balance.

C. Alternations of addressing terms.

Addressing terms are very important in our daily communications, where gender bias can also be seen. In English, there are many addresses used, maybe not intentionally, to make females feel despised. How to solve the problem?

Firstly, don't introduce the female through her husband. Secondly, don't use terms which belittle women as wives or otherwise. And traditional expressions with prejudice such as "ambitious men and aggressive women", "cautious men and timid women" should be avoided. Last but not least, try not to use the traditional forms of addresses such as "Dear Sir, Dear Gentleman, and Dear Madam" when writing to someone of unknown sex.

The above are some suggestions on how to avoid sexist language in English. To some people, especially to males, it seems quite unnecessary. They take it for granted that the so – called sexist language is some kind of habit or for the sake of convenience but not looks – down – upon or discriminates against females purposefully. Anyhow, the topic of how to avoid sexist language has become more and more popular among the language and social workers abroad.

5 Conclusion

Language is not only used to exchange ideas, convey information, but also to set up and maintain the harmonious relationship between human beings, create and keep the effective communication environment among social members and groups.

Sexism in language is a very important new question for discussion, which has been attached importance by a lot of countries in the world. When we carry out the research, besides combining with social and psychological factors, we have to adopt the statistics of sociology to make the research established on the scientific statistics and to get rid of the reliance on sensible experiences. The establishment of new pattern language database and the adoption of computer in language will greatly promote the research.

文化和文学研究

跨文化交际能力研究现状分析

田　莉*

摘　要　本文对跨文化交际能力研究的现状进行了分析，提出了跨文化交际能力研究存在的主要问题。

关键词　跨文化交际能力；商务英语；人才培养

随着“一带一路”倡议的实施推进，我国双边、多边贸易合作不断深化，跨国跨地区之间的商务活动愈加频繁，跨文化交际能力已成为商务英语专业学生必须掌握的核心技能之一。2018 年颁布的商务英语专业国家标准明确提出，跨文化交际能力是商务英语专业学生应具备的能力。培养学习者对文化差异的敏感性、增加他们的文化知识、提高他们的跨文化交际能力是如今商务英语人才培养中的重要任务。到目前为止，跨文化交际能力研究主要集中在以下几个方面。

首先，跨文化交际能力的定义和要素。许多学者都曾对跨文化交际能力下过定义，如：“跨文化交际能力广义地说可以理解为这样一种印象，即这一行为在某一特定的语境中是恰当和有效的”；“掌握一定的文化和交际知识，能将这些知识应用到实际跨文化环境中，并且在心理上不惧怕，主动、积极、愉快地接受挑战，对不同文化表现出包容和欣赏的态度”等。虽然定义不同，但都承认“跨文化能力指与不同文化背景的人们有效、恰当地交往的能力”。

第一，跨文化交际能力的主要成分或要素。学者们普遍认为，跨文化

---

* 田莉，北京工商大学外国语学院讲师，主要研究方向为二语习得、商务英语。

交际能力包含了认知、感情（态度）和行为三个层面的能力。在认知层面，交际者不仅需要一般文化的知识，还需要具备专业知识。感情层面包括交际者对于文化差异的敏感、对于不同文化的包容、对于自己文化的深刻理解以及对于其他文化的尊重等。行为层面主要指交际者的各种能力，如语言和非语言能力、变通能力、处理人际关系的能力、心理调适能力、适应环境的能力以及在异文化环境中做事的能力等。

第二，跨文化交际能力的测量。国外对跨文化交际能力测评已有五十多年的研究历史。测评方法来源于心理测量学，主要有定量、质性、混合三种。定量评价方法以问卷调查为主，让被试者进行跨文化交际能力的自我评价。这种方法的优点是省时省力且标准化程度高，方便展开大规模的调查研究。这是迄今为止使用最多的评价方法。但有学者认为，被试者对自我跨文化意识与敏感度的感知与其实际能力之间是有差别的。另外，测量工具及其理论基础都不可避免地带有作者的世界观与文化特点。国外的跨文化交际能力量表不一定适合中国境内的学习者。因此有必要借鉴国外跨文化交际能力测评的优秀成果发展适合中国语境的跨文化交际能力测评工具。到目前为止，已有中国学者开始尝试，如高永晨，但这方面的研究还很不成熟。

质性评价方法包括档案评估法、自评报告法、访谈法、观察法、关键文本分析法、案例研究法等。其中最常用的是案例研究与访谈法。质性评价的方法可以提供详尽的、个性化的信息，但与量化研究相比，质性评价方法耗时、耗力且不方便大规模施测。

混合研究法是指研究人员或团队结合质性研究与定量研究中的元素（如使用质性与定量的观点、数据收集、分析、推理技术），以便更深更广地理解现象与证实理论。近年来，混合研究方法受到了学者们普遍认可，认为混合研究可使不同的研究方法扬长避短，是测评跨文化能力的最佳方法。但到目前为止，这种混合法在跨文化交际能力的研究中用的还很少。

其次，跨文化交际能力的培养途径。商务英语专业学习者跨文化交际能力的培养研究主要从两个方面进行。一方面，有研究者以国内商务英语专业大纲制定、商务英语专业相关考试的设定为出发点，对跨文化交际能力的培养途径进行了探索。如顾晓乐提出了跨文化交际能力培养模型；柳超健尝试构建了商务英语专业跨文化交际能力框架，并提出相应的培养途径。另一方面，研究者对商务英语课堂教学中跨文化交际能力培养存在的问题、主要培养方法进行了探讨，并针对当前主要不足提出了改进措施，如付小秋、张红玲以综合英语课程跨文化教学行动研究和一次课堂教学活动为案例，为跨文化教学设计和实施提出了操作方法和建议。

由以上论述可以看出，研究者对跨文化交际能力的定义和要素已经达成了初步共识，对跨文化交际能力的测量方法和培养途径也进行了理论探讨和实践摸索。但到目前为止，研究者对跨文化交际能力本体研究还不够。要提高培训效果，就需要对跨文化交际能力本身进行更深入的本体研究，从而为跨文化交际能力的培养提供更坚实的理论基础。

科举制到现代高考的考试制度变革*

杨怀恩** 张乐媛***

摘 要 “中兴以人才为本。”作为人才选拔的重要方式，本文揭示了自科举制以来的重大变革，并结合历史背景、社会环境等方面通过变革现象分析利弊，着重阐述了当今高考改革的现实意义。

关键词 应试教育；多样化

1 考试制度的变革现象及特点分析

自隋唐开始，中国便采用了科举取士的方式选拔人才。自此，中国打破以“出身名望”论官职的阶级特权，走向相对公平的人才选拔之路，推动官员素质的提升，科举制成为中国古代考试制度的重大里程碑。受清廷“新政”及《奏定学堂章程》的影响，科举制于1905年废除。该章程中提倡“兼容并包”“中西并用”，重视师范教育，基础学科与专门学科相结合，课程设置要“严密切实”，破格选拔人才等，为中国现代高等教育的发展设计了良好的开端。此前，清政府在戊戌变法中开办京师大学堂。1902年，京师大学堂正式举行了招生考试。考生先通过地方择优录取，再统一参加京师考试。考生成绩评定采用百分制，以60分为及格。该评分方式对后世影响巨大且长远。我国真正意义上的高等教育入学考试制度便发源于此。

---

* 本文为张乐媛同学主持的北京工商大学大创项目研究成果（项目编号：B020）。

** 杨怀恩，北京工商大学外国语学院教师。

*** 张乐媛，北京工商大学外国语学院商务英语专业2017级学生。

20世纪初，中国社会矛盾尖锐，各个阶级走上救亡图存的道路。1911年，辛亥革命结束了清王朝的统治及两千多年的封建帝制，清末新式学堂考试制度受到冲击。在民国时期，考试权归国家掌握的传统被打破，地方有了更大的自主权。各校依据教育部的招生原则自主命题组织并录取学员的方式，一定限度上满足了各高校对人才的需要，但也存在一定问题。例如各地区发展不平衡，中学教育水平相对较低的地区难以与教育发达地区的学生竞争；招生的公平性有待进一步提升，当时常有舞弊情况的出现；高校发展结构畸形，在文科更容易入仕途的社会背景下，理科生的比例低于30%。因此，为了克服各大高校单独自主招生的弊端[1]，南京国民政府教育部于1933年采取“比例招生法”。1937年随着抗战的爆发，教育部实施中央大学、浙江大学以及武汉大学的“联合招生”。1940年，随着省立大学及独立学院被纳入统一招生，统一招生制度完全取代自主招生制度。1941年在抗战相持阶段，自主招生最终成了多元招生方式之一。

1949年中华人民共和国成立后，经历分散招生考试到联合招生考试直至1952年正式建立了统一招生考试制度。但在实践中，统一高考的弊端有所暴露，如应试教育一定程度上脱离了实际、学生负担过重等。[2]由此，中共中央、国务院于1966年先后发出《关于改革高等学校招生考试办法的通知》及《关于改革高等学校招生工作的通知》，并提出采取“推荐与选拔相结合的方法”，推荐制由此产生。但推荐制也有一定弊端：易产生走后门的现象；学员学业基础不够扎实等。1977年，中国进入高校招生考试制度的恢复阶段。教育部发出了《关于1977年高等学校招生工作的意见》，正式恢复中断了10年的高校统一招生考试制度。此次改革为高考制度更好地完善与发展提供了良好的基础，体现了相对公平性、多样性等。2001年通过《关于做好2001年普通高等学校招生工作的通知》打破了对招生考试对象年龄和婚姻状况的限制。此外，考试时间在2003年有所变动，提前一个月至每年6月的7—9日。在考试内容方面，从1992年前分文理进行的方式到1993年起实施的“3+2”考试科目设置方式再到此后的“3+X”科目设置方案。其中，“3+2”方案即语文、数学、英语三门必考基础科目以及文史类政治、历史或理工类物理、化学两个科目。“3+X”方案计划用三年时间推行，“3”指的是语文、数学、外语，是每个考生必考科目，其中数学分为文科和理科，英语听力成绩计入总分；“X”指的是小综合，文科生考政治、历史以及地理，理科生考物理、化学、生物三科。此外，高考内容上更加注重对学生能力以及素质的考察，应用型和能力型的试题有所增加。在此基础上，各个省份也根据自身情况进行微调，如山东实行“3 + X + 1”模式，海南实行“3 + 3 + 基础会考”模式，宁夏实行“3 + 小综合”模式。时代的脚步不停，高考的改革创新不停。根据2014年国务院明确的改革目标是到2020年基本建立中国特色现代教育考试招生制度，以此推动我国考试制度兼顾“国家利益与人民利益”“全面与个性”“公平性与科学性”等各方面，为祖国发展培养更多人才。

2 考试制度变革的问题分析

素质教育，是以全面提高人的基本素质为根本目的，以尊重人的主体性和主动精神为基础，注重开发人的智慧潜能，注重形成人的健全个性为根本特征的教育。然而，有些考生成了“考试机器”，成了应试教育的机器。面临高考，部分考生因无法合理排解压力而产生厌学倾向甚至是抑郁情绪。由此可见，高考的改革仍需砥砺前行。

3 当今大学生对于考试制度的展望

高考作为一种进入本科学习的衡量标准，受到全社会广泛关注。作为高考的亲历者，我们得以相对公平的机会参与竞争，进入下一个学习阶段。

经济基础决定上层建筑。同理，我国的高考制度是依据全国总体情况以及各省特点进行人才的选拔。这种制度提供了分数优先的平台，也就是提供了通过个人努力便有机会公平竞争的机会。然而，我们仍要向更加公平化、多元化、科学化的方向迈进。对于当前制度存在的一些问题，也可以有针对性地解决。例如地区教育资源的不平衡问题可以借助发达的网络资源共享；有技能特长的考生可以借助多元化的招生规章迈入理想大学；临考压力过大的考生可以借助校园心理咨询师的帮助等。

教育是推动国家软实力的重要方面，考试制度关乎亿万家庭。因此，在历史中学习，在实践中总结，在变化中创新是我们最重要的使命之一。

参考文献

[1] 张学强，彭慧丽. 民国时期高校自主招生制度探析——兼论对完善我国当代高校自主招生制度的启示 [J]. 社会科学战线，2009 (5)：210-216.

[2] 王火生. 高考制度改革的道与术——新中国高校招生考试制度改革历程的回顾与思考 [J]. 教育学术月刊，2018 (2)：22-33.

菲尔丁小说中的主仆关系

吴　濛*

摘　要　主仆关系是菲尔丁小说中最重要的社会关系之一：他肯定了仆人的善良诚恳、勤劳勇敢，但也没有回避他们目光短浅、利益至上的弱点。复杂的主仆关系，从某个侧面生动地展现出18世纪英国社会的道德风貌。

关键词　菲尔丁；主仆关系；分类；角色；危机

菲尔丁是18世纪英国杰出的现实主义小说家，其小说里有王孙贵族，也有庶民百姓；有伦敦上层社会的纸醉金迷，也有外省底层人民的市井逸闻，反映了英国广阔的社会生活。仆人，作为18世纪英国社会一个数目庞大的群体，也构成了其笔下一道独特的风景线。本文试从菲尔丁的代表作入手，探讨18世纪英国社会的主仆关系，以期更全面深入地了解菲尔丁的道德观。

1　仆人分类

Family是“家庭”的意思，最初指的却是“家仆”。冯军旗根据英国贵族家庭卷簿，把仆人分为六类：财政（financial）、筹备（preparatory）、侍奉（waiting）、私人（private）、闲暇（leisure）和宗教（religious）。

菲尔丁的小说几乎涵盖了这里提到的所有家仆种类。其中，筹备类家仆（如厨师、酿酒师）、侍奉类家仆（如守门人、礼宾官）和闲暇类家仆

---

* 吴濛，北京工商大学外国语学院讲师，主要研究方向为英国文学。

（如驯马师、驯鹰师）比较边缘化，与主人没有实质性的沟通。宗教类家仆服务于家庭宗教活动，对于主人维持声誉和拉拢选区选票有着至关重要的作用。财政类家仆是管理贵族地产和财务的人员，掌握着贵族财产的动向。《约瑟夫·安德鲁斯》中的彼得·庞斯就是典型的财政类家仆。他依靠克扣仆人工资和放高利贷而起家，守财如命。最后一类是私人类家仆，他们为主人及其家人提供私密性服务。约瑟夫刚来鲍培家的时候，只是一名闲暇类家仆，负责赶鸟、司狗、驯马。后来因为品貌出众，深得鲍培夫人的喜爱，才调到夫人身边做私人男仆。正是因为这种亲密关系，才使整个故事铺展开来。

从菲尔丁笔下可见，即使在仆人阶层中，也存在着集团和等级，可以视作社会的缩影。在《约瑟夫·安德鲁斯》中，少年安德鲁斯一到伦敦，就去巴结他的穿着各色制服的同行弟兄，以期更迅速融入伦敦新圈子。史立蒲斯洛蒲大娘作为鲍培夫人的贴身女仆，常与牧师亚当姆斯争论神学上的问题。这里至少可以看出两点：其一，仆人之间同样贵贱有别，史立蒲斯洛蒲大娘在仆人中地位较高，即使是饱读诗书的家庭牧师面对她也要恭谨有礼。其二，史立蒲斯洛蒲大娘自知地位不同于其他仆人，常常刻意炫耀自己的学识见闻，还喜利用职权勾引男仆、打压女仆。

2 主仆危机

菲尔丁对于主仆危机的描写，主要分为两类：一是异性主仆之间的关系危机，二是同性主仆之间的信任危机。

18 世纪的英国，女仆与男主人发生婚外关系的情况并不鲜见。女作家海伍德的《赠女仆》中有很大篇幅教女仆应对性骚扰。蒙塔古夫人《书信选》里的女仆奥克塔维亚多次被不同男主人骚扰，常常辞工回家。这些故事和传闻都是 18 世纪异性主仆关系的真实写照。菲尔丁的《约瑟夫·安德鲁斯》中，女仆蓓蒂与男主人托瓦斯先生也发生了婚外关系。当时的社会舆论往往谩骂地位低下的女仆，而对于男主人则过分宽容。菲尔丁却在情节安排和人物塑造上表现出完全不一样的态度。他首先肯定了蓓蒂生性和蔼、慷慨慈悲，然后强调做客栈里的女仆是个危险的工作，每天都要面对各种各样的男性引诱。作家没有站在道德的制高点上斥责偷情行为，而是详述因果，展现出对女仆命运的同情与体谅。此外，菲尔丁还描述了女主人勾引男仆的故事。他把约瑟夫比作柏雷亚柏斯，那位象征生殖力的希腊神祇，暗示鲍培夫人对于约瑟夫的好感其实是对男色的垂涎。由此可见，在异性主仆关系中，无论性别如何倒置，阶级属性占据高位，主人占据着绝对话语权。

同性主仆之间存在的主要是信任危机。主仆关系归根结底是一种雇佣关系，不可避免要追求利益的最大化，仆人往往以自己的切身利益为驱动。主仆之间时而结成统一战线，一致对外；时而发生内战，互有设防。比如，昂诺尔大姐和魏斯顿老小姐的贴身女仆就曾爆发过一场激烈的争吵。原因正是因为昂诺尔大姐故意说魏斯顿老小姐又老又丑。当时，仆人以主人的品貌、财产、地位为炫耀的资本，所以魏斯顿老小姐的女仆为了维护女主人的形象，才会不依不饶，大打出手。但即使是昂诺尔大姐这样真心维护苏菲亚小姐的女仆，也会打起自己的小算盘。当苏菲亚抗婚出逃前夕，昂诺尔大姐也动过出卖苏菲亚的念头，想把此计划向魏斯顿先生和盘托出，发一笔大财。不过最后，对伦敦的向往和与其他女仆的攀比心理占了上风，才促使她陪伴苏菲亚离家出走。类似的情况也发生在巴特里奇先生身上，他之所以肯做汤姆的男仆，一路追随，是因为他认为倘若他能想方设法把这位少爷劝回家去，就一定能重获奥尔华绥的欢心。

菲尔丁对于仆人群体的描写本身就展现了作家对于底层民众的关注，在当时是非常难能可贵的。他笔下的仆人有的善良质朴，有的机敏狡黠。这与菲尔丁“人性不是十全十美的”这一观点相契合。通过对仆人细致入微的刻画，菲尔丁时而借仆人之口揭露封建贵族和资产阶级的虚伪道德，时而嘲讽仆人自身唯利是图、功利至上的自私贪婪。总体来说，菲尔丁对于仆人同情中带有戏谑，这与他自身的阶级属性和社会环境有很大关系。作家用手中妙笔生动地描摹出 18 世纪英国社会的主仆关系，能够帮助读者更好地了解 18 世纪英国社会森严的等级制度和道德风貌。

惠特曼的浪漫主义自然观

郑昊霞*

摘　要　惠特曼的浪漫主义自然观受爱默生超验主义自然论的影响，表现为崇敬赞美自然和崇尚人与自然和谐统一，折射出与中国传统哲学的相通之处。

关键词　惠特曼；《草叶集》；浪漫主义自然观

美国现代诗人沃尔特·惠特曼（Walt Whitman，1819—1892）以其代表作《草叶集》享誉世界文坛。著名学者、诗人及翻译家王佐良先生曾经这样评价："从整个英语诗的历史来说，《草叶集》和它的追随者是继十六七世纪英国文艺复兴和19世纪初期英国浪漫主义之后的第三座高峰……惠特曼异军突起，用全新的内容和全新的艺术替英语诗开辟了一条新的大路，真所谓石破天惊，一本诗集扭转了整个局面。"

《草叶集》既是惠特曼的个人史诗，也是十九世纪美国的民族史诗，不仅体现了乐观进取、崇尚个性的美利坚民族性格，也凸显了万物和谐的浪漫主义自然观。

1　浪漫主义自然观的渊源

惠特曼的浪漫主义自然观并非凭空产生的。首先，爱默生的超验主义自然论是惠特曼诗歌中浪漫主义自然观的重要思想源泉。爱默生在《论自然》一文中充分表达了对自然的敬畏之情："大自然有这样一种魔力，她

* 郑昊霞，北京工商大学外国语学院讲师，主要研究方向为英语翻译与教育。

能使一切事实相形见绌，她像一位神灵，对每一个接近的人进行审判”；“每天我们从拥挤的房屋和狭窄的街道中逃离出来，逃进自然的怀抱，那么多崇高与美好拥抱着我们，让我们不止一次地想甩掉一切有碍于美的障碍，想甩掉凡尘中的人情世故和瞻前顾后，听任自然的诱惑，心驰神往……最后，一切关于世俗的念头都被挤出了脑海，大自然洋洋得意地领导我们。她用她独有的魔力，清醒我们的头脑，治愈我们的身体”；自然是“最古老的宗教”，“谁领悟了自然，谁就主宰了世界。没有任何教化的力量，能大于这自然的引领”；“自然为自己和人类立法，她总是前后一致”，“自然的方向永远向前……自然的工作是那样精密，那是一个处于不断变化之中的完整体系”；“自然本身就是思想。然后又产生了无数的思想，就像水变成了蒸汽和冰。世界是精神的沉淀，人类就游走于其中”。

其次，惠特曼像许多普通的美国人一样对大自然有一种天生的亲近感，又受到卢梭等欧洲浪漫主义者回归自然的思想影响，对大自然怀有无限的崇拜和迷恋。他从不吝惜对大自然的赞美。他笔下的自然界可谓丰富多样、包罗万象，除了著名长诗中描绘特定景观的段落之外，更有数量众多的短诗专注于对大自然中不同风物的描绘、吟咏和思考。

2 浪漫主义自然观的表现

以“草叶集”作为诗歌的标题，本身就是浪漫主义自然观的表现。无论我们可以从“草叶”中解析出多少种象征或寓意，草叶本身是大自然中最常见最普遍最富有生机的景象。

2.1 崇敬赞美自然

惠特曼在《草叶集》中对回归大自然表达了由衷的喜悦之情。如他在长诗《我自己的歌》中这样写道：“我独自在野外和荒山中打猎，/漫游者，惊奇于我自己的欢快和昂扬，/到傍晚时找一个安全的地点过夜，/烧起一堆火将新宰的野味烹享，/然后酣睡在堆积的叶子上，让我的狗和枪躺在身旁”；该诗第二十一段描绘了一幅色彩斑斓、生机勃勃又充满诗意的夏夜图景，“我是那个同温柔的、生长着的夜一起行走的人，/我呼唤着被黑夜半抱着的大地和海洋。/紧紧地压着吧，袒胸的黑夜——更紧些，有魅力的抚慰人的黑夜呀！/南风的夜——疏星朗月的夜啊！/静静地打着瞌睡的夜——疯狂的裸体的夏天的夜呀！/啊，呼吸清凉的妖娆大地，微笑吧！/宁静地微睡着的树木的大地呀！/夕阳已坠的大地——云雾缭绕山头的大地呀！刚染上淡蓝色的皎月光辉的大地呀！/阳光与黑暗斑驳闪烁的河川潮流的大地呀！/因为我而更加明亮清澈的灰色云雾的大地呀！/远远地怀抱一切的大地，开满了苹果花的大地呀！/微笑吧，因为你的情人来了。"

此外，《草叶集》中的许多短诗也将自然界中不同的对象和主题作为歌咏的素材，其中包括：春夏秋冬（如《我在春天唱着这些歌》《丁香花开放时的欢唱》《冬天不久将在这里受挫败》《冬天的声音》）；昼夜晨昏（如《清晨漫步》《黄昏》《日落时之歌》《大草原之夜》）；花草树木（如《第一朵蒲公英》《选自五月的盛会》《只是些根与叶》《在路易斯安那我看见一株四季常青的橡树在成长着》）；飞鸟鱼虫（如《致军舰鸟》《鹰的嬉戏》《海底世界》《一只沉默而坚韧的蜘蛛》）；日月星辰（如《你这高高在上、光照十分使人眩晕的星球》《两位老兵的哀歌》《黑夜，在海滩上》）；微风阵雨（如《致日落时的微风》《雨的声音》《滞留着的最后几滴》）；河流海洋（如《在宽阔的波多马克河边》《你有着沙哑、傲慢的嘴唇，啊，大海!》《自蒙托克地角》）；草原峡谷（如《草原日落》《在遥远的达科他峡谷》《形成这片景色的精灵》），等等。所有这些短诗汇集起来无疑勾画出一个生机勃勃、充满情趣、富有灵性的大自然。如短诗《丁香花开放时的欢唱》中，诗人愉快地描绘了春夏之交大自然里所有的美好事物："在四月和五月时请列入池塘里呱呱叫着的雨蛙，那富于弹性的空气，/蜜蜂、蝴蝶、麻雀和它那简单的声调，/青鸟和箭一般的燕子，也不要忘记那闪动着金色翅膀的啄木鸟，/那宁静而闪烁着阳光的薄雾，/那散不开的黑烟，那水汽，/有鱼在游泳的睡眠的微光，那天蓝色的上空，/一切欢乐而闪耀的东西，那奔流的小溪，/……/知更鸟在跳着的地方，眼睛亮，胸脯棕黄，日出时悠扬清脆的鸣叫，又在日落时鸣叫，/或在苹果园的树丛里飞来飞去，给他的伴侣筑着窝，/三月已消融的雪，杨柳发出它黄绿色的嫩芽。"

大自然不仅是人类栖息的乐园，也蕴含了人类自我追求的终极价值，其处处呈现的自由、活力、生命力与创造力令人身心振奋，而自然万物在神圣的法则之下生生不息、循环往复又构成了一幅和谐完美的画卷。

2.2 崇尚人与自然和谐统一

惠特曼的自然观与以往的机械自然论不同，他认为，人与自然并非相互分离和排斥的，人与自然的关系也不应该是对立冲突的，相反，人类源于大自然，人是自然的一部分。只有在大自然的怀抱中，人类才能摆脱来自世俗的束缚和烦恼，才能使灵魂得以升华。这种观点恰巧与中国传统哲学尤其是道家哲学不无相通之处。道家主张道法自然，顺应自然，与自然和谐相处，自然就是最高的哲学范畴和理念，而人自始至终都是自然的一部分。

在《我自己的歌》的第二十二段，惠特曼以浪漫而富有激情的笔触描写了既多情又任性、既温柔又粗犷的海洋，以及“我”与海洋之间的亲密无间、和谐相伴：“你，大海哟，我也把自己委托给你——我猜得着你的心意，/我从海岸上看见你那弯曲的手指在召唤我，/我相信你没有触摸到我便不愿回去，/我们必须一起周旋一番，我脱下衣服，赶忙从陆地上消失，/你轻柔地托着我吧，摇着我在大浪上昏昏欲睡，/让多情的水波冲刷我，我能报答你。”此处人与自然和谐共存的场景可谓栩栩如生。

3 结　语

惠特曼的浪漫主义自然观受爱默生超验主义自然观的影响，表现为崇敬赞美自然和崇尚人与自然和谐统一，折射出与中国传统哲学的相通之处。

被瓦解的人性

——奥威尔《1984》

余　音*　刘明宇**

摘　要　乔治·奥威尔的《1984》中预言了一个极权主义社会：在统治者极度的精神压迫和思想驯化下，人性堕落成丑陋的模样。书中发生的事情，在后来不断地被历史验证，为世人敲响了巨大的警钟。文章将极权主义社会压迫下的人性作为研究对象，分析作者所传达的人道主义思想。

关键词　乔治·奥威尔；《1984》；人性；极权主义

1　《1984》概述

1.1　创作背景

乔治·奥威尔是英国著名小说家、记者和社会评论家，生于英国殖民地的印度，目睹了殖民者与被殖民者之间尖锐的冲突。与绝大多数英国孩子不同，他的同情倾向悲惨的印度人民一边。少年时代，奥威尔受教育于著名的伊顿公学。后来被派到缅甸任警察，他却站在了苦役犯的一边。20世纪30年代，他参加西班牙内战，因属托洛茨基派系（第四国际）而遭排挤，回国后却又因被划入左派，不得不流亡法国。第二次世界大战中，

* 余音，北京工商大学外国语学院2017级学生。

** 刘明宇，北京工商大学外国语学院讲师。

他在英国广播公司从事反法西斯宣传工作。欧洲人道主义传统和英国的讽刺文学对奥威尔产生了极大的影响。他用犀利的文笔记录生活的时代，并在《1984》里作出了许多超越时代的预言，被称为“一代人的冷峻良知”。

1.2 作品内容

书中构想了一个极权主义社会：表面十分和平，实际上人性和思想都受到绝对的禁锢，生活极度单调枯燥。在书中，世界被三个超级大国所瓜分——大洋国、欧亚国和东亚国。三个国家之间战争不断。主人公所处的大洋国实行高度的集权统治，在那里，人们一直处在政府的监听和监视下，不允许有自己的想法。政府机构则分为四个部门：真理部（负责新闻、娱乐、教育、艺术），和平部（负责战争），友爱部（维持法律和秩序），富裕部（负责经济事务）。讽刺的是，男主人公温斯顿在真理部每天从事的工作却是篡改历史，他逐渐对政府产生了怀疑，加入反革命的兄弟会成为思想犯。最后事情败露被友爱部洗脑成为“思想纯洁者”后杀害。

2 瓦解的人性

2.1 被催眠的公民

大洋国每天都要办一次仇恨会，对象是政府的反对者和敌国。仇恨会的可怕之处在于你会本能地被仇恨的情绪所感染，变成一个歇斯底里的疯子。通过仇恨会，人们平时对政府的仇恨借着另一个对象得到了发泄，再次自我催眠崇拜统治者。大洋国政府靠这样不断塑造外敌来转化国家内部的矛盾。

2.2 被压抑的感情

极权主义不仅仅规范每个公民的行为准则，甚至管制他们的感情生活。在大洋国，公民没有权利选择自己的结婚对象和离婚，繁衍后代也被定为对政府的义务。男主人公不堪忍受行尸走肉般的妻子，他最终的出轨本质上也是对社会制度的一种反抗。大洋国人与人之间充满了怀疑，甚至小孩子也被政府培养成揭发父母思想罪的“英雄”——“三十几岁的人被他们的孩子吓得心惊胆战是常有的事”。

2.3 被奴役的思想

大洋国的每一个人都被要求绝对崇拜政府，不允许有自己的想法。新的语言被发明了，实际上只是在原有的基础上不断进行简化，好使人们没有语言可以去表达其他的思想。政府通过战争造成的毁灭使得贫困的人没有精力去发展精神文明，只知道服从政府。任何在思想上对统治者产生怀疑的人都会被思想警察抓起来进行改造甚至被“蒸发”。在这样的极权统治下，人性逐渐被瓦解掉，人成了行尸走肉。

3 结 语

《1984》中极权主义对人性的压迫恰恰体现了奥威尔的人道主义精神。一方面，奥威尔意识到了物质基础方面的差异让人们有了阶级划分；另一方面，在艰苦的物质条件下，极权主义下的精神控制和不自由才是束缚人性的枷锁。书的整体基调是悲观的，这一悲剧性结局却更加发人深思。

跨文化交际中文化移情能力问题分析及培养

刘　影*

摘　要　移情能力是跨文化交际能力构成的七要素之一，文化移情能力在国际交流中起着至关重要的作用。文章分析了当前派出学生和留学生在文化适应方面的问题，提出了培养提高学生的文化移情能力途径。

关键词　文化移情；问题分析；培养

随着我国经济实力的快速增长和国际交往能力的不断提高，越来越多的中国学生有机会选择出国学习。同时，随着我国高等教育水平的逐渐提高，我国也吸引越来越多的外国学生到中国学习。不管是派出学生还是来华留学生，刚到一个陌生的国度，都会面临一个共同的问题，即文化适应问题。如何提高跨文化交际能力，迅速适应当地的学习和生活，成为这些学生面临的挑战。而在跨文化交际能力中，文化移情能力尤为重要。如何帮助学生提高文化移情能力，是国际化过程中需要解决的问题。

1　关于跨文化交际能力和移情能力

跨文化交际能力是构成要素复杂而多样的能力系统，是一项综合性的能力。在鲁宾（Ruben）的研究中将跨文化交际能力分为七种要素，即向对方表示尊敬和对其持积极态度的能力；采取描述性、非评价性和非判断性态度的能力；最大限度了解对方的个性的能力；移情能力；应付不同情

* 刘影，北京工商大学外国语学院讲师。研究方向为语言文学、跨文化交际、高校国际化研究。

景的灵活机动能力；轮流交谈的相互交往能力；能够容忍心得和含糊不清的情景，并能从容不迫地对其做出反应的能力。而著名交际学者金（Kim）认为，有效交际能力的三要素为认知能力、情感能力和行为能力，这三种能力均包含了移情这一要素。由此不难看出，移情能力在有效交际中的重要性。

最初起源于美学的“移情”这一术语，被德国心理学家西奥多·利普斯（Theodore Lipps）引入人际交往领域。在人们的语言交际中，有效交际中的移情能力是指尽量设身处地、将心比心、站在别人的立场去思考、体验和表达感情，使用言语或非言语行为进行移情，向对方表示已经充分理解了他的思想和感情。而文化移情，是在对外交往中的一个有效的交流方法，即交流主体自觉地转换文化立场，有意识地摆脱原有文化的积淀和束缚，将自身置于另一种文化模式中，从而能够在主动的对话和平等的欣赏中真正地达到客观地感受、领悟和理解另一种文化的目的。

2 目前存在的问题分析

笔者多年从事高校学生国际交流工作，在跨文化交际，特别是在文化适应性方面，对派出学生做过跟踪调查、座谈和访谈，对留学生做过问卷调查和座谈。根据多年的调查结果，在文化适应性方面主要存在以下问题。

2.1 派出学生

总体来说，派出学生的文化适应能力比较强，能逐步适应当地的学习和生活。在与接收学校的师生交流过程中，不存在太大的问题，主要问题在饮食文化方面，学生还是更愿意自己在宿舍做中国饭吃。

近三年派出的参与长期项目的447名学生中，无一人提前返回，有5人申请延长交换时间。这些学生参与的项目涉及26个国家38个国际合作项目，主要在欧洲和美洲。在问及文化适应问题时，90%以上的学生回答是基本上没有太大问题。其主要原因是去之前对该国文化有了一定的了解，主要途径是电视、电影、新闻媒体、往届派出学生的介绍等。另外，上课时，特别是英语课堂上，老师会介绍一些国外文化背景，这样对前往国家文化的知识准备比较充分。有的学生自己在派出前已经有过出国经历，能够很快适应当地文化。还有一部分学生在派出前与对方学校在我校就读的交换生有交流和沟通。这样也有利于他们更多地了解当地文化，减少误会和误解的发生。

2.2　来华留学生

相对派出学生而言，来华留学生在适应性方面，主要问题存在于管理方面。

笔者对本校近三年招收的582名留学生进行调查，共有2人因极度不适应而在一个月内提前返回自己国家，还有7名学生一年后选择退学提前结束自己在中国的学习。每次的座谈会和问卷调查，学生反映的问题除了语言方面觉得汉语太难、听课困难外，主要集中在管理方面，而中国高校的管理方式又与中国文化密切相关，留学生对中国文化了解的欠缺是问题产生的主要原因。

中国高校习惯于家长式管理，把学生当成自己的孩子。留学生很不理解，认为自己已经成人，把一些关心当成干涉自己的自由。有一来自欧洲的留学生要去西藏旅游，得知因此事要被谈话时很不理解，以为自己犯了什么大的错误，直到谈话结束才恍然大悟，老师只是提醒她那儿的环境和注意事项，不要出现安全问题，并及时和老师联系。事后学生很感动。90%的留学生在来我校就读之前，从来没有来过中国，对中国的了解非常少，知道最多的是长城、大熊猫，关于中国的历史、文化、礼仪等知之甚少。他们国内电视、电影、媒体等方面关于中国的报道也非常少。有个学生谈起自己最初学汉语时背诵的对话，居然是“你今天挣了多少工分?”汉语学习所用教材和时代严重脱钩。

3　文化移情能力的培养

文化移情能力是经过后天的训练而培养出来的，是在跨文化交际的实践中，通过不断的学习、积累而逐渐形成的。

要提高学生的文化移情能力，首先要培养学生的文化敏感性。而文化敏感性的培养，需要让学生置身于多样性文化中，知道、感受多样性文化的存在，提高学生对不同文化环境的反应和适应能力。作为高校，要加强校园多样性文化建设，增强国际化氛围，让学生对不同文化所奉行的社会规范、文化规范和语用规律有基本的了解，在跨文化交际中自觉地遵循和顺应它，逐渐地提高文化敏感性和文化移情能力。对于来华留学生，既要区别对待，又要趋同化管理，要创造更多的机会，使其能更多地了解中国文化、风俗人情、促进学生间的融合，使其更快更好地适应在中国的学习和生活。同时要加大宣传力度，提高中国在世界的影响力，把中国文化推向世界，使世界更好地了解中国和中国文化。语言教学方面也要加强，这是让学生学习中国文化最直接的也是最快的方法。

文化移情能力的培养还要注意在交际过程中对观点和立场的充分表达。有些文化冲突产生的原因是没有很好地理解对方所要表达的意思或者自己没有表达清楚。要学会倾听，同时也要学会诉说。

文化移情的培养还要克服文化定型带来的消极影响。将个体的特点过分夸大到整个群体的范围，或者把群体的特征不加条件地映射到所有个体成员上面是定型的消极影响的根源，也是其形成的原因。在实际的跨文化交际中，要做到具体问题具体对待，对于个别情况要单独处理。要注意区分不同的文化倾向，摆脱自己固有的文化习惯的束缚，站在对方的文化立场上看问题，做到换位思考。

《逍遥游》与《仲夏夜之梦》之艺术形象比较

全凤霞*

摘　要　《仲夏夜之梦》和《逍遥游》两个艺术世界相隔两千年，但其文学形象相互交织，在读者想象的世界里构成了一个大千世界。就艺术形象而言，《仲夏夜之梦》和《逍遥游》的相似性主要体现在四个方面。

关键词　想象；物我同化

在《仲夏夜之梦》和《逍遥游》里，莎士比亚和庄子通过想象，浮想联翩，徜徉于大自然的万物之中，进入物我同化的神秘境界，充分运用想象、夸张、变形、虚构等非现实描写的手法，创造出许多奇幻的形象，以表现他们各自的主观理想和人文思想。在《仲夏夜之梦》里面，人、仙、精灵、动物、植物同台，共同演绎一个五彩缤纷的戏剧世界；在《逍遥游》里面，庄子通过想象虚构出神奇的、令人叹为观止的故事，创造出多姿多彩令人瞠目结舌的形象。《仲夏夜之梦》和《逍遥游》两个艺术世界相隔两千年，但其文学形象相互交织，在读者想象的世界里构成了一个大千世界。就艺术形象而言，《仲夏夜之梦》和《逍遥游》的相似性主要体现在以下四个方面。

第一，《仲夏夜之梦》的精灵迫克和《逍遥游》的大鹏是最典型的浪漫形象。它们是二人浪漫和自由精神的最直接的体现。精灵迫克“可以在

---

* 全凤霞，北京工商大学外国语学院副教授。

四十分钟环遨世界”和大鹏“抟扶摇而上九万里”是二者最大的相似之处。正是这种神似激发了笔者的灵感，将《仲夏夜之梦》和《逍遥游》进行比较，并对二者的相似性和相异之处进行更详细的挖掘。

第二，《仲夏夜之梦》和《逍遥游》都有人格化的飞虫、动物和植物。在《仲夏夜之梦》里，蛛网、飞蛾、豆花、芥子等“卑微”的飞虫和动植物已化身为仙，成为林中仙后的伴驾。平日里，它们尽职尽责，殷勤周到，为仙后奔走服务。为装点仙后的“寝宫”，它们辛勤编织美丽的花环，到处寻访露水，“给每朵花挂上珍珠的耳坠”；为保证仙后安然入眠，它们“有的去杀死麝香玫瑰嫩苞中的蛀虫，有的去和蝙蝠作战”，有的“去驱逐每夜啼叫的猫头鹰”，有的唱着轻柔的催眠曲。在“工作”之余，小仙们尽享快乐和逍遥，在各地遨游流浪，“越过了溪谷和山陵，穿过了荆棘和丛薮，越过了围场和园庭，穿过了激流”，“轻快得象是月亮光”。在仙后和织工博顿相爱的时刻，小仙们“恭恭敬敬地侍候这先生，窜窜跳跳地追随前行；给他吃杏子、鹅莓和桑椹，紫葡萄和无花果儿青青”，为仙后的爱情增添了无限的情趣。莎士比亚似乎最懂得“山不在高，有仙则灵”的道理，他塑造的仙后仙王这些生动有趣的角色，给大自然增添了无限的活力与情趣。

同样，在《逍遥游》里，有蜩（即蝉）、学鸠、斥鴳等小鸟飞虫与《仲夏夜之梦》里的小仙们比美。它们生活在美丽的大自然，莫不是大自然快乐的精灵。眼望“怒而飞”的大鹏鸟，蜩与学鸠笑之曰：“我决起而飞，抢榆枋而止，时则不至而控于地而已矣，奚以之九万里而南为?”（译文：我在平地上一跃而起，快速地掠过榆树、檀树等，有时候飞不到目的地，那就落在地上就是了，何必要飞上九万里的高空，还要向南极大海飞去呢?）斥鴳等小鸟也不解大鹏的高飞之举，它们说“彼且奚适也？我腾跃而上，不过数仞而下，翱翔蓬蒿之间，此亦飞之至也，而彼且奚适也?”这些小鸟虽没有大鹏“背若太山，翼若垂天之云”之大气，也没有大鹏“抟扶摇而上者九万里，绝云气，负青天”的磅礴气势，并且对大鹏的青云之志甚为不解甚至予以嘲笑，但它们却也寄托了作者对大自然的深情，并且让人深切感受到了大自然的勃勃生机。小斥鴳们快乐知足，与大鹏形成鲜明对照，从而共同构成了庄子的辩证的世界。

第三，庄子和莎士比亚还虚构了很多其他文学形象，以体现人生理想，或强化故事的戏剧性。在《逍遥游》里，除了神奇的大鹏、人格化的虫鸟形象，还有通神得道的至人、神人、圣人等艺术形象，“至人无己，神人无功，圣人无名”，他们“举世而誉之而不加劝，举世而非之而不加沮，定乎内外之分，辩乎荣辱之间。彼其于世未数数然也”（译文：全社会都称赞他，他却不感到得意，全社会都非难他，他也不感到沮丧。能认识内我与外物区别，分清光荣与耻辱的界限。对世俗的赞誉并不汲汲追求。）庄子通过这些自我臆造的形象营造自己的精神家园，他追求的最高人生境界就是“无己，无功，无名”，也就是不计较任何功名利禄，“名者，实之宾也。吾将为宾乎?”（译文：名是从属于实的东西啊，难道我还会去追求那从属于实的东西吗?）要真正达到纯然自由的境界，必须“无己，无功，无名”。这是摆脱各种束缚和依凭的唯一途径，只要真正做到忘掉自己，超脱物欲与功利、不滞于物，不为物所累，不为世所累，不为名所累，就能达到逍遥的境界，也只有“无己”的人才是精神境界最高的人；只有“乘天地之正，而御六气之辩，以游无穷”、逍遥自在游于无穷才是庄子最高的人格理想，在逍遥游中做到主观精神与“道”的合一。

还有一对艺术形象特别值得一提，那就是《逍遥游》的藐姑射神人和《仲夏夜之梦》的“宝座神女”。藐姑射神人住在北海的藐姑射山上，他“肌肤若冰雪、绰约若处子，不食五谷，吸风饮露，乘云气，御飞龙，而游乎四海之外。其神凝，使物不疵疠而年谷熟”。他的精神十分专注，对事物不加滋扰却能保证万物不受灾害，年年谷物丰收。藐姑射神人游乎四海之外象征着个体打破外物的牵制而游离于天地之间，象征着个体放纵无碍的精神逍遥之游和超越时空之旅。《仲夏夜之梦》里有一位“神女”，形象可以与藐姑射神人媲美：“持着弓箭的丘比德在冷月和地球之间飞翔；他瞄准了坐在西方宝座上的一个美好的童贞女，很灵巧地从他的弓上射出他的爱情之箭，好像它能穿透十万颗心的样子。可是只见小丘比德的火箭在如水的冷洁的月光中熄灭，那位童贞的女王心中一尘不染……”这两个艺术形象的神似在于他们处子般“绰约”“神凝”和童贞般的“一尘不染”。在莎士比亚笔下，那位童贞的女王即暗指莎士比亚时代在位的伊丽莎白女王。她终身未婚，一生勤于政业，使英国荣昌发达，这难道不恰似藐姑射神人的“其神凝，使物不疵疠而年谷熟”吗?

第四，《仲夏夜之梦》和《逍遥游》都塑造了手艺人形象，从而使作品有了一定的现实主义色彩。在《仲夏夜之梦》中，这群手艺人有裁缝、织布匠、补锅匠、木匠等，他们起早贪黑，走街串巷，忙于生计，为乡亲们奉献自己的手艺；但他们的生活不止于此，他们富有情趣，敢于追求艺术，追求丰富的精神生活。在《仲夏夜之梦》中，这群工匠的戏份贯穿始终，具有举足轻重的作用。庄子在《逍遥游》里讲述的是以“洴澼絖”（替人漂洗丝絮）为生计的手艺人的故事，此人之所以能世世代代以“洴澼絖”为生，秘诀在于他能制造一种不让手冻皴的药物。一日，一个外地人听说了这种“神药”的故事，便提出愿意以高价买断此药的制作和售卖权，此人同意了，一次性得了“一百金”，算是巨款，此人欣喜异常。他的心理是“我家世世代代干这漂洗丝絮的行当，所得很少”。外地人将此药方献给了吴国的国王。有一次越国向吴国发动侵略，吴王派这个外地人率领军队，冬天与越国军队交战，大败越军，因为有不皴手之药而保证士兵不受寒冻之苦，从而保证了军队的战斗力。吴王割出一大块土地封赐给那个外地人。能不皴手的药方只有一个，有的人用它建功立业，博取封赏，有的人却仍然不能免除在水中漂洗丝絮的劳作之苦。庄子以此“小故事”为寓言，讲述了“有用”和“无用”的大道理。

安妮·埃尔诺与记忆之场*

吉 山**

摘 要 法国历史学家皮埃尔·诺拉编著的巨著《记忆之场》是要在文化—社会语境中回溯历史，探讨形塑法国“国民意识”的记忆之场。而安妮·埃尔诺的作品皆是通过个体的回忆，形成某些群体的“集体记忆”从而重塑某个时代的大历史，并由此创造了“无人称自传”这种史无前例的文学体裁。本文将以其新作《女孩的回忆》为主探究安妮·埃尔诺的“记忆之场”。

关键词 安妮·埃尔诺；记忆之场

1 记忆之场

在《记忆之场》这部巨著中皮埃尔·诺拉记叙了纪念性建筑物、活动等人们所熟悉的场所和事件，其后的第二部、第三部则又将“记忆之场”的内涵及外延扩大到政治区隔、宗教、法国传统、职业、法语史等社会历史的流变之中。而诺拉创造的术语“记忆之场”也于1993年被法国《罗贝尔大辞典》收录。该词由“lieux（场所）”和“mémoire（记忆）”两个词构成，这里“lieux”为复数，单数有场所、位置、轨迹等意思；复数有场所、（事件的）现场之意。诺拉所言的“记忆之场”包括但绝不限于该词的原始意义。如果说，诺拉的巨著《记忆之场》是一间取名为“历史与

* 本文得到“科技创新服务能力建设－基本科研业务费－青年教师科研能力提升计划”项目（编号：PXM2018_014213_00003）的资助。

** 吉山，北京工商大学外国语学院讲师，主要研究方向为法语语言文学及文化。

记忆”的杂货铺，那么埃尔诺的作品便是杂货铺中的某一张泛黄的老相片，或者是一辆锈迹斑斑的玩具汽车，可以引发人们无限的回忆。而埃尔诺的独特恰恰在于她唤起人们回忆的方式。“lieux”这个词复数中的一个含义是：（事件的）现场。这层含义可以让读者更为具象地理解安妮·埃尔诺：排除记忆的误差，还原那个曾经的“她”“他”“她们”“他们”的历史，从而形成个体及集体的“记忆之场”，达到埃尔诺最终的目的——“拯救过去的光”。巧合的是埃尔诺和米歇尔·波特（Michelle Porte）的对话录也被命名为《真实的场所》，其中她这样表述：“作家对1958年发生的那个事件，尝试将现在的自己还原到1958年的那个还叫Annie Duchesne（Duchesne为安妮父亲的姓氏）的女孩，进入她的身体。”采用这种回溯式的二次创作，向“历史寻找记忆”，进行自我身份认同，同时形成了“为历史所缠绕的记忆”之场。

2 安妮·埃尔诺及其作品中的记忆

法兰西公学院教授安托万·孔帕尼翁曾这样评价普鲁斯特：“我们竟认可了这样一种不可思议的野心：建立在无意识的回忆之上的艺术和文学在隐喻中连接了过去与现在，普鲁斯特从中触到了永恒，而我们也感受到了永恒。”埃尔诺也曾表示过普鲁斯特的作品给她带来过很深的影响。相比于普鲁斯特细致复杂的叙事，埃尔诺选择了最简单、朴素的语言和叙事方式。这种来自其父母阶层的语言、白描的叙述，以及有意识的回忆，使得读者在作品中获得了深深的自我代入之感。跨越地区、民族、国家，同样触到了一种永恒：勾连起过去与现在的“我”，通向未来的“我”。

在《女孩的回忆》（此书目前无中译本，以下皆为笔者自译）一书中曾有这样一段表述：

> 我越看这个女孩的照片，越感觉到她在看我。这个女孩就是我吗？我是她吗？如果我是她，我应该可以：
>
> 回答出一个物理问题，算出一个二次方程式；
>
> 每周读刊登在*Bonnes soirées*杂志上的小说；
>
> 梦想着参加惊喜派对……照片上的女孩不是我，但她也不是虚构。

安妮·埃尔诺曾在《女孩的回忆》出版之际，接受法国伽利玛出版社的采访时这样说道："我尝试通过再次寻找'她'的想法，行为与姿态抓住那段时光，那段18岁到20岁的时光。"《记忆之场》的第三部被命名为《复数的法兰西》，在安妮的作品中，读者可触碰到复数的"自我"，复数的"记忆"，连接起那个时代的"集体记忆"。

3 安妮·埃尔诺与记忆之场

个体的"记忆之场"组成了群体的"记忆之场"，群体的"记忆之场"构建了"历史的记忆之场"。安妮·埃尔诺在新作《女孩的回忆》中，以现在的我观察"1958年夏天的她（作者本人）"，以一种巧妙的方式融合了第一人称叙事中现在的"我"和第三人称叙事中"那时的她"。中间的时光距离在回忆中缩短、加速，最终形成了她的"记忆之场"。这其中无论是她初次而又立刻后悔的爱的尝试，抑或是一个18岁懵懂少女各种生活体验与内心感受，随着时光的流逝会被遗忘，因为一切都处于变迁当中。但同时也会通过这种独特的、有意识的回忆在每个读者心中形成自己独特的"记忆之场"。正如诺拉在记忆之场中所说："正因为没有了记忆，记忆才被谈起。"

日本车站便当

侯丽颖[*]

摘　要　日本车站便当是日本饮食的一部分，它传承日本饮食的神韵，体现着日本饮食文化的特征，是我们研究了解日本文化的一个窗口。车站便当继承日本饮食的传统特色，体现着崇尚自然、亲近自然的美学理念。日本车站便当也是日本社会经济发展的一个缩影，是日本人生活中不可割舍的一部分。随着时代的发展，车站便当也面临着挑战。

关键词　车站便当；文化

便当，是日本饮食文化的一个缩影，是我们了解日本饮食以及文化的一个载体。日本便当的种类很多，而日本各地的车站便当更是各具特色，种类丰富。车站便当伴随着日本交通产业的发展，承载了更多的社会发展要素和文化内涵。

1　车站便当的历史

日本车站便当始于1885年，到如今已有100多年的历史。当时在宇都宫站出售的便当就是两个撒了黑芝麻的饭团和用竹叶包裹的咸萝卜。伴随着时代的发展，现在车站便当约有3000种，其中以“幕内便当”居多。所谓“幕内便当”，即欣赏戏剧中间休息所食的盒饭，装有芝麻饭团和简单的菜肴。后来“幕内便当”发展成有米饭以及烹饪的各种食物、酱菜等丰富的盒饭，每种食物量少但种类多，注重色彩的丰富性和外观的精美。

* 侯丽颖，北京工商大学外国语学院讲师，主要研究方向为日本语教育、日本文化。

日本铁道交通的发展，推动了便当产业的发展，便当不但在车站出售，也出现在列车内。便当的食材种类也愈发丰富：白米、麦类相继登场。最初便当的包装都是手工完成的，采用单一色彩的木版印刷，后来从明治末期至昭和前期发展为石版印刷，包装图案更加精美。

1956 年东海道线全线实现电气化，1958 年特快列车运行，日本迈入了经济高速增长时期。此时，车站便当呈现出多样化发展态势，生产出别具一格的便当，迎来了车站便当的全盛时期。当时在日本比较大的车站，列车一进站就能看见站着卖便当的销售人员和购买便当的乘客。在横滨车站当时出售的 100 日元一份的“烧卖御便当”，一天能销售 4000 份，加上买回家食用的，每天能销售 2.5 万份。一般的小车站也能卖出几百份“幕内便当”，现在的小车站只能销售几十份，足可见当时车站便当的受欢迎程度。

为了推销车站便当，1953 年车站便当走进了大阪的商场，20 世纪 60 年代在日本全国召开车站便当推广大会，场面空前火爆。

2 今天的车站便当

为迎接奥运会，1964 年东海道新干线通车，宣告日本铁道高速时代的到来。人们告别了乘坐慢车旅行享受便当的生活。从这个时候开始，考虑到安全因素，东海道新干线取消了便当销售。人们很难在车站买到便当，车站便当文化开始走向落寞。特别是 1975 年后，由于私家车数量的激增，利用铁路出行的人数锐减。而价格便宜的快餐食品以及便利店便当迅猛兴起，占据了半壁江山，车站便当产业陷入困境。

尽管如此，业界人士采取了多种营销策略，扭转了车站便当不景气局面，将这一独特的日本饮食文化得以延续至今。他们选用地方特色食材，制作具有独特口味的便当；采用多样化经营，提高效率；实行网络销售、开展车站便当大会、与日本的流行文化元素有机结合生产卡通便当；为满足顾客需求，研发出可迅速加热的保温便当等。

3 车站便当所体现的文化

日本车站便当是日本“型”文化的具象，将有限的幕内便当盒划分出不同的空间，注重食物的摆放，精心搭配不同色彩的食物，并辅以突出季节感的枫叶或绿叶装饰，简直就是一个微景观，给人感官上的愉悦。而便当盒的材质种类纷繁：木制的、竹制的、再生材料的。便当盒的图案设计精美，极尽雅致，具有独特的审美取向，美不胜收，如一件件工艺品。日本饮食被誉为是“用眼睛欣赏”的，便当更是完美地诠释了这一特点。享用便当的同时，给人以视觉的陶冶和艺术上的享受。

日本的饮食体现着对大自然的崇敬。四季的更迭轮回，充分体现在食物上。车站便当，随季节的变迁也会花样翻新，如北海道的“花开线车站便当”，神奈川的“春便当”。这是日本人对季节食物的一种情怀，饱含对大自然的特殊情愫。小小的车站便当承载着对大自然的敬畏之心。

车站便当也装满乡愁。现在在日本的车站能够购买到日本各地具有特色的车站便当。对于打拼在他乡的日本人来说，有时手捧一份家乡特色的车站便当，便能了却一份思乡之情。

日本车站便当，是日本饮食的一道亮丽的风景线，是日本人生活中不可分割的一部分。伴随时代的发展，车站便当未来会怎样？我们拭目以待。

论《忠实的朋友》中的情境反讽

范惠璇*

摘　要　《忠实的朋友》是19世纪英国著名作家奥斯卡·王尔德所创作的九篇童话之一。本文以反讽叙事为视角，在语用学范畴内，从情景反讽层面对作品进行探讨。

关键词　《忠实的朋友》；反讽；情景反讽

1　《忠实的朋友》与反讽叙事

奥斯卡·王尔德是19世纪英国著名作家与艺术家，一生创作的作品包括小说、戏剧、诗歌和童话。其中，童话作品虽仅有9篇，却因其华丽的语言、奇异的情节而广为流传。《忠实的朋友》虽名为"忠实"，实则讲述了一段虚伪的友谊。贫穷青年汉斯善良忠厚，以养花卖花为生；而他自认为"最好的朋友"——磨坊主实则阴险狡诈，虽满口关切之词，实际上却贪图汉斯花园中的鲜花果实，屡占便宜。他更以赠送汉斯破推车为由，无理地要求汉斯帮忙。在一个风暴之夜，为给磨坊主受伤的儿子寻医，汉斯淹死在沼泽中。而葬礼上的磨坊主苦恼的竟然是如何处理破推车。故事情节曲折，结局更令人唏嘘。

从极具讽刺意味的题目到巧言令色的磨坊主形象，反讽叙事策略在文中处处可见。作为一种常见的修辞艺术，"反讽"一词源于古希腊[1]。而随着现代语境的不断扩大，对反讽的研究不再浮于语言表面，更进一步深

* 范惠璇，北京工商大学外国语学院讲师，主要研究方向为外国语言学及应用语言学。

入语义、语用层面，力图诠释语言文字背后的创作意图。

对反讽的语用学研究始于语言学家格莱斯。在他提出的“会话含义”与“合作原则”的基础上，格莱斯认为，反讽是说话者通过违反合作原则来表达与字面意义相反含义的一种表达方式，是需要推理的特殊会话含义[2]。反讽叙事策略之于文学文本，一方面体现为微观层面上的叙述语言，另一方面由宏观层面上情节结构和人物塑造实现。前者为言语反讽，后者属于情景反讽[3]。本文主要从情境反讽角度探讨《忠实的朋友》中的反讽艺术。

2 《忠实的朋友》中的情景反讽

不同于常见的人类叙事视角，《忠实的朋友》在开篇就引入了河鼠、母鸭和红雀三只动物形象，并由河鼠与红雀之间的对话展开了对汉斯和磨坊主之间友情的讲述。以动物作为叙述者，评论人类社会生活中的“友谊”话题，一方面增添了童话故事的梦幻色彩，另一方面则隐含作者对文明社会中虚情假意的嘲讽。

在人物形象的塑造方面，作者频频运用逆心理期待的逻辑制造荒唐尴尬的情景，语言与语境的错位尽显讽刺批判之意。如当被妻子问及为何冬天不去看望饥寒交迫的汉斯时，磨坊主答道：“只要雪没停，就没必要去看小汉斯，因为人在困难的时候，就应该让他们独处，不要让外人去打扰他们。这至少是我对友谊的看法。”[4]类似与情理相悖的语言，常出自磨坊主之口，并被置于看似合理的语境中。深感啼笑皆非的同时，磨坊主吝啬狡猾的形象也跃然纸上。

在情节发展方面，更是凸显了矛盾与荒谬。磨坊主常来汉斯的花园采摘鲜花水果，占尽便宜，汉斯却称他为“最忠实的朋友”；磨坊主虽坐享百袋面粉、成群牛羊，却从不分给汉斯作为回报，还教育汉斯“真正的朋友应该共享一切”；磨坊主将破烂推车“赠送”给汉斯，不仅拖走了汉斯原本打算用于修理破车的木板，还常以破车为由，要求汉斯无偿劳动；最终，汉斯因磨坊主而死。在葬礼上，磨坊主称自己“是汉斯最好的朋友”而站在送葬队伍最前面。出人意料的故事走向与看似矛盾的情节结构，乍看好像满纸荒唐言，实则揭露了奸诈之人的丑恶嘴脸。

3 结　语

王尔德在《忠实的朋友》中塑造了汉斯与磨坊主两个主要形象，前者善良忠厚却惨死，后者虚伪狡猾却并未受到惩罚。这异于传统童话的精妙构思，一方面借反讽手法表达言外之意，另一方面也揭示了现实世界的残酷。同时，在解析“友谊”这一主题时，作者透过传统伦理道德观念，传达了意味深长的警示：一味地索取和单纯地付出都不是真正的友谊。

参考文献

[1] ABRAMS M H. Glossary of literary terms [M]. Beijing: Beijing Foreign Language Teaching and Research Press, 2004.

[2] 索振宇. 语用学教程 [M]. 北京：北京大学出版社，2000.

[3] 黄擎. 论当代小说的叙事反讽 [J]. 浙江大学学报（人文社科版），2002（1）：76－80.

[4] 王尔德. 快乐王子：王尔德童话全集 [M]. 王林，译. 南京：译林出版社，2008.

破碎的心理世界

——评多丽丝·莱辛小说《又来了，爱情》

高瑾玉*

摘　要　通过对多丽丝·莱辛小说《又来了，爱情》中人物心理刻画的分析，说明这部看似反映老年人情爱问题的小说，实际上是在深刻揭示不同人物、不同性别人的各种心理创伤，表达作者对整个人类困境的关注和深厚的人文关怀。

关键词　心理；情爱；创伤

多丽丝·莱辛晚年的小说《又来了，爱情》，一般被认为是描写老年爱情困境的小说。主人公萨拉是早年丧夫、独自将两个孩子抚养成人的剧作家。在自己的孩子长大成人、各自独立生活后，她又揽下了弟弟家有心理问题的孩子乔伊斯的教养重任。她年届六十，但风韵犹存，看起来比实际年龄小二十岁。二十年中，她几乎成了一架工作机器，没有个人生活。在准备上演由她根据一位19世纪美丽而才华横溢的混血女子（母亲为黑人，父亲是一位白人种植园主）的日记改编的舞台音乐剧的过程中，爱情来了。

乡绅斯蒂芬是一个稳重、待人温和的乡绅。他痴迷于朱莉："对我来说，她——意味着一切。"她是这部剧的赞助人之一，还写了自己的剧本，虽然剧团最终没有采用。萨拉对斯蒂芬有一种莫名的亲近感，暗中希望他是自己的兄弟。年轻的比尔在剧中扮演朱莉的第一个恋人。比尔年轻英

---

* 高瑾玉，北京工商大学讲师，研究方向为翻译理论与实践。

俊，几乎迷倒全剧的所有女演员，但在与她们调情时也不断给萨拉发送爱的信号。萨拉几乎不能自抑地心动神移，虽然她的另一只眼看到了比尔的浅薄、卖弄，想博得所有人喜爱。在对比尔的爱（或确切地说是欲望）熄灭之后，来自美国的著名导演亨利向萨拉表达了爱慕之情。萨拉希望这是自己有生之年最后一场像样的爱恋，可以永久留在自己和亨利的记忆中。演出结束时有人给萨拉递来纸条，是扮演朱莉第二位恋人的美国演员安德鲁。他直截了当地向萨拉求爱，但表达得粗鄙，让萨拉不屑。

在爱的花团凋敝成一地狼藉的过程中，作者从正面细致地描写了萨拉的心理，描写她从爱的唤醒到陷入爱情，再到爱而不得，独留惆怅。同时作者也着力描绘了另一位老人斯蒂芬，从对朱莉的迷恋，到将这份迷恋转移到扮演朱莉的演员莫莉身上，在被她拒绝后在绝望中自杀身亡。其实，这些交错的爱情故事只是呈现在生活表面的样子，是整个生活的冰山一角，而深潜在冰面下的是一个隐藏着的心理世界。

斯蒂芬 7 岁时被送到寄宿学校。他对母亲的感觉是陌生的，父母在他 15 岁时闹翻了。从亨利的身上，能看见母亲的影响，从他“过于自卫和猜疑心很重的行为上就可以看出来”。比尔出生在一个离异家庭，基本跟母亲一同生活，他与母亲的关系过于亲密。所以他总想像讨好母亲一样讨好所有女人，获得赞赏。安德鲁用他自己的话来说“有着怪癖的童年”。他爱恋自己的后母，但后母患癌症去世。而同她一起度过的 10 年是他“最好的经历”，使他“一直试着重温它”。而在萨拉自己的幼时家庭中，母亲偏袒弟弟哈尔，导致了她童年缺乏母亲关注而带来母性泛滥。无论在与斯蒂芬的关系中，还是在与亨利和比尔的关系中，她的母性总是如影随形。她对侄女乔伊斯的牵挂和养育也是她过多母爱的证明。反过来弟弟哈尔由于童年时过度受宠，也成了一个永远需要别人照顾的人，无法担负父亲的责任。

在书中，莱辛描绘了一幅千疮百孔的心理图卷：老年问题、妇女问题、儿童问题。而父母的心理问题又转移到孩子的身上，并在下一代的生活中呈现。作者写道：“每个人都我行我素，个性鲜明。那个吸血鬼，那张网，还有那装着扭曲的镜子的魔盒都是看不见的。我们都在跳一根看不见的绳子。”这张网，这看不见的绳子，正是束缚我们，困扰我们的心理问题。人生而自由，却往往在枷锁中，这个枷锁是外在的环境，更是我们的作茧自缚。

莱辛本人也接受过心理治疗，晚年她深受苏菲派影响，倡导理性与感性融合的健康心理和社会生活。与其说《又来了，爱情》是一部描写老年人情爱生活的小说，毋宁说是一本全面描写各个年龄、不同性别人心理创伤的小说。对心理问题的关注、对人物心理脉络发展的把握，给了这部小说现实的基础，也体现了作者对人类困境的普遍关注。

作为与书中现实人物相对照的，是萨拉剧本中的主人公朱莉。她聪明智慧，才华横溢；追求浪漫的爱，也能用理性将自己从心理阴影中拯救出来，并将其化为艺术创作的动力。她无视镇里人们的街谈巷议，执着勇敢地追求自己心中的爱情；同时她崇尚独立，独自居住在简陋的山中小屋里，拒绝富有的恋人和其家人的资助。她醉心于音乐与绘画，创作出绝世的艺术作品。她挣脱了一切束缚，活成了自己本真的样子，理想的样子，成为自由的象征。这也是为什么书中人物都那么喜爱《朱莉·韦龙》这部戏，并被朱莉深深吸引的原因吧。因为朱莉正像她后期的音乐，冷静、超脱一切，仿佛来自另一个世界。莱辛不仅描写了现实世界的苦痛，也通过剧中剧的方式，塑造了一个在现实与幻想间的，成功摆脱世俗羁绊，实现了自我的理想形象。她也经历现实苦难和心理危机，但最终如凤凰涅槃，在灰烬中重生。这也是作者在书写现实困境时描绘的一抹亮色吧。

从纽马克理论看儿童文学翻译

——以《哈利·波特与魔法石》译本为例

姚晓萌[*]　刘红艳[**]

摘　要　《哈利·波特与魔法石》作为世界热销儿童文学《哈利·波特》系列文学作品的开山之作，其影响力与重要性都不可小觑。笔者以《哈利·波特与魔法石》人民文学出版社苏农译本及台湾皇冠文化集团出版的彭倩文译本为例，从纽马克翻译理论及文本类型出发，浅析儿童文学翻译过程中文化差异对译者译文的影响，以期能对海峡两岸中国文学作品向外译介产生推动作用。

关键词　哈利·波特与魔法石；对比；文本类型；纽马克理论

1　彼得·纽马克翻译理论概述

彼得·纽马克将翻译文本分成了三类，并主张应根据文本的类型采取相应的翻译方法进行翻译，寻求在所谓的“直译”与“意译”之间达成一种和谐的状态，减少翻译过程中对原文意义的损伤。纽马克将文本分为表达型文本（expressive text）、信息型文本（informative text）和呼唤型文本（vocative text）。他认为，表达型文本应忠于作者，要以完全传达原文作者的思想为前提进行翻译，采用语义翻译的翻译方法；信息型文本就是要在忠于原文的前提下尽可能地保持译文的真实性和可读性。笔者认为，这时

* 姚晓萌，北京工商大学外国语学院翻译专业硕士研究生，主要研究方向为英语口笔译研究。

** 刘红艳，北京工商大学外国语学院教授，研究方向为基于语料库的话语、学习者语料库。

可采用语义翻译结合交际翻译的方法进行翻译。呼唤型文本指原文读者和译文读者必须在理解和感受上达成一致，也就是以读者为出发点进行翻译，使用交际翻译的翻译手法。

交际翻译的目的在于让目标语言的读者与原文读者的感受及效果尽量贴近，而语义翻译则致力于在目标语言的表示范围内尽可能地传达原文的确切意义。笔者对《哈利·波特与魔法石》苏农译本及彭倩文译本进行分析对比，得出苏农译本更倾向于采用交际翻译，而彭倩文译本更倾向于使用语义翻译的结论。

2 苏农译本和彭倩文译本比较

2.1 词汇翻译层面对比

著名翻译家思果先生曾说："翻译有多难，由译人名地名可以看出。没有一处可以掉以轻心，没有一处不需要学问……译人名，谈何容易!"人民文学出版社出版的苏农译本与台湾皇冠文化集团出版的彭倩文译本中，对于人名、物名、地名的翻译采取的翻译策略就大相径庭（见表1）。

表1

序号	英文	苏农译本	彭倩文译本
1	Knut（魔法世界的货币）	纳特	克拉
2	Diagon Alley（哈利·波特购买魔法用具之地）	对角巷	戴阿宫道
3	Grigotts（魔法世界的银行）	古灵阁	格林高斯
4	Muggles（魔法师对凡人的称呼）	麻瓜	马格人
5	Wand（魔法师专用的工具）	魔杖	魔法棒
6	The Leaky Cauldron	破釜酒吧	漏锅酒吧
7	Quidditch（魔法世界中的球类比赛）	魁地奇	快迪斯
8	Philosopher's Stone	魔法石	点金石
9	Fluffy（守护魔法石的三头犬）	路威	弗拉菲
10	House Cup（魔法学校年终的最高荣誉）	学院杯	豪斯杯
11	Nimbus Two Thousand（哈利·波特的坐骑）	光轮2000	灵光2000
12	Snowy Owl（哈利·波特的宠物）	雪枭	雪白猫头鹰

从表1可以看出，苏农译本在词汇翻译上更倾向于交际翻译，为了使

中国读者与原语读者一样体会到魔法世界的奥妙，苏农译本中为许多书中词汇注入了中国文化的韵味，如“Diagon Alley”译为“对角巷”。“巷”用在这里使整个喧嚣繁华又曲折蜿蜒的魔法集市跃然于中国读者眼前，打破了国外建筑和中国建筑的不同会对中国读者理解原文产生的阻碍。而彭译则直接将其音译为“戴阿宫道”，属于尽可能传达原文的确切意义，为语义翻译。苏农将“Grigotts”（哈利·波特父母财产存放的地方）译为“古灵阁”，非常切合原作的意境。“阁”亦为中国建筑中的一类，如藏经阁、闺阁等。而彭倩文则直接将其音译为“格林高斯”。《哈利·波特》中不懂魔法的凡人也有自己的名称——“Muggles”，苏农将其译为“麻瓜”，与中国四川话中的“瓜娃子”有异曲同工之妙，而彭倩文则直接音译为“马格人”，使用了直接音译的翻译策略，使读者在理解时很可能产生疑惑，无法带入。

2.2 语句翻译层面对比

在《哈利·波特与魔法石》中不乏许多魔法场景，神秘而美妙，罗琳运用了与莎士比亚相同的手法，展现了英文押韵之美，使得魔法世界跃然纸上，而这也对译者形成了极大的考验。以下举《哈利·波特与魔法石》第十六章中的一段进行说明：

原文：Danger lies before you，while safety lies behind；Two of us will help you，whichever you would find. One among us seven will let you move ahead，Another will transport the drinker back instead，Two among our number hold only nettle wine，Three of us are killers，waiting hidden in line. Choose，unless you wish to stay here forevermore，To help you in your choice，we give you these clues four：First，however slyly the poison tries to hide，You will always find some on nettle wine's left side；Second，different are those who stand at either end，But if you would move onward，neither is your friend.

苏农译文：危险在眼前，安全在后方。我们中间有两个可以给你帮忙。把它们喝下去，一个领你向前，另一个把你送回原来的地方。两个里面装的是荨麻酒。三个是杀手，正排着队等候。选择吧，除非你希望永远在此耽搁。我们还提供四条线索帮你选择：第一，不论毒药怎样狡猾躲藏，其实它们都站在荨麻酒的左方；第二，左右两端的瓶里内容不同，如果你想前进，它们都不会对你有用。

苏农译本为了兼顾传达原文意思和保留原文中的押韵之美，稍微增添了如“把它喝下去”等意思，以及省略不译一些内容，采用了交际翻译的翻译策略。

3 总 结

综上所述，通过对两个译本的对比研究，笔者发现，苏农采用了交际翻译的策略而彭倩文采用了语义翻译的策略。两个版本的书都很热销，只不过彭倩文版本更加注重儿童群体阅读效果，而苏农版本更多地关注完美重现原文的意境与内容。可见，文学翻译中不是只有一种翻译策略可以遵循，不过在文学翻译中如果一味追求语义翻译而直译出太多的西化词语必定会剥夺中国读者阅读的乐趣。在文学翻译领域纽马克理论应该进一步进行发展和完善，在文本类型划分时考虑文学作品的多样性，尤其是儿童文学作品的特殊性，并且进行进一步的细分。这样才能更好地把国外优秀儿童文学作品完美地呈现在中国读者面前。

元语言意识对文学翻译的影响

——以 *Alice in Wonderland* 的两个中译本为例

关　涛*

摘　要　本文从比较赵元任和何文安的 *Alice in Wonderland* 中文译本入手，说明了元语言与可译性的关系，探讨了译者元语言意识的大小对文学翻译质量的影响。

关键词　元语言；元语言意识；赵元任；何文安

1　引　言

波兰哲学家和逻辑学家塔斯基（Alfred Tarski）于 1931 年提出了元语言（meta - language）和对象语言（object language）两个概念，以此来区分语言的不同层次。“对象语言”，顾名思义是被谈论的、作为讨论对象的语言，而“元语言”是谈论对象语言的语言。元语言包括对象语言，对象语言是元语言的一部分和元语言谈论的对象。元语言中的表达式通常使用斜体、引号或在单独的行上书写来区别于对象语言中的表达式。元语言虽然是描述和解释对象语言，但它本身也是语言，具备语言的所有要素，如音素、词汇、语法和语义。

《语言学百科词典》这样解释元语言：“用汉语来说明英语，英语是对象语言，汉语是元语言；用英语来说明英语，英语既是对象语言又是元语

* 关涛，北京工商大学外国语学院副教授，文学博士，硕士生导师，主要研究方向为比较文学、英语教育。

言。在辞书编纂和语言教学中用于释义的语句称元语言。”如果把翻译活动看成是用译文对原文进行“释义”的过程，那么原文就是对象语言，译文就可以看成是解释、谈论原文的元语言。这样，在译文与原文之间，就建立起了元语言和对象语言的关系。翻译就是用元语言即目的语，来解释对象语言即源语的行为。

2 翻译的可译性与元语言的关系

翻译的可译性问题与元语言有关。元语言可译否是讨论元语言所谈论的对象语言是否可译。元语言可分为显性元语句、半显性元语句和隐形元语句三种。其中隐形元语句没有元语句外形，多出现在文学作品中。典型例子是文字游戏，如双关语、谚语、多义词、比喻等。文字游戏属于受限于具体语言的元语言，如双关语这种元语言只对它所谈论的那种语言才能达成诙谐幽默的双关效果。

从静态的、孤立的角度看，文字游戏是否可译取决于它是否受限于具体语言；从动态的、交际的角度看，取决于所指意义和自指意义在交际过程中的比重大小。语言中的词语一定是有所指的，而元语言既有所指，又可以自指。如果交际信息是自指，那么就保留自指放弃所指，是可译的；如果自指功能和所指功能占同样地位，译成中文后不可兼得，则难译或不可译。在翻译实践中，语际翻译永远都是“呈现大局上的可译性与小局上的不可译性（不相容）的状态。彻底的可译性是幻想与夸大。”

3 元语言意识

元语言意识又称“元语言能力”，是一种认知过程，使人能够选择和控制自己对语言的使用。元语言能力是指把语言看作一种代码，并把它从符号意义中分离出来，客观思考语言和结构，将语言客观化为一种过程和产物的能力。翻译就是最典型的例子。翻译实践就是这个过程，译文就是这个产物。元语言意识的概念有助于解释语言知识在不同语言之间的执行和转移。元语言意识的大小决定了双语素养的高低，双语素养的高低决定了译文的质量。元语言意识分为四个子类，即音系意识、词汇意识、句法意识和语用意识。

路易斯·卡罗尔的艾丽丝漫游奇境（*Alice in Wonderland*，以下简称《爱》）一书通篇充满了元语言，因而成就了无与伦比的语言和逻辑艺术。这正是这本童话书长盛不衰的原因所在。卡罗尔在这本书中所呈现的元语言给翻译带来了巨大的挑战和困难，译者如果没有丰富的语言学知识和足够的元语言意识，那么只可能传递字面信息，而无法将源语当中的巧妙诙谐之处解码为其他语言。

本文将以比较赵元任和何文安所译（以下分别简称“赵译”“何译”）《爱》的中文译本为例，从音素、词汇、语法和语义四个层面来探讨元语言意识对文学翻译的影响。

3.1 音素

原文中 Tortoise（乌龟）与 taught us（教我们）谐音。赵此处译作“老忘”，以下几句话均由此双关语引起，译文虽与原文有距离，但也是别具匠心的一种翻译实验（见表 1）。

表 1

原文	赵译	何译
“The master was an old Turtle – we used to call him Tortoise – ” “Why did you call him Tortoise, if he wasn't one?” Alice asked. “We call him Tortoise because he taught us,” said the Mock Turtle angrily: “really you are very dull!”	“我们的先生是一个老甲鱼——我们总叫他老忘。”阿丽思问道：“他是个什么王，你们会叫他老王呢?”那素甲鱼怒道：“我们管这老甲鱼叫老忘，因为他老忘记了教我们的功课。你怎么这么笨?”	“教我们的是只老海龟——我们管它叫乌龟——”真是的，“乌龟”和“教我们”的发音又差不多一样。“如果它不是乌龟，你们干吗要那么叫呢?”爱丽丝问。“我们叫它乌龟，因为它教我们念书。”假海龟很生气，说道，“你真是太笨了!”

原文中的 Reeling 和 Writhing 实际指 Reading 和 Writing（读和写），ambition 指 addition（加法），distraction 指 subtraction（减法），Uglification 指 multiplication（乘法），devision 指 division（除法）。赵译用“浮”代替“读”，用“夹”“钳”“沉”“丑”来代替“加减乘除”，一方面达成了原文当中谐音造成的幽默效果，另一方面所用“浮”“沉”“夹”“钳”等字都与海洋动物的生活习惯有关，从艺术欣赏的角度来讲堪称妙译。这种创造性的妙译在翻译成中文之后无疑又增添了高于原文的效果，实在是妙趣

横生。相反，何译虽然从字面上忠实了原文，虽然增译了"'乌龟'和'教我们'的发音又差不多一样"，"谁叫这些词儿读音那么像呢"，"对了，这说的是加减乘除了"，作为文中注解，但仍未有效传达出原文中由于谐音而带来的幽默效果，因而无从达成准确的交际目的（见表2）。

表2

原文	赵译	何译
"I only took the regular course." "What was that?" enquired Alice. "Reeling and Writhing, of course, to begin with," the Mock Turtle replied; "and then the different branches of Arithmetic – Ambition, Distraction, Uglification and Derision."	"我就只有力量学了普通科。" 阿丽思道："那里头有什么呢?" 那素甲鱼答道："'练浮'和'泻滞'；此外就是各门的算术——'夹术'，'钳术'，'沉术'，和'丑术。'"	"我只学普通课目。" "有些什么?"爱丽丝问道。 "当然是先学旋转和扭动，"其实，假海龟是在说"阅读"和"写字"，谁叫这些词儿读音那么像呢，"然后再学各门算术——雄心，走神，丑化，还有嘲笑。"对了，这说的是加减乘除了。

3.2 词汇

原文利用draw的一词多义（既作"画画"解，又作"抽、吸"解）作双关语，赵译改用"吸"与"习"字作谐音处理，虽然在一定程度上传达出了双关效果，但因为此处元语言的自指功能和所指功能同等重要，即这个draw的"画画"一解还对应下文的"a drawing of a muchness"，而赵在译文中不得已抛弃了draw的这个意思，所以造成了原文交际目的的缺失。而何译也没有译出这层双关深意（见表3）。这也正说明了元语言对于文学翻译不可译性的巨大影响。

表3

原文	赵译	何译
'And so these three little sisters – they were learning to draw, you know –' 'What did they draw?' said Alice, quite forgetting her promise. 'Treacle,' said the Dormouse, without considering at all this time.	"所以这三个小姊妹就——你知道，他们在那儿学吸——" "她们学习什么?"阿丽思问着又忘了答应不插嘴了。 那惰儿鼠也不在意，就答道，"吸糖浆。"	"所以姐妹仨——她们在学着抽取呢，你知道——" "抽取什么呀?"爱丽丝完全忘记自己答应过不插嘴。 "糖浆。"睡鼠这一次连想也没想就说了。

3.3 语法

英文 curious 比较级的正确形式应为 more curious，而不是 curiouser，此处作者要表达的正确语法形式应是 more and more curious. 为了表示爱丽丝诧异到连正确的英语都不会说了，作者在此处使用了错误的语法形式，原文括号里的元语言说明了这一点。显然赵、何两位译者都意识到了，为了与原文呼应，译成汉语时也一定要有所体现。赵的译文把英语语法错误处理成了汉语里的语音错误——“汉”原应作“罕”，“切”原应作“奇”，表示阿丽思说话走调，音全变了。赵的译文可谓独具匠心，但需要添加注释，小读者们才能够明白其中的奥妙。相比之下，此处何的译文应该更胜一筹，因为他用“越奇越怪”这一汉语的语法错误来处理原文中的语法错误，显得更对应，而且也不需要额外的注解（见表 4）。

表 4

原文	赵译	何译
“Curiouser and curiouser!” cried Alice (she was so much surprised, that for the moment she quite forgot how to speak good English).	“越来越希汉了，越变越切怪了!”（因为阿丽思自己诧异到那么个样子，连话都说不好了）	“越奇越怪，越奇越怪!”爱丽丝大叫起来（她觉得太奇怪了，一时间忘了怎么说才像话）。

3.4 语义

原文作者用破折号、引号和 such as 等元语言符号来解释上文的语言内容，英文读者很容易体会到这个文字游戏的幽默所在。然而，因为文字游戏受限于源语，给翻译成其他语言时造成了巨大的障碍。原文为“以 M 字母打头的”，中译文如直译，难以表达下文的许多以 M 字母打头的词，所以赵改变了译法。“猫儿”和“梦”均与英语原词不同，“明月”则恰巧和英文 moon 为同一词。此处原文为俗语 much of a muchness，意为二物或数物在外表或价值上大致相似。后文又把 muchness 单独使用，均为文字游戏。赵的译文用“满满儿”及下文“满满儿的儿子”，试图译出此种游戏笔墨，译文巧妙如此，正是译者强烈的元语言意识使然。而何的译文显然并未传达出作者的巧妙意图，虽然他完全忠实了原文字面的内容，但如果不加注释说明，小读者不可能体会到原文的幽默所在（见表5）。

表5

原文	赵译	何译
"and they drew all manner of things – everything that begins with an M –" … "…such as mouse – traps, and the moon, and memory, and muchness – you know you say things are 'much of a muchness' – did you ever see such a thing as a drawing of a muchness?"	"她们吸许多样东西——样样东西只要是'姆'字声音的——" …… "譬如猫儿，明月，梦，满满儿——你不是常说满满儿的吗？——你可曾看见过满满儿的儿子是什么样子？"	"她们汲取各种各样的东西——一切东西，只要是字母M开头的——" …… "比如老鼠夹子、月亮、记忆，还有多半——你知道，大家常说，东西'多半相同'——你有没有见到过多半的画像什么的？"

4 结　语

通过以上几处对赵译和何译的比较、分析，研究了元语言意识对翻译的影响。尽管《爱》是卡罗尔写给儿童看的，但这部作品表现出来的元语言现象是整个文学研究和翻译需要面临的问题。任何体裁的文学作品都是通过语言来表现的。由于译者在翻译过程中与源语及元语言、作者及作者自身的元语言意识之间所创造的对话关系，原文在译文中才得以体现。但是因为元语言受限于源语，从而使译者无法百分百复制。因此，翻译既不是对原文的完全重写，也不是对原文的透明反映，而是一种理解。这是翻译任务的前提。这涉及译者对源语及元语言的理解，以及选择什么样的目的语尽可能多地还原原文之意图，最大限度地让读者理解原文传递的信息，从而达到作者与读者之间的交际目的。这对译者是一个极大的考验，需要译者有非常丰富的语言知识和敏锐的元语言意识。

孤标傲世　探忧索孤

——《白鲸》中阿哈伯船长孤独性格探究

代俊彦*　刘红艳**

摘　要　《白鲸》是赫尔曼·梅尔维尔最经典的作品，作品以实玛利这个新水手的角度写当时的美国社会。亚哈船长虽然用笔不很多，但是通过实玛利对他正面侧面的描写可以看出亚哈船长的孤独。这也是亚哈船长和整本书的亮点。随着社会的发展，我们也会遇到与亚哈船长类似性格的人，我们可以像分析亚哈船长一样理性分析他们，正确看待他们，以理智的眼光去对待别人，构建更加和谐、文明、友好的社会主义现代化社会。

关键词　《白鲸》；亚哈船长；孤独；梅尔维尔；美国社会

1　引　言

《白鲸》被认为是美国最伟大的小说之一。小说讲述了亚哈船长痴迷于寻找和杀死白鲸迪克的故事。亚哈船长是船上唯一有着想要捕捉白鲸愿望的人。周围的船员都不能理解他的执着甚至是偏执，所以亚哈船长在船上是孤独的。小说的结尾，亚哈船长发现并攻击了白鲸，但是可怕的是，白鲸带着亚哈、他的船和几乎所有的船员去了海底。

随着社会的发展，有很多像亚哈船长一样孤独的人。周围的人不能理

---

* 代俊彦，北京工商大学外国语学院翻译专业硕士研究生，主要研究方向为英语口笔译。

** 刘红艳，北京工商大学外国语学院教授，研究方向为基于语料库的话语、学习者语料库。

解他们，也不会正确看待他们，所以与这样孤独的人相处是一件困难的事情。通过对亚哈船长的客观分析，我们也会找到更好的方法来对待现实生活中像亚哈船长一样孤独的人。

2 文献评述与结论

2.1 文献评述

At last, stepping on the board the Pequod, we found everything in profound quiet, not a soul moving. The cabin entrance was locked within; the hatches were all on, and lumbered with coils of rigging.

The cabin is quiet, it will be foreshadowed the lonely Captain Ahab, the fractious deputies, the strange environment, and crazy and cruel methods to kill whales and get oil from them.

His bone leg steadied in that hole; one arm elevated, and holding by a shroud; Captain Ahab stood erect, looking straight out beyond the ship's ever-pitching prow. There was an infinity of firmest fortitude, a determinate, unsurrenderable willfulness, in the fixed and fearless, forward dedication of that glance.

这是原书中对于亚哈船长最详细的描述。从这段文字中我们得知：因为亚哈船长自己内心的决定以及他的野心，他从来不和人沟通交流，也没有人靠近他。别人无论什么时候看见他，他总是在观察大海的情况，眼神里流露出坚定的深情以及藏不住的捕鲸的野心。从这段文章可以看出，在船上，所有人都是为了生计不得不做这份工作，只有亚哈船长是为了捕鲸而上船，因此没有人会懂他的野心。与其选择和别人不断沟通交流让别人理解自己，倒不如自己一言不发，朝着自己的目标去做有用的事情。

"It was he, it was he!" cried Ahab, suddenly letting out his suspended breath.

"And harpoons sticking in near his starboard fin."

"Aye, aye—they were mine—my irons," cried Ahab, exultingly—"but on!"

"Give me a chance, then," said the Englishman, good humoredly. "Well, this old great - grandfather, with the white head and hump, runs all afoam into the pod, and goes to snapping furiously at my fast - line."

"Aye, I see! —wanted to part it; free the fast - fish - an old trick—I know him."

这段文字可以看到，亚哈船长并不是之前所看到的沉默寡言的人。所谓酒逢知己千杯少，亚哈船长遇见与他有过类似经历或者与他一样有着捕白鲸迪克野心的人的时候，他会变得非常健谈，并且愿意和他们分享自己的进展以及展望。但是如果遇见一些瞧不起他身有残疾或野心的人时，他会三缄其口。由此我们也可以知道，是因为外部的社会原因导致亚哈船长的孤独孤僻性格。

2.2 结　论

梅尔维尔是将当时的美国社会现实与自身经历写进《白鲸》中，所以要分析亚哈船长孤独性格的成因，就要结合美国社会和作者自身经历。对于亚哈船长孤独性格的成因有以下几点：

第一，19 世纪的美国在政治上发生了两件大事，与墨西哥展开战争的同时美国西进运动开始。很多美国人不知道自己能做什么，对自己的生活不抱任何希望，导致不能相互交流，所以每个人都过着匆忙而又孤独的生活。

第二，亚哈船长的雄心壮志以及他的经历没有人能感同身受，所以亚哈船长把野心一直默默地记在心里；同时，外界不能理解甚至讥讽他，让共变得越来越孤独，造成没有人理解他的恶性循环。

第三，19 世纪美国的大环境就是民主中的孤独与个人主义。

3　对当代社会的启示

总之，亚哈船长孤独性格的形成无外乎自身内在原因和社会外在因素。

如今，经济快速发展，人们也在超高负荷地工作，所以人们与家人或者朋友相处的时间非常少。很多时候人们都喜欢一个人生活，但是长期下去人们会孤独，性格会孤僻，会出现一些心理疾病。该如何避免呢?

首先，我们要营造一个相对宽松的环境。其次，我们应该用包容开放的眼光去看待他们。最后，帮助他们正确认识自己。

我们只有相互理解与宽容，才能创造一个相对和谐、友好的社会环境，为建设一个富强、民主、文明、和谐的社会主义社会作出贡献。

Cultural Models and Socio – cultural Identities

曹亚强 [*]　王红莉 [**]

Abstract: Within the framework of James Paul Gee's discourse analysis, this essay takes cultural model as the tool of inquiry conducting a sample analysis so as to illustrate how cultural models work in helping building socio – culturally situated identities.

Key words: cultural model; socio – culturally situated identities; influences

1 Introduction

According to James Paul Gee, in addition to its situated meanings, each word is also closely connected with a cultural model which is usually a totally or partially unconscious explanatory theory or "storyline" connected to a word—bits and pieces of which are distributed across different people in a social group—that helps to explain why the word has the different situated meanings and possibilities for the specific social and cultural groups of people that it does. Cultural models are rooted in the practices of the socio – cultural groups to which the learner belongs. And a cultural model is undoubtedly creating differentiated situated identities. This essay, based on a sample analysis, will try to explore the influences of cultural models on building socio – culturally situated identities,

---

* 曹亚强，北京工商大学外国语学院 2017 级国际法商英语硕士研究生。

** 王红莉，北京工商大学外国语学院副教授，主要研究方向为普通语言学、认知语言学、话语分析等。

which is of great significance in discourse analysis.

2 Sample analysis

The sample is from an Indian film called *Hindi Medium*, depicting a middle-class couple who struggle to get their little girl into a better school in order to enable her to have the best education from an early age and to embark on the pinnacle of life. In the sample, P is for Pia (their little daughter); M is for the heroine; R is for the hero; K is for all the kids dancing. The conversation takes place in one party arranged by the heroine at their new home for purpose of helping the little Pia to get new friends.

P: Papa, its our favorite song. (They dance to the song, and also the children of other parents been invited. Everybody at the party laughs at them, M is really embarrassed by her husband. She walks away unpleasantly. Suddenly the music stops. R tries to find out what happened.

K: Oh no.

R: It's okay, no worries. I'll go see what happened.

R: How could the fuse be the problem? (He finds M downstairs beside the main switch)

R: What are you doing in here? (M stops him)

M: What was it that you doing just now? You did that dance to embarrass me?

R: That's Pia's favorite song. She is happy, everyone there is happy.

M: They are not being happy. They are just laughing at you. Let me tell you, though you have left the old neighborhood, the vulgarity is still with you.

R: All right, not gonna dance anymore.

M: Oh, right, please, I beg of you. Just stop. (When R returns, other parent there says: "Come on, another dance. We like it.")

R: Maybe next time.

It is clear that, in this clip, different cultural groups representing different cultural models show up at the party. The invited parents are all from upper class in India. They dance to chic music, and their kids go to best schools in India. M is a middle – class woman but she really wants to get into higher class and be friends with those upper class people. R and Pia are the only ones who keep true to their originality. In fact, here the song R and kids are dancing to and the dance itself is usually considered to be vulgar to the upper class, which explains why other parents are laughing at them. At a party, music is a symbol to tell elegance from vulgarity. Music and dance here carries the meaning of being well educated, and having a great taste one from upper class is supposed to be equipped with. However, it is too young for other kids invited to tell elegant music from vulgar one that their parents think is, and they dance together. M feels embarrassed by her husband and walks away unpleasantly because she thinks the dance and music in this situation are not proper to show their status.

It is apparent that, not like other parents at the party, Pia's parents are raised and educated in middle class families. They, especially R, has adapted to their own community and culture model. He has his own evaluation and he does not even notice that others are laughing at him for he renders that he dances to a proper delightful song. Nonetheless, for other parents, they are imparted that this kind of music and dance are regarded improper in their social groups, are not appropriate for showing their social status. Thus, different socio – culturally situated identities are created across various cultural models: R may not be a vulgar person, but under the situated circumstances, he is thought to be. Also, in that situation, his wife is neither one of R's community nor a member of upper class because she is sparing every effort to pretend to be an upper – class woman in spite of the fact that she failed to do so. Kids dance along in that they are not old enough to distinguish middle class from upper class.

When R returns, other parent there says: "Come on, another dance. We like it" . The word "like" here is not something that has to do with "being fond of", as we may say, making fun of people inferior to them is what people considered themselves superior always do. So, "like" here carries situated meaning of "We like you being funny", which is definitely being something of a laughing stock. This is a cultural model for most of people from upper class treating people inferior to them.

All the utterances here have been connected by a larger discourse in which different cultural models consider different actions and practices as appropriate. Across India, people from middle class are starting to take measures to stimulate a change, so this cultural model is related to all the cultural models mentioned above. In this clip, another cultural model is at work in that the wife recognizes the urgency of changing her little girl's education condition. What she has been trying to do at the party is for Pia to get friends from upper class and finally be part of upper class students. As is shown from the clip, giving the larger cultural model, other parents have not realized the urgency for education reformation, but they have got used to people like them who have good taste and proper speeches and actions and show less inclination to accept people from an inferior class. That is why they laugh at R.

To sum up, several cultural models are working together to build the situated identities and meanings under the specific circumstance. Any one of the cultural models above is absent, the discourse will not be so rich with various situated identities.

3 Conclusion

Different cultural models are involved in one or more discourses, which are everywhere in our lives. Every single cultural model functions to build the final situated identities in discourse. With the sample analysis above, it is proved that everything is closely connected with cultural modes which help build the socio – culturally situated identities in the same or different discourses; and different people with different cultural or educational background will hold various of situated identities even though they may have similar life experiences.